웃뜨는 김뜨개의 **쉬운 니트 레시피**

Collect 24

옷뜨는 김뜨개의 쉬운 니트 레시피

오래오래 자주 입을 만한 니트 17가지

김정아 지음

동양북스

Prologue

뜨개를 하면 할수록 기본 레시피의 중요성을 느낍니다.

처음 옷을 뜨기로 마음먹었다면 어쩔 수 없이 기본 레시피를 선택하게 될지 몰라요.
기본 레시피는 큰 어려움 없이 나의 첫 뜨개옷을 완성해 줄 겁니다.
첫 뜨개옷은 끝까지 진행되었다는 것 자체만으로도 아주 성공적이에요.

하지만 뜨면 뜰수록 어려운 것이 기본 레시피라는 생각이 들어요.
기본이기에, 내 몸에 잘 맞고 뜨고자 하는 실과 잘 어울려야 하겠죠.
그래야만 오래도록 내 옷장에 자리하며 자주 손이 가는 뜨개옷이 될 테니까요.

근사한 실을 만났을 때, 다양한 패턴을 고민하다가
결국 기본 레시피를 뜨게 되는 경험을 하게 될지도 모릅니다.
이렇게 기본 레시피는 뜨고 또 뜨게 될 거예요.

이 책에서는 기본 레시피를 만드는 아주 쉬운 방법을 제시하고 있습니다.
간단한 규칙을 적용해 나만의 레시피를 만들어 보길 바라요.
뜨고자 하는 실에 따라 자유롭게 변화하고
내 몸에 아주 잘 맞아 편안한 나만의 레시피를 말이에요.
아주 잘 만든 기본 레시피는 두고두고 나의 뜨개를 안전하고 행복하게 할 거예요.

그 지난한 과정에 이 책이 늘 당신 옆에 있어주길 바랍니다.

옷뜨는 김뜨개

김정아

Contents

Intro

뜨개를 시작하기 위한 준비

012
이 책에서 사용한 실

014
대바늘 도구 알아보기

016
게이지 이해하기

018
기초 뜨개 기법

030
도안 읽는 방법

031
옷뜨는 김뜨개의
쉬운 니트 레시피

---

* 도안 수정 사항 안내

도안에서 수정 사항이 있을 경우 [동양북스 홈페이지-도서 자료실]에 오류 업데이트가 있을 예정입니다.
니트를 뜨다가 도안과 맞지 않아서 의문점이 생길 경우 도안 오류 업데이트가 되어 있지는 않은지 체크바랍니다.

Part 1

옷뜨는 김뜨개의
기본 레시피

038
라운드넥 스웨터

048
라운드넥 카디건

058
브이넥 스웨터

068
브이넥 카디건

078
라운드넥 베스트

090
브이넥 베스트

Part 2

옷뜨는 김뜨개의
응용 레시피

104
벌키 카디건

114
볼레로 카디건

122
빅카라 카디건

132
헨리넥 스웨터

142
포근 꽈배기 카디건

164
소프트 스트라이프 카디건

184
브리오쉬 베스트

Part 3

옷뜨는 김뜨개의
스페셜 레시피

198
프리다 카디건

236
섬머 티셔츠

246
레이지폴 스웨터

260
아란 베스트

뜨개를 할 때 필요한 기본적인 도구와 실에 대해 안내합니다. 기초 뜨개 기법은 큐알 영상을 함께 넣어 이해를 도왔으니 천천히 연습하여 익혀주세요. 책에 수록된 도안을 뜰 때뿐만 아니라 대바늘 뜨개 시 기본적으로 사용되는 기법이니 배워두면 분명 큰 도움이 될 거예요.

Intro

뜨개를
시작하기 위한
준비

이 책에서 사용한 실

닛픽스, 원더플러프
[knitpicks, Wonderfluff]

50g | 129m
베이비 알파카 70%, 메리노 울 7%, 나일론 23%

닛픽스, 울 오브 더 안데스 트위드 우스티드
[knitpicks, Wool of the Andes Tweed Worsted]

50g | 100m
울 80%, 트위드 20%

낙양모사, 블리스

50g | 160m
캐시미어 3%, 울 12%, 나일론 30%, 폴리에스테르 55%

낙양모사, 모락 모헤어

25g | 252m
슈퍼 키드 모헤어 69%, 멀버리 실크 31%

낙양모사, 에이 캐시미어

50g | 175m
엑스트라 파인 메리노 울 60%,
슈퍼 베이비 알파카 30%, 캐시미어 10%

낙양모사, 아임울2

40g | 153m
메리노 울 100%

낙양모사, 아임울4

80g | 145m
메리노 울 100%

낙양모사, 바당

50g | 422m
면 100%

낙양모사, 트리아래

200g | 125m
아크릴 100%

낙양모사, 겨울정원

50g | 160m
라쿤 헤어 50%, 울 30%, 나일론 20%

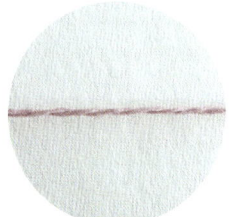

낙양모사, 어울림

40g | 472m
메리노 울 60%, 아크릴 40%

낙양모사, 아사태사

70g | 200m
린넨 70%, 면 30%

대바늘 도구 알아보기

대바늘

두 개의 바늘이 줄로 연결된 줄바늘을 사용합니다. 각 호수에 맞는 대바늘을 준비하며, 책에 수록된 도안을 뜨기 위해서는 80cm 줄바늘과 40cm 줄바늘을 준비하면 좋습니다. 몸통을 뜰 때에는 대부분 80cm 줄바늘을, 소매 및 네크라인 등을 뜰 때에는 40cm 줄바늘을 추천합니다.

돗바늘

편물과 편물을 잇기 위한 바느질을 하거나 꼬리실을 정리할 때 사용합니다.

꽈배기바늘

교차뜨기를 안전하게 진행하기 위해 사용합니다.

마커(단수링)

코의 위치를 구분하거나 단수를 체크할 때 사용합니다. 도안마다 사용되는 개수가 다르니 넉넉하게 준비하는 것이 좋습니다.

가위

실을 잘라낼 때 사용합니다.

줄자

게이지를 확인하거나 편물의 너비 및 길이를 잴 때 필요합니다.

게이지 이해하기

Q 게이지가 무엇인가요?

A 뜨개를 시작하기 전 가장 먼저 해야 할 일은 게이지를 확인하는 것입니다. 많은 분이 게이지를 어려워하는데요. 게이지는 생각보다 간단합니다.

게이지란 사방 10cm 편물 안에 가로로는 몇 코가, 세로로는 몇 단이 들어가는지 편물을 직접 떠서 확인하는 것입니다.

예를 들어 도안의 게이지가 20코 28단이라면, 가로 10cm 안에 20개의 코를 뜨게 되고 세로 10cm를 뜨려면 28단을 뜨게 됩니다. 이는 1cm 단위로 환산하여 가로 1cm 안에 2개의 코, 세로 1cm 안에 2.8단을 확인합니다. 그럼 내가 원하는 가슴둘레에 맞게 코를 정할 수 있게 됩니다.

예를 들어 가슴둘레를 100cm로 하고 싶다면 1cm 게이지 2코를 곱하여, 100x2=200코가 필요함을 확인할 수 있습니다. 이렇게 게이지를 통해 내가 뜨고자 하는 편물의 콧수, 단수를 결정할 수 있는 것이지요.

하지만 게이지는 실과 바늘의 굵기에 따라, 사람의 손땀에 따라 모두 다르게 나타나므로 꼭 자신의 게이지를 확인해야 합니다.

Q 게이지는 왜 중요한가요?

A 뜨개를 시작하기 전 게이지를 확인하는 것이 생각보다 번거롭게 느껴질 수 있습니다. 하지만 게이지를 확인하는 것은 무척 중요해요. 게이지에 따라 옷의 사이즈가 결정되기 때문입니다. 나의 게이지가 도안과 다르다면 나의 완성작이 도안의 완성작과 완전히 다를 수 있습니다.

예를 들어 도안의 게이지가 20코 28단이고, 나의 게이지가 18코 28단입니다. 나의 게이지가 도안의 게이지보다 2코가 적습니다. 다시 말해 가로 1cm 편물 안에 도안은 2코가, 나는 1.8코가 들어갑니다. 나의 코가 도안의 코보다 크다는 것을 의미합니다. 이 경우 도안의 콧수를 그대로 따라 뜬다면, 나의 편물은 도안의 편물보다 더욱 크게 완성될 거예요. 바늘을 더 가는 바늘로 바꾸어 다시 게이지를 확인하는 방법이 있습니다.

반대로 나의 게이지가 22코 28단이라면, 나의 게이지가 도안의 게이지보다 2코가 많게 됩니다. 다시 말해 나의 코가 도안의 코보다 작다는 의미이죠. 이럴 경우 나의 완성작은 도안의 완성작보다 작아질 거예요. 바늘을 조금 더 굵은 바늘로 바꾸어 다시 게이지를 확인해 보길 바랍니다.

이렇듯 게이지는 완성된 옷의 사이즈를 결정하기에 아주 중요합니다. 뜨개를 시작하기 전 번거롭더라도 꼭 자신의 게이지를 확인해 도안의 게이지와 비교해 보길 바랍니다.

기초 뜨개 기법

【코 만들기】

1 떠야 할 가로 길이 3.5배의 실을 남겨둔 후 사진과 같이 고리를 만든다. 고리 속으로 손가락을 넣어 ①의 실을 뺀다.

2 매듭이 조여지도록 실을 당긴다.

3 매듭에 바늘을 넣으면 첫 코가 된다.

4 왼손 엄지와 검지를 이용해 사진과 같이 두 가닥의 실을 잡고 벌려준 뒤 손바닥이 보이도록 바깥쪽으로 돌린다.

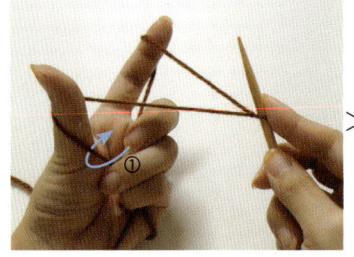

5 바늘을 ①의 실을 선 뒤 ②의 실을 걸고 엄지를 걸고 있는 실 사이로 나온다. 바늘에 코가 걸리고 당겨 정리한다.

【겉뜨기】

1 실이 바깥에 있는 상태에서 오른바늘을 화살표 방향(앞에서 뒤로)으로 넣는다. 바늘이 X자 모양이 된다.

2 실을 바깥에서 안으로 한 바퀴 감아준 뒤 감아준 실을 걸어 뺀다.

【안뜨기】

1 실이 안에 있는 상태에서 오른바늘을 화살표 방향(오른쪽에서 왼쪽으로)으로 넣는다.

2 실을 바깥에서 안으로 한 바퀴 감아준 뒤 감아준 실을 걸어 뺀다.

【코 늘리기】

∞ 1코를 겉뜨기로 뜨면서 늘리기(KFB)

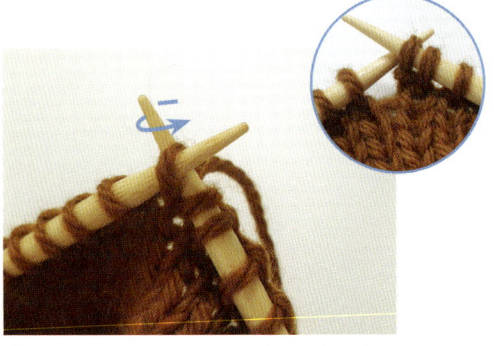

1 실이 바깥에 있는 상태에서 겉뜨기를 하듯 실을 걸어 뜬다. 이때 왼바늘의 코를 빼지 않는다.

2 방금 뜨다 만 왼쪽 겉뜨기 코 뒤로 바늘을 넣어 겉뜨기 하듯이 실을 걸어 뺀다.

∞ 1코를 안뜨기로 뜨면서 늘리기(PFB)

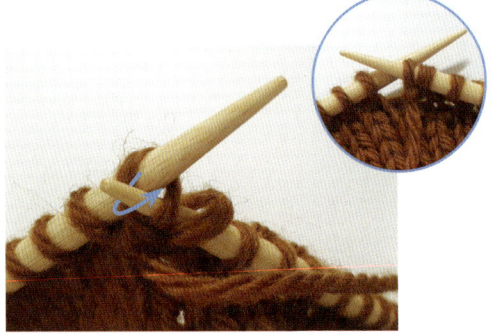

1 실이 안에 있는 상태에서 안뜨기를 하듯 실을 걸어 뜬다. 이때 왼바늘의 코를 빼지 않는다.

2 방금 뜨다 만 코 뒤쪽으로 오른바늘을 왼쪽에서 오른쪽으로 바늘을 넣어 안뜨기를 한다.

∞ 오른코 겉뜨기로 늘리기(M1R)

코와 코 사이의 가로 실을 사진과 같이 왼바늘로 뒤에서 앞으로 걸어 올린다. 화살표 방향으로 바늘을 넣어 겉뜨기를 한다.

∞ 오른코 안뜨기로 늘리기(M1PR)

코와 코 사이의 가로 실을 사진과 같이 왼바늘로 뒤에서 앞으로 걸어 올린다. 화살표 방향으로 바늘을 넣어 안뜨기를 한다.

∞ 왼코 겉뜨기로 늘리기(M1L)

코와 코 사이의 가로 실을 사진과 같이 왼바늘로 앞에서 뒤로 걸어 올린다. 걸어 올린 코 뒤쪽, 화살표 방향으로 바늘을 넣어 겉뜨기를 한다.

∞ 왼코 안뜨기로 늘리기(M1PL)

코와 코 사이의 가로 실을 사진과 같이 왼바늘로 앞에서 뒤로 걸어 올린다. 걸어 올린 코 뒤쪽, 화살표 방향으로 바늘을 넣어 안뜨기를 한다.

∞ 감아코

왼손 검지에 실을 감고 바늘을 화살표 방향으로 넣어준 뒤 손가락을 뺀다.

∞ 바늘 비우기

오른바늘에 진행 실을 사진과 같이 바깥에서 안쪽으로 감아준 뒤 다음 코를 진행한다.

∞ 1코를 3코로 늘리기

1 실이 바깥에 있는 상태에서 겉뜨기를 하듯 실을 걸어 뜬다. 이때 왼바늘의 코를 빼지 않는다.

2 오른바늘에 실을 감아 바늘비우기를 한다.

3 1번 과정의 코에 한 번 더 겉뜨기를 한다.

【코 줄이기】

∞ 왼코 중심 2코 모아 겉뜨기(K2tog)

실이 바깥에 있는 상태에서 2코에 바늘을 한 번에 넣어 겉뜨기를 한다.

∞ 왼코 중심 2코 모아 안뜨기(P2tog)

실이 안에 있는 상태에서 2코에 바늘을 한 번에 넣어 안뜨기를 한다.

∞ 오른코 중심 2코 모아 겉뜨기(SKPO)

1 왼바늘의 ①을 겉뜨기 방향으로 옮겨준 뒤 ②는 겉뜨기를 한다.

2 왼바늘을 ①에 넣고 ②를 덮어씌운다.

∞ 오른코 중심 2코 모아 안뜨기(ssp)

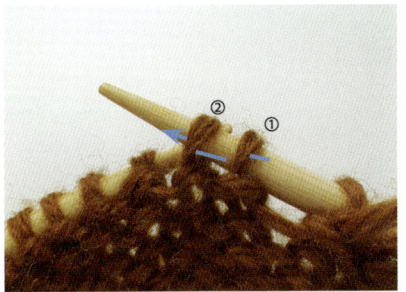
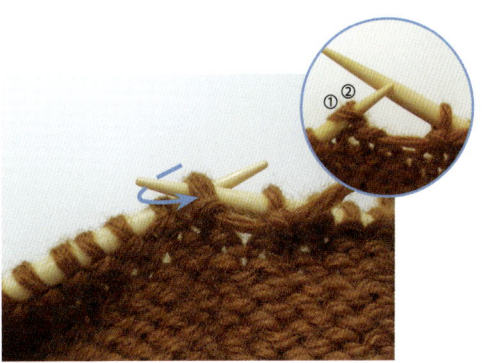

1 왼바늘의 ①, ②를 차례로 겉뜨기 방향으로 옮겨준 뒤 왼바늘을 화살표 방향으로 넣어 다시 왼바늘로 옮긴다. 코의 순서가 바뀐다.

2 순서가 바뀐 2코에 바늘을 한 번에 넣어 안뜨기를 한다.

∞ 중심 3코 모아뜨기

1 오른바늘로 ①, ②를 화살표 방향으로 걸어 한 번에 옮겨준다. 코의 순서가 바뀐다.

2 ③을 겉뜨기 한다.

3 왼바늘로 ①, ②를 한 번에 넣어 ③을 덮어씌운다.

【코 줍기】

∞ 코에서 코 줍기

1 V 모양 중심에 바늘을 찔러준다.
2 새로운 실을 바늘에 걸어준다.

3 실을 걸어 들어왔던 곳으로 바늘을 뺀다.

∞ 단에서 코 줍기

1 1코(시접코) 안쪽 화살표 방향으로 바늘을 찔러준다.
2 새로운 실을 바늘에 걸어준다.

3 실을 걸어 들어왔던 곳으로 바늘을 뺀다.

∞ 대각선에서 코 줍기

1. KFB 늘림코가 안쪽에 있을 경우

KFB 늘림코가 안쪽에 있을 때 가로선이 안쪽에 있기에 가로선 밑으로 코를 줍는다.

2. KFB 늘림코가 바깥에 있을 경우

KFB 늘림코가 바깥에 있을 때 가로선이 바깥에 있기에 늘림코를 개의치 않고 코를 줍는다.

* 1코는 V 모양 중심에 바늘을 넣어 코를 줍고, 1코는 ㅅ 모양 중심에 바늘을 넣어 코를 줍는다. 시접코는 KFB로 코를 늘린 단은 1코 반, 늘리지 않은 단은 1코로 둔다.

3. 평단과 대각선이 같이 있을 경우

평단은 1코에 1코씩 V 모양 중심에 바늘을 넣어 코를 줍는다. 평단과 평단 사이 1코를 추가로 줍는다. 대각선은 1, 2를 참고해 줍는다.

【교차뜨기】

∞ 오른코 위 교차뜨기(예, 오른코 위 2코 교차뜨기)

1 2코를 꽈배기바늘로 옮긴 뒤 앞에 둔다. ①, ②를 차례로 겉뜨기 한다.

2 꽈배기바늘로 옮긴 2코를 겉뜨기 한다.

∞ 왼코 위 교차뜨기(예, 왼코 위 2코 교차뜨기)

1 2코를 꽈배기바늘로 옮긴 뒤 뒤에 둔다. ①, ②를 차례로 겉뜨기 한다.

2 꽈배기바늘로 옮긴 2코를 겉뜨기 한다.

【마무리하기】

∞ 덮어씌워 코 막음

1 겉뜨기를 뜬다. 처음 시작할 때는 2코를 겉뜨기로 떠야 한다.

2 이전에 떴던 코를 앞의 코에 덮어씌운다.

∞ 어깨 잇기(3개의 바늘로 코 막음)

1 편물의 겉면끼리 맞닿게 둔다.

2 앞판과 뒤판의 코에 바늘을 한 번에 넣고 겉뜨기를 한다.

3 다음 코를 2번 과정과 같이 겉뜨기 한다.

4 이전에 떴던 코를 앞의 코에 덮어씌운다.

∞ 어깨 잇기(돗바늘로 코 막음)

1 돗바늘에 실을 꿰어 아래 편물의 ㅅ 모양을 통과한다.

2 위 편물은 V 모양을 통과한다.

도안 읽기

〈옷뜨는 김뜨개의 쉬운 니트 레시피〉 도안은 서술형과 서술형+차트형(기호) 도안이 있습니다. 서술형 도안은 파트별로 구간이 나뉘어져 있으며 적혀진 서술을 천천히 따라가면서 진행합니다. 각 파트의 중요한 체크 포인트는 ◉에 서술하고, 새로운 기법은 큐알 영상을 통해 확인할 수 있습니다.

무늬가 있는 옷은 차트형 도안이 포함되어 있습니다. 서술형과 차트형 도안을 교차 확인하며 진행하면 무늬뜨기를 조금 더 수월하게 작업할 수 있습니다.

차트형(기호 도안) 도안 보는 방법

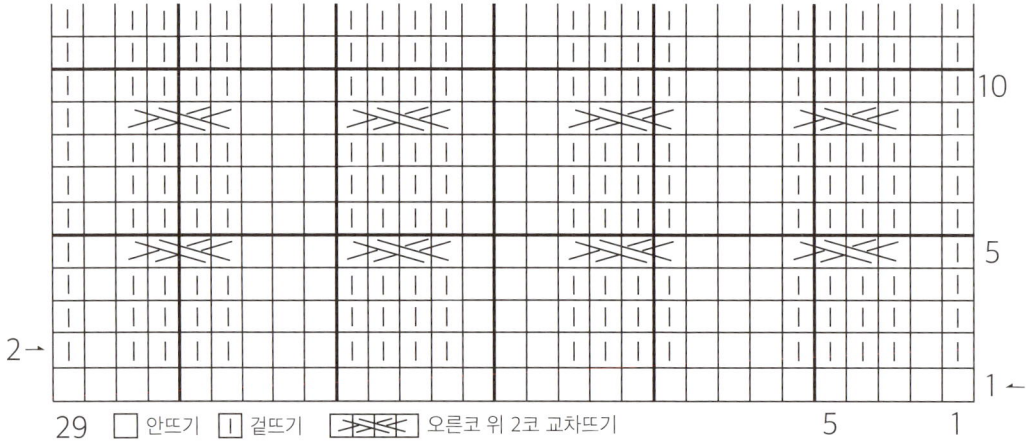

차트형 도안은 뜨개 편물의 겉쪽에서 본 모습입니다. 가로 방향은 콧수, 세로 방향은 단수를 나타냅니다. 맨 아래, 오른쪽 첫 칸이 첫 번째 코가 됩니다. 홀수 단은 오른쪽에서 왼쪽으로, 짝수 단은 왼쪽에서 오른쪽으로 진행됩니다. 짝수 단을 진행할 때에는 편물을 뒤집어 안면을 뜨게 되며 도안은 그려진 기호의 반대로 뜹니다. 겉뜨기는 안뜨기로, 안뜨기는 겉뜨기로 바꾸어 뜨면 겉면에서 봤을 때 뜨개 도안과 동일하게 진행됩니다. 도안의 기호는 차트 아래에서 확인할 수 있습니다.

옷뜨는 김뜨개의 쉬운 니트 레시피

옷을 뜨고자 하는 뜨개인이라면 누구나, 내가 원하는 실과 디자인으로 나에게 딱 맞는 사이즈의 옷을 뜨고 싶어 하죠. 하지만 옷을 뜬다는 것은 생각보다 어려워요. 내가 원하는 실, 내가 원하는 디자인, 나에게 딱 맞는 사이즈. 이 세 가지 중 어디에 초점을 맞추고 작업한다 해도 완성으로 향해가는 길은 쉽지 않습니다.

도안이 있다면?

예쁜 디자인과 그에 맞는 사이즈를 다양하게 연구해 놓은 도안은 아주 좋은 길잡이가 되어줄 거예요. 하지만 디자인과 사이즈는 선택할 수 있지만 내가 원하는 실은 포기해야 할지도 몰라요. 이유는 바로 게이지 때문이죠. 도안의 게이지와 나의 게이지가 같아야 도안에서 제시한 사이즈를 뜰 수 있어요. 그렇기에 내가 원하는 실이 아닌, 게이지가 맞는 실을 선택해야 합니다. 어쩜 게이지에 맞는 실을 찾는 것 자체가 행운일지도 몰라요. 게이지를 고려하지 않고 작업에 착수하면 사이즈에서 크나큰 실패를 할 확률이 높습니다. 아주 작은 아이 옷이 되거나 너무 큰 옷이 될 수도 있죠.

만약 그조차도 없다면 우리는 더 큰 난관에 부딪힙니다. 디자인까지 해야 하니까요. 한두 번 옷을 뜬 경험이 있다면 아실 거예요. 내가 원하는 실, 내가 원하는 디자인, 나에게 딱 맞는 사이즈. 이 세 가지를 모두 만족하는 뜨개 옷은 정말 하늘의 별을 따는 것만큼 귀하다는 것을요.

저는 조금 더 쉽고 간편하게 내가 원하는 실과 바늘로 나에게 딱 맞는 사이즈의 옷을 뜨고 싶었습니다. 이것이 뜨개 옷의 궁극적인 목표라고 생각합니다.

그 다음은 쉽고 간단하게!

그렇게 만들어진 것이 기본 레시피 4종(라운드넥 스웨터, 라운드넥 카디건, 브이넥 스웨터, 브이넥 카디건)입니다. 단언컨데 현존하는 뜨개 옷을 만드는 과정 중 가장 쉽고 간단한 방법으로만 구성되어 있습니다.

제가 선택한 큰 틀은 1. 탑다운 2. 래글런 스타일 3. KFB 4. 뒷목 단차입니다.

1. 탑다운

뜨개 옷을 뜰 때 가장 먼저 선택해야 할 것은 어떤 방식으로 작업할 것인가 입니다. 옷을 뜨는 구조는 아주 다양하지만 그중 가장 대중적으로 사용되는 방법이 바텀업(bottom up)과 탑다운(top down)이에요. 단순화하자면 바텀업은 아래에서 위로 떠 올라가는 방법, 탑다운은 위에서 아래로 떠내려가는 방법입니다. 바텀업을 뜨는 방법은 다양하지만, 그중에서도 몸판 앞 뒤판, 소매 등 조각조각 떠서 바느질하여 잇는 방식이 대중적입니다. 이 방식은 완성까지 입어볼 기회가 없기에 사이즈 조절이 용이하지 않습니다. 그와 반대로 탑다운은 코들을 분리해 떠내려가기에 잇는 과정 없이 한 번에 뜰 수 있죠. 꽤 많은 과정을 간결화해 주고, 과정마다 입어보며 진행할 수 있기에 사이즈 조절이 용이해 이중에서는 단연 탑다운이 쉽습니다.

2. 래글런 스타일
탑다운은 목에서부터 떠내려가는 과정이기에 좁은 목에서 넓은 어깨로의 늘림 부분을 어떻게 진행하느냐에 따라 래글런 스타일, 요크 스타일, 새들 숄더 스타일 등 다양한 방식으로 나뉩니다. 이중 래글런 스타일은 규칙적인 늘림으로 옷의 형태를 만들어 주기에 변형과 사이즈 조절이 용이합니다.

3. KFB
탑다운 방식을 진행할 때 가장 중요한 뜨개 기법은 '늘림' 기법입니다. 좁은 목에서 넓은 어깨로 코를 늘려 나가야 하기에 다양한 늘림 기법을 사용할 수 있습니다. 뜨개에서 늘림 기법은 무궁무진하게 많지만 그중 기본 레시피는 KFB 늘림을 사용합니다. KFB는 1코를 앞뒤로 떠서 늘리는 방법으로 M1(싱거루프에서 실을 걸어 올려 늘리기)처럼 늘어나는 방향에 따라 기법이 달라지지 않고, 모양도 잘 잡히며 yo(바늘 비우기)와 다르게 늘어짐도 없어 쉽고 편하게 뜰 수 있습니다.

4. 뒷목 단차
우리의 옷은 뒷목이 앞목보다 높아야 옷을 입었을 때 목 부분이 편안합니다. 뒷목이 앞목보다 높은 단차 부분을 뒷목 단차라고 말하며, 이를 만들기 위해 다양한 방법을 적용할 수 있습니다. 기본 레시피는 뒷목둘레로 시작해 뜨면서 늘림을 통해 앞목 파임을 만들어 주어 자연스레 뒷목을 더 높여주는 방법을 취합니다. 경사뜨기와 같은 새로운 기법을 배우지 않아도 몸판 늘림에 사용하는 KFB를 이어 사용할 수 있습니다.

이렇게 네 가지가 기본 레시피의 핵심입니다. 다양한 방식을 연구해 가장 쉬운 틀을 만들었습니다. **#탑다운 #래글런 스타일 #KFB #뒷목 단차** 이렇게 네 가지 키워드를 가지고 기본 레시피를 진행해볼게요.

기본 레시피의 구성

'시작 콧수=뒷목둘레'

뜨개를 시작할 때 가장 처음 발목을 잡는 것은 '시작 콧수'입니다. 도대체 몇 코로 시작해야 하는 거야?라는 말이 절로 나올 거예요. 기본 레시피는 '뒷목둘레'로 시작합니다. 쉽게 뒷목 단차를 만들기 위함이죠.

뒷목둘레는 왼쪽 어깨의 중심에서 오른쪽 어깨의 중심까지 둥글게 잰 길이를 말합니다. 완벽하게 따지면 중심보다 살짝 앞쪽으로 치우치지만 편의상 중심이라 언급합니다.

뒷목둘레 여성 32~34cm
목둘레가 살짝 넓은 여성적인 디자인입니다.
좁은 목둘레를 원한다면 남성의 목둘레를 참고하세요.
남성 28~30cm
여성보다 남성 디자인이 목둘레가 좁은 편입니다.
아이 옷 2세 18~19cm, 3~4세 20~21cm, 5~6세 22~23cm, 7~9세 24~25cm, 10~14세 26~27cm, 청소년=남성

뒷목둘레는 사이즈별 조금씩 변형하며 진행할 수 있지만, 사이즈가 크다 하여 제시한 치수보다 넓게 잡는 것은 추천하지 않습니다. 목둘레가 자칫 너무 넓어질 수 있어요.

여성 S 사이즈를 예를 들어 시작 콧수를 계산해 볼게요. 저의 게이지는 16코 19단입니다.

(예) 32cm×1.6(1cm 게이지)=51.2코→51코→시작 콧수입니다.
간단하죠?

래글런 늘림을 위한 콧수 배분

래글런 스타일은 래글런 늘림을 하게 됩니다. 흔히 말하는 '나그랑' 형태의 옷에서 발견할 수 있는 어깨부터 소매로 이어지는 사선이 래글런 선입니다. 이 래글런 늘림은 네 군데(앞 두 군데, 뒤 두 군데)에서 진행되기에 네 개의 지점을 구분해 둘 필요가 있습니다.

우리는 뒷목을 먼저 뜰 것이기에 앞판은 1코로 고정해두고, 소매, 뒤판의 코를 나누어 줄 거예요. 소매와 몸판의 코를 나누는 비율에 따라 디자인이 달라집니다. 이때 조금 쉽게 접근하기 위해 나누기 7이라는 비율로 공식을 만들었습니다. 이 공식은 옷뜨는 김뜨개의 기본 레시피 디자인입니다. 디자인에 따라 비율은 모두 달라지기에 이 공식이 정답은 아니에요. 저의 디자인일 뿐입니다.

저의 공식은 시작 콧수÷7=소매 콧수입니다.
대입해보면 51÷7=7.2코→7코→소매 콧수
소매 콧수와 앞판 1코씩 결정되었으니 총 콧수 51코-(양쪽 소매 콧수 7×2=)14코-(양쪽 앞판 콧수 1+1=)2코=뒤판 콧수 35코가 되겠죠.
그럼 정리해보면 이렇게 비율을 나눌 수 있습니다.
앞판, 소매, 뒤판을 각각 마커(marker)를 걸어 나누어 줄게요.
1(앞판), 마커, 7(소매), 마커, 35(뒤판), 마커, 7(소매), 마커 1(앞판)

간단히 정리해보면
① 자신의 게이지를 확인한다. 16코 19단
② M 사이즈를 뜬다면

예) 33cm(뒷목둘레)×1.6(1cm 게이지)=52.8→53코→시작 콧수
53(총 콧수)÷7=7.57→8코→소매 콧수
1(앞판), 마커, 8(소매), 마커, 35(뒤판), 마커, 8(소매), 마커, 1(앞판)
이렇게 시작하면 됩니다.

이 공식만 있다면 어떤 실도 어떤 사이즈도 모두 원하는 대로 작업할 수 있습니다. 이 공식은 기본 레시피 4종 그리고 기본 레시피를 활용한 레시피들, 탑 다운 래글런 스타일의 모든 레시피에 적용할 수 있습니다. 이 공식이 여러분의 뜨개 첫 시작을 조금 더 가볍고 산뜻하게 만들어 주길 바랍니다.

새로운 형식, 베스트 레시피

기본 래글런 레시피로 기본 스웨터와 카디건을 만들어 봤다면, 이제 베스트를 만들고 싶어질 거예요. 베스트는 앞판 뒤판을 따로 시작하는 새로운 탑다운 방식으로 진행됩니다.

그럼 시작 콧수를 계산해 볼게요. 기본 베스트 레시피는 뒤판의 '어깨 길이'로 시작합니다. 기본 래글런 레시피보다 훨씬 쉽게 시작 콧수를 계산할 수 있습니다. 어깨 길이를 조절해 어깨에 딱 맞게 또는 어깨에서 팔로 떨어지는 드롭 숄더 레시피로 자유롭게 변형할 수 있습니다.

어깨 길이: 여성 약 30~48cm, 남성 약 36~55cm, 아이 약 20~35cm

여성 S 사이즈를 예를 들어 게이지 계산 해 볼게요. 게이지가 20코라면 1cm 게이지는 2코 입니다.

(예) 31cm x 2(1cm 게이지)=62코→시작 콧수입니다. 간단하죠?

만약 드롭 숄더로 뜨고 싶다면, 늘리고자 하는 어깨 길이를 설정한 후 게이지를 곱하면 됩니다.

(예) 45cm x 2(1cm 게이지)=90코

시작 콧수를 계산해 뜨기를 시작했다면 다음 지침들은 기본 베스트 레시피 도안 속에서 확인할 수있습니다. 베스트 레시피는 시작하고 얼마간의 구간 동안 늘림, 줄임 없이 무늬에 집중할 수 있기에 다양한 무늬 패턴을 제작할 때 기본 베이스로 적용하면 좋습니다.

기본 레시피와 기본 베스트 레시피의 형식, 이 두 가지만 배워둔다면 어떤 옷이라도 자유롭게 창작할 수 있을 거예요.

기본적인 형태의 스웨터와 카디건, 베스트를 떠 볼 수 있습니다. 옷 뜨기를 처음 도전한다면 무늬 패턴이 없는 기본 기법인 메리야스 무늬의 기본 레시피를 가장 먼저 선택하게 될 거예요.

기본 레시피는 니트 뜨기를 처음 시작했을 때 가장 먼저 펼쳐볼 파트이자 뜨개 인생에서 가장 많이 뜨게 될 레시피이기도 합니다. 많은 분이 기본 아이템을 뜨고 또 뜹니다. 아름답고 고급스러운 실을 만나면 다양한 무늬 패턴의 옷보다 기본 아이템을 떠서 활용도를 높이고 싶은 마음이 들 거예요. 소중한 시간을 녹여 떠낸 기본 아이템들은 오랫동안 애정하며 소장하게 될 겁니다.

유튜브에 업로드된 레시피 중 가장 인기 있는 디자인 역시 기본 아이템입니다. 이렇게 활용도가 높은 기본 아이템을 나의 사이즈에 맞게, 내가 뜨고자 하는 실에 맞게 원하는 대로 작업할 수 있는 지침을 연구해 수록했습니다. 한번 익혀두면 분명 획기적으로 사용하게 될 거예요.

Part 1

옷뜨는 김뜨개의
기본 레시피

라운드넥 스웨터
Round neck sweater

아방한 핏이 매력적인 라운드넥 스웨터는 몸통은 낙낙하고 소매는 적당한 핏을 가집니다. 탑다운으로 목에서 아래로 떠 내려가기에 총 기장과 소매 기장을 입어보며 나에게 맞게 조절할 수 있어요. 원하는 사이즈로 뜨고 싶을 경우 도안 속 갈색글 지침을 확인하길 바랍니다.

라운드넥 스웨터

사이즈	S(M)L(XL) | 샘플 사이즈 M
가슴단면	48(52)56.5(60)cm
총 기장	47(52)57(62)cm
팔 길이	66(70)75(79)cm
게이지	대바늘 6mm 메리야스 무늬 10cm×10cm 14코 19단
바늘	대바늘 6mm(케이블 80cm, 40cm), 5.5mm(케이블 80cm, 40cm), 5mm(케이블 40cm)
실	knitpicks, Wonderfluff, Larkspur Heather(50g, 129m), 약 5(6)6(7)볼
그 외	마커 4개, 시작 마커 1개, 돗바늘, 가위

【코 만들기&뒷목 단차】

참고 영상

코 만들기

감아코

KFB

- 사이즈 표기S(M)L(XL), 사이즈 표기 없을 경우 모든 사이즈 동일.
- 겉뜨기는 '겉', 안뜨기는 '안', 마커는 m(marker), 마커 걸기는 pm(place marker), 마커 넘기기는 sm(slip marker)로 표기.
- 사이즈를 변경하고자 한다면 갈색 글의 지침을 참고한다.

6mm 대바늘을 이용해 마커를 걸며 일반 코를 만들어 줍니다. 코 만드는 단을 1단(겉면)으로 생각합니다.
* 남성과 아이 사이즈를 뜰 경우 033p를 참고해 시작 콧수를 계산할 수 있습니다.

1단(겉면) 1-앞판, pm, 7(7)7(8)-소매, pm, 28(30)30(30)-뒤판, pm, 7(7)7(8)-소매, pm, 1-앞판
[총 44(46)46(48)]

2단(안면) 모두 안뜨기(마커를 만나면 넘겨주세요), 감아코 1

3단(겉면)	겉1, KFB, sm, KFB, 마커 1코 전까지 겉, KFB, sm, KFB, 마커 1코 전까지 겉, KFB, sm, KFB, 마커 1코 전까지 겉, KFB, sm, KFB, 감아코 1
4단(안면)	모두 안뜨기
5단(겉면)	KFB, 겉1, KFB, sm, KFB, 마커 1코 전까지 겉, KFB, sm, KFB, 마커 1코 전까지 겉, KFB, sm, KFB, 마커 1코 전까지 겉, KFB, sm, KFB, 겉1, KFB
6단(안면)	모두 안뜨기
7단(겉면)	KFB, 마커 1코 전까지 겉, KFB, sm, KFB, 마커 1코 전까지 겉, KFB, sm, KFB, 마커 1코 전까지 겉, KFB, sm, KFB, 마커 1코 전까지 겉, KFB, sm, KFB, 끝에서 1코 전까지 겉, KFB
8단(안면)	모두 안뜨기

*7단과 8단을 반복해 앞판의 콧수가 7(7)9(9)가 될 때까지 진행합니다.

감아코 2

겉면	마커 1코 전까지 겉, KFB, sm, KFB, 마커 1코 전까지 겉, KFB, sm, KFB, 마커 1코 전까지 겉, KFB, sm, KFB, 마커 1코 전까지 겉, KFB, sm, KFB, 끝까지 겉, 감아코 2
안면	모두 안뜨기, 감아코 3
겉면	마커 1코 전까지 겉, KFB, sm, KFB, 마커 1코 전까지 겉, KFB, sm, KFB, 마커 1코 전까지 겉, KFB, sm, KFB, 마커 1코 전까지 겉, KFB, sm, KFB, 끝까지 겉, 감아코 3
안면	모두 안뜨기

여기까지 뒷목 단차입니다.

◉ 현재 바늘의 콧수: 14(14)16(16), m, 17(17)19(20), m, 38(40)42(42), m, 17(17)19(20), m, 14(14)16(16)

*뒷목 단차는 여성 사이즈 약 6~7cm, 남성 사이즈 약 8~9cm, 아이 사이즈 약 4~5cm로 작업합니다.

【앞목 연결 후 래글런 늘림】

참고 영상

원통뜨기

- 시작 마커는 mm(main marker), 시작 마커 넘기기는 smm(slip main marker)로 표기.
- 메리야스뜨기의 경우 원통뜨기는 모두 겉뜨기로만 진행합니다.

겉면 마커 1코 전까지 겉, KFB, sm, KFB, 마커 1코 전까지 겉, KFB, sm, KFB, 마커 1코 전까지 겉, KFB, sm, KFB, 마커 1코 전까지 겉, KFB, sm, KFB, 끝까지 겉

이어서 감아코 10(12)10(10)

시작 마커를 걸어주고 왼바늘의 코를 이어 뜨며 앞판을 연결합니다. 앞판이 연결된 후 원통뜨기를 합니다. 현재 앞판과 뒤판의 콧수가 같아집니다.

* **앞목 연결 감아코 계산**
감아코=뒤판 콧수-(앞판 좌+우 콧수) 현재 편물의 콧수를 세어 결정합니다.

원통 2단 시작 마커까지 겉(진행하다 마커가 보이면 그냥 넘겨주세요), smm

원통 3단 마커 1코 전까지 겉, KFB, sm, KFB, 마커 1코 전까지 겉, KFB, sm, KFB, 마커 1코 전까지 겉, KFB, sm, KFB, 마커 1코 전까지 겉, KFB, sm, KFB, 시작 마커까지 겉, smm

* 원통 2단(늘림 하지 않는 단)과 원통 3단(늘림 하는 단)을 반복하며 바늘의 콧수가 다음과 같을 때까지 진행합니다.

- **현재 바늘의 콧수:** 앞판 64(70)74(78), 소매 43(47)51(56), 뒤판 64(70)74(78)

* 원통 2단을 한번 더 떠줍니다. 늘림 하지 않는 단!까지 작업합니다.

* **래글런 길이(직선 길이)**
래글런 길이를 조절함으로써 사이즈를 쉽게 조절할 수 있습니다.
여성 사이즈 약 19~26cm, 남성 사이즈 약 29~36cm, 아이 사이즈 2세 약 12cm, 3~4세 약 14cm, 5~7세 약 16cm, 8~10세 약 18cm, 이상 청소년은 여성 사이즈

【소매 분리】

참고 영상

소매 분리

- 바늘의 콧수는 mm, 앞판, m, 소매, m, 뒤판, m, 소매, m, 앞판으로 구성되어 있으며, 이중 소매 코를 여분의 실 또는 여분의 케이블, 엔드캡 등에 이동하는 것을 소매 분리라고 합니다.
- 소매 분리가 완료된 편물은 앞판, 뒤판 코만 남게 되고, 앞판과 뒤판 사이 감아코를 진행하며 원통으로 연결합니다.
- 진행하다 마커를 만나면 모두 제거합니다, rm(remove marker)로 표기.

1단(겉면) 앞판 27(29)32(34) 겉, rm, 소매 43(47)51(56)를 여분의 실로 옮김, rm, 감아코 3(3)5(6)
뒤판 64(70)74(78) 겉, rm, 소매 43(47)51(56)를 여분의 실로 옮김, rm, 감아코 3(3)5(6)
이어 앞판 코를 겉뜨기하며 원통으로 연결, 시작 마커까지 겉
시작 마커 잠시 제거, 28(30)34(37) 겉, 시작 마커 걸기

- **현재 바늘의 콧수:** 134(146)158(168)

* 소매 분리 시 감아코 계산
(예) 원하는 가슴 둘레 100cm
100cm×1.6(1cm 게이지)=160코
160코-(앞+뒤판 콧수)=감아코
감아코는 양쪽으로 진행하므로÷2
* 160코<(앞+뒤판 콧수)일 경우 감아코를 넣지 않아도 괜찮으나 조금이라도 감아코가 있는 것이 편한 옷을 만들어 줄 거예요.

【몸통 뜨기&고무단 뜨기】

참고 영상

돗바늘 마무리

1단 시작 마커까지 겉, smm

＊1단을 반복해 목부터 총 기장 42(47)52(57)cm까지 진행합니다(길이는 원하는 대로 조절 가능).

＊탑다운의 가장 큰 장점으로 입어보며 원하는 길이로 진행할 수 있습니다. 그럴 경우
① 케이블 부속품 중 연장 케이블을 이용해 케이블을 길게 연장하거나
② 2개의 바늘에 코를 나누거나
③ 여분의 실에 코를 옮겨 둔 후 입어볼 수 있습니다.

5.5mm 대바늘로 변경해 1코 고무뜨기를 12단까지 진행한 후 돗바늘 마무리합니다.

1코 고무뜨기 (겉1, 안1) ＊시작 마커까지 반복, smm

【소매 뜨기】

참고 영상

암홀 구멍   감아코에서   소매 줄임
줄이기   코 줍기   (K2tog, SKPO)

여분의 실로 옮겨 둔 소매 코 43(47)51(56)를 6mm 대바늘로 옮겨주세요. 감아코 3(3)5(6)에서 3(3)5(6)를 주워 주세요.

● **소매 총 콧수:** 46(50)56(62)

● 감아코 중간에 마커를 걸고 원통으로 메리야스뜨기를 합니다. 감아코가 홀수인 3코인 경우 1코, 마커, 2코로 나눔.

원통 2단	시작 마커까지 겉, smm
	*원통 2단을 반복하며 아래 줄임을 적용해, 소매 감아코 지점에서 총 76(79)82(85)단 진행합니다.

S-size	12단에 2코씩 2회, 13단에 2코씩 3회 줄임, 추가 13단. 총 5회 줄임(-10코), 총 76단
M-size	13단에 2코씩 5회, 추가 14단. 총 5회 줄임(-10코), 총 79단
L-size	11단에 2코씩 2회, 12단에 2코씩 4회 줄임. 추가 12단, 총 6회 줄임(-12코), 총 82단
XL-size	10단에 2코씩 3회, 11단에 2코씩 4회 줄임. 추가 11단, 총 7회 줄임(-14코), 총 85단

줄임단	K2tog, 시작 마커 2코 전까지 겉, SKPO, smm
	소매 길이는 뜨면서 조절합니다.

아래는 예시 서술(S-size)

1단	왼바늘의 코와 연결해 모두 겉, 감아코 2(2)3(3) 겉, pm
2~11단	시작 마커까지 겉, smm
12단	K2tog, 시작 마커 2코 전까지 겉, SKPO, smm
13~23단	시작 마커까지 겉, smm
24단	K2tog, 시작 마커 2코 전까지 겉, SKPO, smm
25~36단	시작 마커까지 겉, smm
37단	K2tog, 시작 마커 2코 전까지 겉, SKPO, smm
38~49단	시작 마커까지 겉, smm
50단	K2tog, 시작 마커 2코 전까지 겉, SKPO, smm
51~62단	시작 마커까지 겉, smm
63단	K2tog, 시작 마커 2코 전까지 겉, SKPO, smm
64~76단	시작 마커까지 겉, smm

줄임을 마친 후 ● **현재 바늘의 콧수:** 36(40)44(48)

【소매 고무단 뜨기】

5.5mm 대바늘로 변경해 1코 고무뜨기를 9단까지 진행한 후 돗바늘 마무리합니다.

1코 고무뜨기　　(겉1, 안1) * 시작 마커까지 반복, smm

【목 고무단 뜨기】

참고 영상

코에서
코 줍기

대각선에서
코 줍기

5mm 대바늘을 이용해 겉면을 보며 다음과 같이 코를 주워 줍니다.

뒷목에서 28(30)30(30), 소매에서 7(7)7(8), 앞목 대각선에서 13(13)15(15), 앞목 감아코에서 10(12)10(10), 앞목 대각선에서 13(13)15(15), 소매에서 7(7)7(8)

시작 마커를 걸어주고 원통뜨기를 합니다.

 현재 바늘의 콧수: 78(82)84(86)

* 탄탄한 목 고무단을 위해 몸판을 뜬 대바늘보다 1mm 낮은 호수를 사용합니다.
* 코 줍기 Tip
① 코를 만들어 준 뒷목, 소매, 앞목 연결 시 진행한 감아코는 1코에 1코씩 주워 줍니다.
② 앞목 대각선에서는 쉼코를 주며 코를 주워 줍니다.

코를 주운 단을 1단으로 생각합니다.

1코 고무뜨기　　(겉1, 안1) * 시작 마커까지 반복, smm
　　　　　　　　 *1코 고무뜨기를 7단까지 반복한 후 돗바늘 마무리합니다.

Round neck cardigan
라운드넥 카디건

라운드넥 카디건은 라운드넥 스웨터와 뜨는 방식은 동일하지만 편물을 원통으로 연결하지 않고 겉면과 안면을 뒤집어 가며 뜹니다. 몸통과 소매를 완성한 후 목 고무단을 먼저 뜨고, 앞판 버튼밴드를 작업합니다. 이 디자인은 라운드넥 카디건의 가장 기본이 되며 다양한 방식으로 변형할 수 있는 가이드가 될 것입니다.

라운드넥 카디건

사이즈	S(M)L(XL) | 샘플 사이즈 S(기장은 임의로 짧게 제작되었습니다)
가슴단면	48(52)56(60)cm
총 기장	47(52)57(62)cm
팔 길이	66(70)75(79)cm
게이지	대바늘 5mm 메리야스 무늬 10cm×10cm 19코 25단
바늘	대바늘 5mm(케이블 80cm, 40cm), 4.5mm(케이블 80cm, 40cm), 4mm(케이블 80cm)
실	knitpicks, Wool of the Andes Tweed Worsted, North Pole Heather(50g, 100m), 약 6(7)7(8)볼
그 외	마커 4개, 시작 마커 1개, 돗바늘, 가위, 단추 5개

【코 만들기&뒷목 단차】

참고 영상

코 만들기

감아코

KFB

- 사이즈 표기 S(M)L(XL), 사이즈 표기 없을 경우 모든 사이즈 동일.
- 겉뜨기는 '겉', 안뜨기는 '안', 마커는 m(marker), 마커 걸기는 pm(place marker), 마커 넘기기는 sm(slip marker)로 표기.
- 사이즈를 변경하고자 한다면 갈색 글의 지침을 참고한다.

5mm 대바늘을 이용해 마커를 걸며 일반 코를 만들어 줍니다. 코 만드는 단을 1단(겉면)으로 생각합니다.
*남성과 아이 사이즈를 뜰 경우 033p를 참고해 시작 콧수를 계산할 수 있습니다.

1단(겉면) 1-앞판, pm, 9(9)10(10)-소매, pm, 39(41)41(43)-뒤판, pm, 9(9)10(10)-소매, pm, 1-앞판
[총 59(61)63(65)]

2단(안면)	모두 안뜨기(마커를 만나면 넘겨주세요), 감아코 1
3단(겉면)	겉1, KFB, sm, KFB, 마커 1코 전까지 겉, KFB, sm, KFB, 마커 1코 전까지 겉, KFB, sm, KFB, 마커 1코 전까지 겉, KFB, sm, KFB, 감아코 1
4단(안면)	모두 안뜨기
5단(겉면)	KFB, 겉1, KFB, sm, KFB, 마커 1코 전까지 겉, KFB, sm, KFB, 마커 1코 전까지 겉, KFB, sm, KFB, 마커 1코 전까지 겉, KFB, sm, KFB, 겉1, KFB
6단(안면)	모두 안뜨기
7단(겉면)	KFB, 마커 1코 전까지 겉, KFB, sm, KFB, 마커 1코 전까지 겉, KFB, sm, KFB, 마커 1코 전까지 겉, KFB, sm, KFB, 마커 1코 전까지 겉, KFB, sm, KFB, 끝에서 1코 전까지 겉, KFB
8단(안면)	모두 안뜨기

* 7단과 8단을 반복해 앞판의 콧수가 13(13)15(15)가 될 때까지 진행합니다.

감아코 2

겉면	마커 1코 전까지 겉, KFB, sm, KFB, 마커 1코 전까지 겉, KFB, sm, KFB, 마커 1코 전까지 겉, KFB, sm, KFB, 마커 1코 전까지 겉, KFB, sm, KFB, 끝까지 겉, 감아코 2
안면	모두 안뜨기, 감아코 3
겉면	마커 1코 전까지 겉, KFB, sm, KFB, 마커 1코 전까지 겉, KFB, sm, KFB, 마커 1코 전까지 겉, KFB, sm, KFB, 마커 1코 전까지 겉, KFB, sm, KFB, 끝까지 겉, 감아코 3
안면	모두 안뜨기

여기까지 뒷목 단차입니다.

● **현재 바늘의 콧수:** 20(20)22(22), m, 25(25)28(28), m, 55(57)59(61), m, 25(25)28(28), m, 20(20)22(22)

* 뒷목 단차는 여성 사이즈 약 6~7cm, 남성 사이즈 약 8~9cm, 아이 사이즈 약 4~5cm로 작업합니다.

【앞목 만들어 준 후 래글런 늘림】

감아코 4(5)4(5)

겉면	마커 1코 전까지 겉, KFB, sm, KFB, 마커 1코 전까지 겉, KFB, sm, KFB, 마커 1코 전까지 겉, KFB, sm, KFB, 마커 1코 전까지 겉, KFB, sm, KFB, 끝까지 겉
	이어서 감아코 4(5)4(5)
안면	모두 안뜨기

*앞목 연결 감아코 계산
감아코=뒤판 콧수-(앞판 좌+우 콧수) 현재 편물의 콧수를 세어 결정합니다.

🔸 **현재 바늘의 콧수:** 앞판 25(26)27(28), 소매 27(27)30(30), 뒤판 57(59)61(63), 소매 27(27)30(30), 앞판 25(26)27(28)

*앞판 버튼밴드를 위해 앞판의 콧수가 뒤판의 콧수보다 8코 적습니다.

겉면	마커 1코 전까지 겉, KFB, sm, KFB, 마커 1코 전까지 겉, KFB, sm, KFB, 마커 1코 전까지 겉, KFB, sm, KFB, 마커 1코 전까지 겉, KFB, sm, KFB, 끝까지 겉
안면	모두 안뜨기

* 겉면과 안면을 반복해 바늘의 콧수가 다음과 같을 때까지 진행합니다.

🔸 **현재 바늘의 콧수:** 앞판 39(43)46(50), 소매 55(61)68(74), 뒤판 85(93)99(107), 소매 55(61)68(74), 앞판 39(43)46(50)

* 늘림 하지 않는 단!까지 작업합니다.

*래글런 길이(직선 길이)
래글런 길이를 조절함으로써 사이즈를 쉽게 조절할 수 있습니다.
여성 사이즈 약 19~26cm, 남성 사이즈 약 29~36cm, 아이 사이즈 2세 약 12cm, 3~4세 약 14cm, 5~7세 약 16cm, 8~10세 약 18cm, 이상 청소년은 여성 사이즈

【소매 분리】

참고 영상

소매 분리

🔸 바늘의 콧수는 앞판, m, 소매, m, 뒤판, m, 소매, m, 앞판으로 구성되어 있으며, 이중 소매 코를 여분의 실 또는 여분의 케이블, 엔드캡 등에 이동하는 것을 소매 분리라고 합니다.

🔸 소매 분리가 완료된 편물은 앞판, 뒤판 코만 남게 되고, 앞판과 뒤판 사이 감아코를 진행하며 원통으로 연결합니다.

● 진행하다 마커를 만나면 모두 제거합니다. rm(remove marker)로 표기.

1단(겉면) 앞판 39(43)46(50) 겉, rm, 소매 55(61)68(74)를 여분의 실로 옮김, rm, 감아코 5(5)6(6)
뒤판 85(93)99(107) 겉, rm, 소매 55(61)68(74)를 여분의 실로 옮김, rm, 감아코 5(5)6(6)
이어 앞판 39(43)46(50) 겉

2단(안면) 모두 안뜨기

● **현재 바늘의 콧수:** 173(189)203(219)
＊카디건의 경우 시접 코를 위해 총 콧수를 홀수로 두면 좋습니다.

＊ 소매 분리 시 감아코 계산
㉠ 원하는 가슴 둘레 100cm
100cm×1.6(1cm 게이지)=160코
160코-(앞+뒤판 콧수)=감아코
감아코는 양쪽으로 진행하므로÷2
＊ 160코<(앞+뒤판 콧수)일 경우 감아코를 넣지 않아도 괜찮으나 조금이라도 감아코가 있는 것이 편한 옷을 만들어 줄 거예요.

【몸통 뜨기&고무 단 뜨기】

참고 영상

덮어씌워
코막음

돗바늘 마무리

겉면 모두 겉뜨기
안면 모두 안뜨기

＊겉면과 안면을 반복해 암홀 감아코 지점부터 55(61)68(74)단까지 진행합니다.

＊탑다운의 가장 큰 장점으로 입어보며 원하는 길이로 진행할 수 있습니다. 그럴 경우
① 케이블 부속품 중 연장 케이블을 이용해 케이블을 길게 연장하거나
② 2개의 바늘에 코를 나누거나
③ 여분의 실에 코를 옮겨 둔 후 입어볼 수 있습니다.

4.5mm 대바늘로 변경해 고무뜨기를 진행합니다.

1단(겉면) 겉1, (겉1, 안1) * 끝에서 2코 전까지 반복, 겉2

2단(안면) 안1, (안1, 겉1) * 끝에서 2코 전까지 반복, 안2

　　　　　* 1단과 2단을 반복해 15단, 겉면까지 진행한 후 덮어씌워 코막음 합니다. 돗바늘 마무리도 좋습니다.

【소매 뜨기】

참고 영상

암홀 구멍　　감아코에서　　원통뜨기　　소매 줄임
줄이기　　　코 줍기　　　　　　　　　(K2tog, SKPO)

여분의 실로 옮겨 둔 소매 코 55(61)68(74)를 5mm 대바늘로 옮겨주세요.

감아코 5(5)6(6)에서 5(5)6(6)를 주워 주세요.

● **소매 총 콧수:** 60(66)74(80)

● 감아코 중간에 시작 마커를 걸고 원통으로 메리야스뜨기를 합니다. 감아코가 홀수인 5코인 경우 2코, 마커, 3코로 나눔.

● 시작 마커는 mm(main marker), 시작 마커 넘기기는 smm(slip main marker)로 표기.

원통 2단 시작 마커까지 겉, smm

　　　　　* 원통 2단을 반복하며 아래 줄임을 적용해, 소매 감아코 지점에서 총 100(104)108(112)단 진행합니다.

S-size 14단에 2코씩 5회, 15단에 2코씩 1회 줄임, 추가 15단. 총 6회 줄임(-12코) [총 100단]

M-size 13단에 2코씩 7회, 추가 13단. 총 7회 줄임(-14코) [총 104단]

L-size 12단에 2코씩 8회, 추가 12단. 총 8회 줄임(-16코) [총 108단]

XL-size 12단에 2코씩 5회, 13단에 2코씩 3회 줄임, 추가 13단. 총 8회 줄임(-16코) [총 112단]

줄임단 K2tog, 시작 마커 2코 전까지 겉, SKPO, smm

　　　　　소매 길이는 뜨면서 조절할 수 있습니다.

　　　　　* 소매 줄임 예시 서술은 라운드넥 스웨터 도안 045p를 참고합니다.

　　　　　줄임을 마친 후 ● **현재 총 콧수:** 48(52)58(64)

【소매 고무단 뜨기】

4.5mm 대바늘로 변경해 1코 고무뜨기를 14단까지 진행한 후 돗바늘 마무리합니다.

1코 고무뜨기   (겉1, 안1) * 시작 마커까지 반복, smm

【목 고무단 뜨기】

참고 영상

코에서 코 줍기

대각선에서 코 줍기

4mm 대바늘을 이용해 겉면을 보며 다음과 같이 코를 주워 줍니다.

앞목 감아코에서 5(6)5(6), 앞목 대각선에서 24(24)27(27), 소매에서 9(9)10(10), 뒷목에서 38(40)40(42), 소매에서 9(9)10(10), 앞목 대각선에서 24(24)27(27), 앞목 감아코에서 5(6)5(6)

● **현재 바늘의 콧수:** 114(118)124(128)

* 탄탄한 목 고무단을 위해 몸판을 뜬 대바늘보다 1mm 낮은 호수를 사용합니다.
* 코 줍기 Tip
① 코를 만들어 준 뒷목, 소매, 앞목 감아코는 1코에 1코씩 주워 줍니다.
② 앞목 대각선에서는 쉼코를 주며 코를 주워 줍니다.

코를 주운 단을 1단(겉면)으로 생각합니다.

2단(안면)   안1, (안1, 겉1) * 끝에서 2코 전까지 반복, 안2
3단(겉면)   겉1, (겉1, 안1) * 끝에서 2코 전까지 반복, 겉2

* 2단과 3단을 반복해 8단(안면)까지 진행한 후 덮어씌워 코막음합니다. 돗바늘 마무리도 좋습니다.

【앞판 버튼밴드 뜨기】

참고 영상

단에서 코 줍기 　　바늘 비우기　　 왼코 중심
　　　　　　　　　　　　　　　　2코 모아 안뜨기

왼쪽 버튼밴드

4mm 대바늘을 이용해 겉면, 위에서 아래로 99(107)115(123)코를 주워 줍니다.

코를 주운 단을 1단(겉면)으로 생각합니다.

2단(안면)	(안1, 겉1) * 끝에서 1코 전까지 반복, 안1
3단(겉면)	(겉1, 안1) * 끝에서 1코 전까지 반복, 겉1

* 2단과 3단을 반복해 8단(안면)까지 진행한 후 덮어씌워 코막음합니다. 돗바늘 마무리도 좋습니다.

* 탄탄한 버튼밴드를 위해 몸판을 뜬 대바늘보다 1mm 낮은 호수를 사용합니다.
* 코 줍기 Tip
단에서 코를 주울 때는 꼭 쉼코를 줍니다. 우리의 편물은 콧수보다 단수가 많기 때문에 모든 코를 주우면 코가 많아 편물이 울 수 있습니다.

오른쪽 버튼밴드(단춧구멍 만들기)

4mm 대바늘을 이용해 겉면, 아래에서 위로 99(107)115(123)코를 주워 줍니다.

코를 주운 단을 1단(겉면)으로 생각합니다.

2단(안면)	(안1, 겉1) * 끝에서 1코 전까지 반복, 안1
3단(겉면)	(겉1, 안1) * 끝에서 1코 전까지 반복, 겉1
4단(안면)	2단과 동일
5단(겉면)	(겉1, 안1) * 3회 반복, (바늘 비우기, 왼코 중심 2코 모아 안뜨기, [(겉1, 안1) 반복해 20(22)24(26)코 뜨기, (바늘 비우기, 왼코 중심 2코 모아 안뜨기] * 대괄호 4회 반복, (겉1, 안1) * 끝까지 반복
6~8단	2~4단과 동일

* 8단까지 진행한 후 덮어씌워 코막음합니다. 돗바늘 마무리도 좋습니다.

라운드넥 카디건

V-neck sweater

브이넥 스웨터

라운드넥 스웨터를 기본으로 두고 변형해 제작된 브이넥 스웨터입니다. 뜨는 방식은 라운드넥 스웨터와 동일하지만 앞판의 양쪽 편물 콧수의 합이 뒤판의 콧수와 동일해질 때까지 평면 작업하며 코를 늘려 나갑니다. 앞판이 대각선으로 균일하게 늘어나게 되어 브이넥을 만들 수 있습니다. 브이넥 부분 코를 주울 때는 쉼코 없이 모든 코를 주워야 함을 잊지 않고 작업하기 바랍니다.

브이넥 스웨터

사이즈	S(M)L(XL) | 샘플 사이즈 M
가슴단면	48.5(52)56.5(60)cm
총 기장	47(52)57(62)cm
팔 길이	66(70)75(79)cm
게이지	대바늘 5mm 메리야스 무늬 10cm×10cm 19코 25단
바늘	대바늘 5mm(케이블 80cm, 40cm), 4.5mm(케이블 80cm, 40cm)
실	낙양모사, 블리스(50g, 160m)+모락 모헤어(25g, 252m) 각각 1줄씩, 약 6+3(7+4)8+4(9+5)볼
그 외	마커 4개, 시작 마커 1개, 돗바늘, 가위

【코 만들기&뒷목 단차】

참고 영상

코 만들기   감아코   KFB

● 사이즈 표기S(M)L(XL), 사이즈 표기 없을 경우 모든 사이즈 동일.

● 겉뜨기는 '겉', 안뜨기는 '안', 마커는 m(marker), 마커 걸기는 pm(place marker), 마커 넘기기는 sm(slip marker)로 표기.

● 사이즈를 변경하고자 한다면 갈색 글의 지침을 참고한다.

5mm 대바늘을 이용해 마커를 걸며 일반 코를 만들어 줍니다. 코 만드는 단을 1단(겉면)으로 생각합니다.

남성과 아이 사이즈를 뜰 경우 033p를 참고해 시작 콧수를 계산할 수 있습니다.

1단(겉면)   1-앞판, pm, 8(9)9(10)-소매, pm, 42(42)44(44)-뒤판, pm, 8(9)9(10)-소매, pm, 1-앞판
[총 60(62)64(66)]
아래부터 사이즈별 시작 부분이 다릅니다. 브이넥 깊이를 조절하기 위함입니다.

* 브이넥 깊이 조절하는 법
기본은 S-size이며 브이넥 깊이를 깊게 하고 싶다면 첫 코와 끝 코 늘림을 늦게 시작합니다.
(M)L-size, XL-size로 단계별로 참고하시기 바랍니다.

아래는 S-size만 확인합니다.

2단(안면)	모두 안뜨기(마커를 만나면 넘겨주세요), 감아코 1
3단(겉면)	겉1, KFB, sm, KFB, 마커 1코 전까지 겉, KFB, sm, KFB, 마커 1코 전까지 겉, KFB, sm, KFB, 마커 1코 전까지 겉, KFB, sm, KFB, 감아코 1
4단(안면)	모두 안뜨기
5단(겉면)	KFB, 겉1, KFB, sm, KFB, 마커 1코 전까지 겉, KFB, sm, KFB, 마커 1코 전까지 겉, KFB, sm, KFB, 마커 1코 전까지 겉, KFB, sm, KFB, 겉1, KFB

아래는 (M)L-size만 확인합니다.

2단(안면)	모두 안뜨기(마커를 만나면 넘겨주세요)
3단(겉면)	KFB, sm, KFB, 마커 1코 전까지 겉, KFB, sm, KFB, 마커 1코 전까지 겉, KFB, sm, KFB, 마커 1코 전까지 겉, KFB, sm, KFB
4단(안면)	모두 안뜨기
5단(겉면)	KFB, KFB, sm, KFB, 마커 1코 전까지 겉, KFB, sm, KFB, 마커 1코 전까지 겉, KFB, sm, KFB, 마커 1코 전까지 겉, KFB, sm, KFB, KFB

아래는 XL-size만 확인합니다.

2단(안면)	모두 안뜨기(마커를 만나면 넘겨주세요)
3단(겉면)	KFB, sm, KFB, 마커 1코 전까지 겉, KFB, sm, KFB, 마커 1코 전까지 겉, KFB, sm, KFB, 마커 1코 전까지 겉, KFB, sm, KFB
4단(안면)	모두 안뜨기
5단(겉면)	겉1, KFB, sm, KFB, 마커 1코 전까지 겉, KFB, sm, KFB, 마커 1코 전까지 겉, KFB, sm, KFB, 마커 1코 전까지 겉, KFB, sm, KFB, 겉1
6단(안면)	모두 안뜨기
7단(겉면)	KFB, 겉1, KFB, sm, KFB, 마커 1코 전까지 겉, KFB, sm, KFB, 마커 1코 전까지 겉, KFB, sm, KFB, 마커 1코 전까지 겉, KFB, sm, KFB, 겉1, KFB

아래부터 모든 사이즈 동일

안면	모두 안뜨기
겉면	KFB, 마커 1코 전까지 겉, KFB, sm, KFB, 마커 1코 전까지 겉, KFB, sm, KFB, 마커 1코 전까지 겉, KFB, sm, KFB, 마커 1코 전까지 겉, KFB, sm, KFB, 끝에서 1코 전까지 겉, KFB

| 안면 | 모두 안뜨기
* 겉면과 안면을 반복해 앞판의 콧수가 41(42)44(45)가 될 때까지 진행합니다.

여기까지 브이넥 깊이입니다. 앞판 좌+우 콧수=뒤판 콧수가 됩니다.
◎ **현재 바늘의 콧수:** 41(42)44(45), m, 48(51)53(56), m, 82(84)88(90), m, 48(51)53(56), m, 41(42)44(45) |
|---|---|

【앞판 연결 후 래글런 늘림】

참고 영상

원통뜨기

◎ 시작 마커는 mm(main marker), 시작 마커 넘기기는 smm(slip main marker)로 표기.

| 겉면 | 겉면을 뜨며 앞판을 연결합니다.
마커 1코 전까지 겉, KFB, sm, KFB, 마커 1코 전까지 겉, KFB, sm, KFB, 마커 1코 전까지 겉, KFB, sm, KFB, 마커 1코 전까지 겉, KFB, sm, KFB, 끝까지 겉
시작 마커를 걸어주고 왼바늘의 코를 이어 뜨며 앞판을 연결합니다. 앞판이 연결된 후 원통뜨기를 합니다. 현재 앞판과 뒤판의 콧수가 같습니다.

◎ 메리야스뜨기의 경우 원통뜨기는 모두 겉뜨기로만 진행합니다. |
|---|---|
| 원통 2단 | 시작 마커까지 겉(진행하다 마커가 보이면 그냥 넘겨주세요), smm |
| 원통 3단 | 마커 1코 전까지 겉, KFB, sm, KFB, 마커 1코 전까지 겉, KFB, sm, KFB, 마커 1코 전까지 겉, KFB, sm, KFB, 마커 1코 전까지 겉, KFB, sm, KFB, 시작 마커까지 겉, smm

* 원통 2단(늘림 하지 않는 단)과 원통 3단(늘림 하는 단)을 반복해 바늘의 콧수가 다음과 같을 때까지 진행합니다.
* 마커 전후로 KFB를 진행하며, 시작 마커는 늘림 하지 않습니다.

◎ **현재 바늘의 콧수:** 앞판 88(94)102(108), 소매 54(61)67(74), 뒤판 88(94)102(108)
* 원통 2단을 한번 더 떠줍니다. 늘림 하지 않는 단!까지 작업합니다. |

* 래글런 길이(직선 길이)

래글런 길이를 조절함으로써 사이즈를 쉽게 조절할 수 있습니다.

여성 사이즈 약 19~26cm, 남성 사이즈 약 29~36cm, 아이 사이즈 2세 약 12cm, 3~4세 약 14cm, 5~7세 약 16cm, 8~10세 약 18cm, 이상 청소년은 여성 사이즈

【소매 분리】

참고 영상

소매 분리

- 바늘의 콧수는 mm, 앞판, m, 소매, m, 뒤판, m, 소매, m, 앞판으로 구성되어 있으며, 이중 소매코를 여분의 실 또는 여분의 케이블, 엔드캡 등에 이동하는 것을 소매 분리라고 합니다.
- 소매 분리가 완료된 편물은 앞판, 뒤판 코만 남게 되고, 앞판과 뒤판 사이 감아코를 진행하며 원통으로 연결합니다.
- 진행하다 마커를 만나면 모두 제거합니다. rm(remove marker)로 표기.

1단(겉면) 앞판 44(47)51(54) 겉, rm, 소매 54(61)67(74)를 여분의 실로 옮김, rm, 감아코 4(5)5(6)
뒤판 88(94)102(108) 겉, rm, 소매 54(61)67(74)를 여분의 실로 옮김, rm, 감아코 4(5)5(6)
이어 앞판 코를 겉뜨기하며 원통으로 연결, 시작 마커까지 겉
시작 마커 잠시 제거, 46(49)53(57) 겉, 시작 마커 걸기

- **현재 바늘의 콧수:** 184(198)214(228)

* 소매 분리 시 감아코 계산
(예) 원하는 가슴 둘레 100cm
100cm×1.6(1cm 게이지)=160코
160코-(앞+뒤판 콧수)=감아코
감아코는 양쪽으로 진행하므로÷2
* 160코<(앞+뒤판 콧수)일 경우 감아코를 넣지 않아도 괜찮으나 조금이라도 감아코가 있는 것이 편한 옷을 만들어 줄 거예요.

【몸통 뜨기&고무단 뜨기】

참고 영상

돗바늘 마무리

1단 시작 마커까지 겉, smm

*1단을 반복해 목부터 총 기장이 42(47)52(57)cm까지 진행합니다(길이는 원하는 대로 조절 가능).

*탑다운의 가장 큰 장점으로 입어보며 원하는 길이로 진행할 수 있습니다. 그럴 경우
① 케이블 부속품 중 연장 케이블을 이용해 케이블을 길게 연장하거나
② 2개의 바늘에 코를 나누거나
③ 여분의 실에 코를 옮겨 둔 후 입어볼 수 있습니다.

4.5mm 대바늘로 변경해 1코 고무뜨기를 14단까지 진행한 후 돗바늘 마무리합니다.

1코 고무뜨기 (겉1, 안1) * 시작 마커까지 반복, smm

【소매 뜨기】

참고 영상

암홀 구멍
줄이기

감아코에서
코 줍기

소매 줄임
(K2tog, SKPO)

여분의 실로 옮겨 둔 소매 코 54(61)67(74)를 5mm 대바늘로 옮겨주세요.
감아코 4(5)5(6)에서 4(5)5(6)를 주워 주세요.

● **소매 총 콧수:** 58(66)72(80)
● 감아코 중간에 마커를 걸고 원통으로 메리야스뜨기를 합니다. 감아코가 홀수인 5코인 경우 2코, 마커 3코로 나눔.

원통 2단 시작 마커까지 겉, 겉뜨기, smm
원통 2단을 반복하며 아래 줄임을 적용해, 소매 감아코 지점에서 총 100(104)107(111)단 진행합니다.

S-size 14단에 2코씩 5회, 15단에 2코씩 1회 줄임, 추가 15단. 총 6회 줄임(-12코) [총 100단]
M-size 13단에 2코씩 7회, 추가 13단. 총 7회 줄임(-14코) [총 104단]
L-size 13단에 2코씩 5회, 14단에 2코씩 2회 줄임. 추가 14단, 총 7회 줄임(-14코) [총 107단]
XL-size 12단에 2코씩 6회, 13단에 2코씩 2회 줄임. 추가 13단, 총 8회 줄임(-16코) [총 111단]

줄임단 K2tog, 시작 마커 2코 전까지 겉, SKPO, smm
소매 길이는 뜨면서 조절할 수 있습니다.
*소매 줄임 예시 서술은 라운드넥 스웨터 도안 045p를 참고합니다.

줄임을 마친 후 ● **현재 바늘의 콧수:** 46(52)58(64)

【소매 고무단 뜨기】

4.5mm 대바늘로 변경해 1코 고무뜨기를 12단까지 진행한 후 돗바늘 마무리합니다.
1코 고무뜨기 (겉1, 안1) * 시작 마커까지 반복, smm

【목 고무단 뜨기】

참고 영상

코에서 코 줍기

대각선에서
코 줍기

중심 3코
모아뜨기

4.5mm 대바늘을 이용해 겉면을 보며 다음과 같이 코를 주워 줍니다.

뒷목에서 41(41)43(43), 소매에서 8(9)9(10), 왼쪽 앞목에서 41(42)44(47), 브이넥 중심에서 1코(브이넥 중심코에 마커를 걸어 표시해 주세요), 오른쪽 앞목에서 41(42)44(47), 소매에서 8(9)9(10) 시작 마커를 걸어주고 원통뜨기 합니다.

*코 줍기 Tip
① 코를 만들어 준 뒷목, 소매는 1코에 1코씩 주워 줍니다.
② 앞목 대각선에서는 쉼코 없이 모든 코를 주워 줍니다.

현재 바늘의 콧수: 140(144)150(158)

코를 주운 단을 1단으로 생각합니다.

원통 2단 (겉1, 안1) * 시작 마커까지 반복, smm(* 브이넥 중심코(마커)는 겉뜨기가 됩니다.)

원통 3단 (겉1, 안1) * 브이넥 중심코 2코 전까지 반복, 겉1, 브이넥 중심코를 중심에 두고 중심3코 모아뜨기, (겉1, 안1) * 시작 마커까지 반복, smm

원통 4단 (겉1, 안1) * 브이넥 중심코 2코 전까지 반복, 안1, 브이넥 중심코를 중심에 두고 중심3코 모아뜨기, (안1, 겉1) * 시작 마커 1코 전까지 반복, 안1, smm

* 원통 3단과 원통 4단을 반복해 8단까지 진행한 후 덮어씌워 코막음 합니다. 돗바늘 마무리도 좋습니다.

V-neck cardigan
브이넥 카디건

라운드넥 스웨터를 기본으로 두고 변형하였으며, 뜨는 방식은 브이넥 스웨터와 동일하지만 편물을 원통으로 연결하지 않고 겉면과 안면을 뒤집어 가며 뜹니다. 앞판 버튼밴드는 앞판 단에서부터 뒷목을 거쳐 다시 앞판으로 전체를 통으로 작업합니다. 브이넥 부분 코를 주울 때는 쉼코 없이 모든 코를 주워야 하지만 앞판 직선 단수에서는 쉼코를 주며 코를 주워야 함을 잊지 않고 작업하기 바랍니다.

브이넥 카디건

사이즈	S(M)L(XL)	샘플 사이즈 S
가슴단면	49(53)57.5(61.5)cm
총 기장	47(52)57(62)cm
팔 길이	66(70)75(79)cm
게이지	대바늘 4.5mm 메리야스 무늬 10cm×10cm 22코 29단
바늘	대바늘 4.5mm(케이블 80cm, 40cm), 4mm(케이블 80cm, 40cm)
실	낙양모사, 블리스(50g, 160m), 약 6(7)7(8)볼
그 외	마커 4개, 시작 마커 1개, 돗바늘, 가위, 단추 4개

【코 만들기&뒷목 단차】

참고 영상

코 만들기   감아코   KFB

- 사이즈 표기 S(M)L(XL), 사이즈 표기 없을 경우 모든 사이즈 동일.
- 겉뜨기는 '겉', 안뜨기는 '안', 마커는 m(marker), 마커 걸기는 pm(place marker), 마커 넘기기는 sm(slip marker)로 표기.
- 사이즈를 변경하고자 한다면 갈색 글의 지침을 참고한다.

4.5mm 대바늘을 이용해 마커를 걸며 일반 코를 만들어 줍니다. 코 만드는 단을 1단(겉면)으로 생각합니다.

*남성과 아이 사이즈를 뜰 경우 033p를 참고해 시작 콧수를 계산할 수 있습니다.

1단(겉면)   1-앞판, pm, 12(12)13(14)-소매, pm, 45(47)47(49)-뒤판, pm, 12(12)13(14)-소매, pm, 1-앞판
[총 71(73)75(79)]

아래부터 사이즈별 시작 부분이 다릅니다. 브이넥 깊이를 조절하기 위함입니다.

* 브이넥 깊이 조절하는 법
기본은 S-size이며 브이넥 깊이를 깊게 하고 싶다면 첫 코와 끝 코 늘림을 늦게 시작합니다.
(M)-size, L(XL)-size로 단계별로 참고하시기 바랍니다.

아래는 S-size만 확인합니다.

2단(안면)	모두 안뜨기(마커를 만나면 넘겨주세요), 감아코 1
3단(겉면)	겉1, KFB, sm, KFB, 마커 1코 전까지 겉, KFB, sm, KFB, 마커 1코 전까지 겉, KFB, sm, KFB, 마커 1코 전까지 겉, KFB, sm, KFB, 감아코 1
4단(안면)	모두 안뜨기
5단(겉면)	KFB, 겉1, KFB, sm, KFB, 마커 1코 전까지 겉, KFB, sm, KFB, 마커 1코 전까지 겉, KFB, sm, KFB, 마커 1코 전까지 겉, KFB, sm, KFB, 겉1, KFB

아래는 (M)-size만 확인합니다.

2단(안면)	모두 안뜨기(마커를 만나면 넘겨주세요)
3단(겉면)	KFB, sm, KFB, 마커 1코 전까지 겉, KFB, sm, KFB, 마커 1코 전까지 겉, KFB, sm, KFB, 마커 1코 전까지 겉, KFB, sm, KFB
4단(안면)	모두 안뜨기
5단(겉면)	KFB, KFB, sm, KFB, 마커 1코 전까지 겉, KFB, sm, KFB, 마커 1코 전까지 겉, KFB, sm, KFB, 마커 1코 전까지 겉, KFB, sm, KFB, KFB

아래는 l (XL)-size만 확인합니다.

2단(안면)	모두 안뜨기(마커를 만나면 넘겨주세요)
3단(겉면)	KFB, sm, KFB, 마커 1코 전까지 겉, KFB, sm, KFB, 마커 1코 전까지 겉, KFB, sm, KFB, 마커 1코 전까지 겉, KFB, sm, KFB
4단(안면)	모두 안뜨기
5단(겉면)	겉1, KFB, sm, KFB, 마커 1코 전까지 겉, KFB, sm, KFB, 마커 1코 전까지 겉, KFB, sm, KFB, 마커 1코 전까지 겉, KFB, sm, KFB, 겉1
6단(안면)	모두 안뜨기
7단(겉면)	KFB, 겉1, KFB, sm, KFB, 마커 1코 전까지 겉, KFB, sm, KFB, 마커 1코 전까지 겉, KFB, sm, KFB, 마커 1코 전까지 겉, KFB, sm, KFB, 겉1, KFB

아래부터 모든 사이즈 동일

안면	모두 안뜨기
겉면	KFB, 마커 1코 전까지 겉, KFB, sm, KFB, 마커 1코 전까지 겉, KFB, sm, KFB, 마커 1코 전까지 겉, KFB,

	sm, KFB, 마커 1코 전까지 겉, KFB, sm, KFB, 끝에서 1코 전까지 겉, KFB
안면	모두 안뜨기

* 겉면과 안면을 반복해 앞판의 콧수가 45(48)49(51)가 될 때까지 진행합니다.

여기까지 브이넥 깊이입니다. 앞판 좌+우 콧수=뒤판 콧수가 됩니다.

🌼 **현재 바늘의 콧수:** 45(48)49(51), m, 56(60)63(66), m, 89(95)97(101), m, 56(60)63(66), m, 45(48)49(51)

【래글런 늘림】

겉면	마커 1코 전까지 겉, KFB, sm, KFB, 마커 1코 전까지 겉, KFB, sm, KFB, 마커 1코 전까지 겉, KFB, sm, KFB, 마커 1코 전까지 겉, KFB, sm, KFB, 끝까지 겉
안면	모두 안뜨기

* 겉면과 안면을 반복해 바늘의 콧수가 다음과 같을 때까지 진행합니다.

🌼 **현재 바늘의 콧수:** 50(54)58(62), m, 66(72)81(88), m, 99(107)115(123), m, 66(72)81(88), m, 50(54)58(62)

* 늘림 하지 않는 단! 까지 작업합니다.

* 래글런 길이(직선 길이)
래글런 길이를 조절함으로써 사이즈를 쉽게 조절할 수 있습니다.
여성 사이즈 약 19~26cm, 남성 사이즈 약 29~36cm, 아이 사이즈 2세 약 12cm, 3~4세 약 14cm, 5~7세 약 16cm, 8~10세 약 18cm, 이상 청소년은 여성 사이즈

【소매 분리】

참고 영상

소매 분리

- 바늘의 콧수는 mm, 앞판, m, 소매, m, 뒤판, m, 소매, m, 앞판으로 구성되어 있으며, 이중 소매코를 여분의 실 또는 여분의 케이블, 엔드캡 등에 이동하는 것을 소매 분리라고 합니다.
- 소매 분리가 완료된 편물은 앞판, 뒤판 코만 남게 되고, 앞판과 뒤판 사이 감아코를 진행하며 원통으로 연결합니다.
- 진행하다 마커를 만나면 모두 제거합니다. rm(remove marker)로 표기.

겉면 앞판 50(54)58(62) 겉, rm, 소매 66(72)81(88)를 여분의 실로 옮김, rm, 감아코 6(6)7(8)
뒤판 99(107)115(123) 겉, rm, 소매 66(72)81(88)를 여분의 실로 옮김, rm, 감아코 6(6)7(8)
이어 앞판 50(54)58(62) 겉

안면 모두 안뜨기

- **현재 바늘의 콧수:** 211(227)245(263)

* 소매 분리 시 감이고 계산
㊀ 원하는 가슴 둘레 100cm
100cm×1.6(1cm 게이지)=160코
160코-(앞+뒤판 콧수)=감아코
감아코는 양쪽으로 진행하므로÷2
* 160코<(앞+뒤판 콧수)일 경우 감아코를 넣지 않아도 괜찮으나 조금이라도 감아코가 있는 것이 편한 옷을 만들어 줄 거예요.

【몸통 뜨기&고무단 뜨기】

참고 영상

덮어씌워
코막음

돗바늘 마무리

겉면   모두 겉뜨기
안면   모두 안뜨기

* 겉면과 안면을 반복해 암홀 감아코 지점부터 64(72)78(86)단까지 진행합니다.

* 탑다운의 가장 큰 장점으로 입어보며 원하는 길이로 진행할 수 있습니다. 그럴 경우
① 케이블 부속품 중 연장 케이블을 이용해 케이블을 길게 연장하거나
② 2개의 바늘에 코를 나누거나
③ 여분의 실에 코를 옮겨 둔 후 입어볼 수 있습니다.

4mm 대바늘로 변경해 고무뜨기를 진행합니다.

1단(겉면)   겉1, (겉1, 안1) * 끝에서 2코 전까지 반복, 겉2
2단(안면)   안1, (안1, 겉1) * 끝에서 2코 전까지 반복, 안2

* 1단과 2단을 반복해 14단까지 진행한 후 덮어씌워 코막음합니다. 돗바늘 마무리도 좋습니다.

【소매 뜨기】

참고 영상

암홀 구멍 줄이기   감아코에서 코 줍기   원통뜨기   소매 줄임 (K2tog, SKPO)

여분의 실로 옮겨 둔 소매 코 66(72)81(88)를 4.5mm 대바늘로 옮겨주세요. 감아코 6(6)7(8)에서 6(6)7(8)를 주워 주세요.

● **소매 총 콧수:** 72(78)88(96)

● 감아코 중간에 마커를 걸고 원통으로 메리야스뜨기를 합니다. 감아코가 홀수인 7코인 경우 3코, 마커, 4코로 나눔.

● 시작 마커는 mm(main marker), 시작 마커 넘기기는 smm(slip main marker)로 표기.

원통 2단 시작 마커까지 겉, smm

* 원통 2단을 반복하며 아래 줄임을 적용하며, 소매 감아코 지점에서 총 116(120)124(128)단 진행합니다.

S-size   12단에 2코씩 1회, 13단에 2코씩 7회 줄임, 추가 13단. 총 8회 줄임(-16코) [총 116단]
M-size   12단에 2코씩 9회, 추가 12단. 총 9회 줄임(-18코) [총 120단]
L-size   11단에 2코씩 8회, 12단에 2코씩 2회 줄임. 추가 12단, 총 10회 줄임(-20코) [총 124단]
XL-size 10단에 2코씩 4회, 11단에 2코씩 7회 줄임. 추가 11단, 총 11회 줄임(-22코) [총 128단]

줄임단 K2tog, 시작 마커 2코 전까지 겉, SKPO, smm

소매 길이는 뜨면서 조절합니다.

* 소매 줄임 예시 서술은 라운드넥 스웨터 도안 045p를 참고합니다.

줄임을 마친 후 ● **현재 바늘의 콧수:** 56(60)68(74)

【소매 고무단 뜨기】

4mm 대바늘로 변경해 1코 고무뜨기를 12단까지 진행한 후 돗바늘 마무리합니다.

1코 고무뜨기 (겉1, 안1) * 시작 마커까지 반복, smm

【버튼밴드 고무단 뜨기】

참고 영상

단에서 코 줍기 / 대각선에서 코 줍기 / 코에서 코 줍기 / 바늘 비우기 / 왼코 중심 2코 모아 안뜨기 / 1코를 3코로 늘리기

4mm 대바늘을 이용해 편물의 겉면을 보며 오른쪽 아래에서부터 다음과 같이 코를 주워 줍니다.
직선 단에서 75(81)93(105), 브이넥 늘림 대각선에서 46(50)52(54), 소매에서 12(12)13(14), 뒷목에서 45(47)47(49), 소매에서 12(12)13(14), 브이넥 늘림 대각선에서 46(50)52(54), 직선 단에서 75(81)93(105)

※ **현재 소매 총 콧수:** 311(333)363(395)

*코 줍기 Tip
① 코를 만들어 준 뒷목, 소매는 1코에 1코씩 주워 줍니다.
② 브이넥 늘림 대각선에서는 쉼코 없이 모든 코를 주워 줍니다.
③ 단에서 코를 주울 때는 꼭 쉼코를 줍니다. 우리의 편물은 콧수보다 단수가 많기 때문에 모든 코를 주우면 코가 많아 편물이 울 수 있습니다.

코를 주운 단을 1단(겉면)으로 생각합니다.
2단을 뜨며 직선 단과 브이넥 늘림 대각선 경계에서 직선 단 마지막 코를 3코로 늘려 브이넥 꺽임을 깔끔하게 표현합니다.

2단(안면) (안1, 겉1) * 반복하며 75(81)93(105)코 뜨기(안뜨기로 끝남), 겉뜨기 1코를 3코로 늘림, (안1, 겉1) * 반복하며 159(169)175(183)코 뜨기(안뜨기로 끝남), 겉뜨기 1코를 3코로 늘림, (안1, 겉1) * 끝에서 1코 전까지 반복, 안1

3단(겉면)	(겉1, 안1) * 끝에서 1코 전까지 반복, 겉1
4단(안면)	(안1, 겉1) * 끝에서 1코 전까지 반복, 안1

단춧구멍을 만듭니다.

5단(겉면)	(겉1, 안1) * 3회 반복, (바늘 비우기, 왼코 중심 2코 모아 안뜨기), [(겉1, 안1) * 반복하며 20(22)26(30)코 뜨기, (바늘 비우기, 왼코 중심 2코 모아 안뜨기)] * 대괄호 3회 반복, (겉1, 안1) * 끝에서 1코 전까지 반복, 겉1
6단(안면)	4단과 동일
7~ 8단	3단과 4단 반복

*8단까지 진행한 후 덮어씌워 코막음합니다. 돗바늘 마무리도 좋습니다.

Round neck vest
라운드넥 베스트

기본 베스트는 래글런 디자인과 진행 방식이 다릅니다. 뒤판과 앞판을 따로 떠서 몸통을 뜰 때 원통으로 합하여 진행합니다. 총 기장은 입어보며 원하는 길이까지 작업할 수 있습니다. 래글런 디자인과 기본 베스트 디자인, 이 두 가지의 구조를 바탕에 두면 어떤 옷도 쉽게 작업할 수 있습니다.

라운드넥 베스트

사이즈	S(M)L(XL) | 샘플 사이즈 M(기장은 임의로 제작되었습니다.)
가슴단면	46(50)54(57)cm
총 기장	47(52)57(62)cm
어깨 길이	36(39)42(45)cm
게이지	대바늘 5mm 메리야스 무늬 10cm×10cm 20코 26단
바늘	대바늘 5mm(케이블 80cm, 40cm), 4.5mm(케이블 80cm, 40cm), 4mm(케이블 40cm)
실	낙양모사, 에이 캐시미어 2합(50g, 175m), 약 6(7)8(9)볼
그 외	마커 4개, 시작 마커 1개, 돗바늘, 가위

【코 만들기 & 뒤판 뜨기】

참고 영상

코 만들기

- 사이즈 표기 S(M)L(XL), 사이즈 표기가 없을 경우 모든 사이즈 동일.
- 겉뜨기는 '겉', 안뜨기는 '안'으로 표기.
- 사이즈를 변경하고자 한다면 갈색 글의 지침을 참고한다.

5mm 대바늘을 이용해 일반 코 62(68)74(80)를 만들어 줍니다. 코 만드는 단을 1단(겉면)으로 생각합니다.

*시작 콧수=어깨 길이, 어깨 길이를 조절해 드롭 숄더 스타일로 변형할 수 있습니다.
여성 사이즈 약 30~48cm, 남성 사이즈 약 36~55cm, 아이 사이즈 약 20~35cm로 작업합니다.

2단(안면)   모두 안뜨기

3단(겉면)	모두 겉뜨기
4단(안면)	모두 안뜨기

*3단과 4단을 반복해 48(50)54(58)단까지 진행합니다.

【뒤판 암홀 늘림】

참고 영상

M1L

M1R

감아코

*옷을 만드는 데에 암홀 늘림이 필수는 아닙니다.
하지만 암홀 늘림이 있으면 편안한 옷이 만들어지므로 암홀 늘림을 진행하는 것을 추천합니다.

겉면	겉1, M1L, 끝에서 1코 전까지 겉, M1R, 겉1
안면	모두 안뜨기

*겉면과 안면을 5(6)6(6)회 반복합니다.

늘림을 마친 후 **현재 바늘의 콧수:** 72(80)86(92)

감아코 2

겉면	모두 겉뜨기, 감아코 2
안면	모두 안뜨기, 감아코 4
겉면	모두 겉뜨기, 감아코 4
안면	모두 안뜨기

현재 바늘의 콧수: 84(92)98(104)
코를 쉬게 한 후 실을 끊어줍니다.

*뒤판 길이(직선 길이)
뒤판 길이를 조절함으로써 사이즈를 쉽게 조절할 수 있습니다.
여성 사이즈 약 19~26cm, 남성 사이즈 약 29~36cm, 아이 사이즈 2세 약 12cm, 3~4세 약 14cm, 5~7세 약 16cm, 8~10세 약 18cm, 이상 청소년은 여성 사이즈

【왼쪽 앞판 | 코 줍기 & 경사뜨기】

참고 영상

코에서 코 줍기

경사뜨기

● 경사뜨기를 진행합니다.
● 경사뜨기는 독일식 경사뜨기(German short row)를 사용합니다.
● Turn은 편물 돌려주기(겉면을 뜨고 있을 경우 안면으로, 안면을 뜨고 있을 경우 겉면으로).
● 편물을 돌린 후 실을 앞에 둔 상태(겉뜨기, 안뜨기 모두)에서 왼바늘의 첫 코를 안뜨기 방향으로 오른바늘로 걸러줍니다(이하 걸러뜨기). 앞에 있는 실을 바깥으로 당겨줍니다.
이때 코가 2코가 된 것처럼 보이며 이를 더블스티치라고 부릅니다(이하 약어로 DS로 기재).
● 다음 단에서 DS를 만나면 1코로 생각하고 뜨며, 겉뜨기는 DS 정리(겉), 안뜨기는 DS 정리(안)으로 기재합니다.

5mm 대바늘을 이용해 뒤판 편물을 겉면이 보이게 펼친 후 왼쪽 어깨 부분에서 11(13)15(17)코를 주워줍니다. 코를 주운 단을 1단(겉면)으로 생각합니다.
* S-size는 10단까지, M-size는 12단까지, L-size는 14단까지, XL-size는 16단까지 진행합니다.

* 베스트를 뜰 경우 어깨 길이가 짧기에 경사뜨기가 필수는 아닙니다. 하지만 어깨 길이가 길어질수록 경사뜨기를 진행하는 것이 옷의 형태에 좋습니다. 경사뜨기가 어려울 경우 바로 앞목 늘림을 진행해도 무방합니다.

2단(안면)	모두 안뜨기
3단(겉면)	겉3, Turn
4단(안면)	걸러뜨기, 실을 바깥으로 당겨 더블스티치(이하 DS)를 만듭니다. 안2
5단(겉면)	겉2, DS를 1코로 생각하고 DS 정리(겉), 겉2, Turn
6단(안면)	걸러뜨기, DS, 안4
7단(겉면)	겉4, DS 정리(겉), 겉2, Turn
8단(안면)	걸러뜨기, DS, 안6
9단(겉면)	겉6, DS 정리(겉), 겉2, Turn
10단(안면)	걸러뜨기, DS, 안8 ⋯ S-size는 10단까지
11단(겉면)	겉8, DS 정리(겉), 겉2, Turn

12단(안면)	걸러뜨기, DS, 안10	⇢ M-size는 12단까지
13단(겉면)	겉10, DS 정리(겉), 겉2, Turn	
14단(안면)	걸러뜨기, DS, 안12	⇢ L-size는 14단까지
15단(겉면)	겉12, DS 정리(겉), 겉2, Turn	
16단(안면)	걸러뜨기, DS, 안14	⇢ XL-size는 16단까지

아래는 모든 사이즈 동일하게 2단을 진행합니다.

겉면	겉8(10)12(14), DS 정리(겉), 겉2
안면	모두 안뜨기

【왼쪽 앞판 | 앞목 늘림】

참고 영상

KFB

◉ 경사뜨기로 만들어진 단수는 생략하며, 아래 단수를 체크합니다.

1단(겉면)	KFB, 끝까지 겉
2단(안면)	모두 안뜨기

＊1단과 2단을 반복해 바늘의 콧수가 15(17)19(21)가 될 때까지 진행합니다.

감아코 2

겉면	모두 겉뜨기
안면	모두 안뜨기, 감아코 4
겉면	모두 겉뜨기
안면	모두 안뜨기

여기까지 뒷목 단차입니다.
◉ 현재 바늘의 콧수: 21(23)25(27)
코를 쉬게 한 후 실을 끊어줍니다.

라운드넥 베스트

* 뒷목 단차는 대략 여성 사이즈 약 6~7cm, 남성 사이즈 약 8~9cm, 아이 사이즈 약 4~5cm로 작업합니다.

【오른쪽 앞판 | 코 줍기&경사뜨기】

◉ 독일식 경사뜨기(German short row)를 진행합니다. 자세한 내용은 왼쪽 앞판 서술 082p 참고.

5mm 대바늘을 이용해 뒤판 편물을 겉면이 보이게 펼친 후 오른쪽 어깨에서 11(13)15(17)코를 주워 줍니다. 코를 주운 단을 1단(겉면)으로 생각합니다.

* S-size는 8단까지, M-size는 10단까지, L-size는 12단까지, XL-size는 14단까지 진행합니다.

2단(안면)	안3, Turn	
3단(겉면)	걸러뜨기, 실을 바깥으로 당겨 더블스티치(이하 DS)를 만듭니다. 겉2	
4단(안면)	안2, DS를 1코로 생각하고 DS 정리(안), 안2, Turn	
5단(겉면)	걸러뜨기, DS, 겉4	
6단(안면)	안4, DS 정리(안), 안2, Turn	
7단(겉면)	걸러뜨기, DS, 겉6	
8단(안면)	안6, DS 정리(안), 안2, Turn	→ S-size는 8단까지
9단(겉면)	걸러뜨기, DS, 겉8	
10단(안면)	안8, DS 정리(안), 안2, Turn	→ M-size는 10단까지
11단(겉면)	걸러뜨기, DS, 겉10	
12단(안면)	안10, DS 정리(안), 안2, Turn	→ L-size는 12단까지
13단(겉면)	걸러뜨기, DS, 겉12	
14단(안면)	안12, DS 정리(안), 안2, Turn	→ XL-size는 14단까지

아래는 모든 사이즈 진행합니다.

겉면	걸러뜨기, DS, 겉8(10)12(14)
안면	안8(10)12(14), DS 정리(안), 안2
겉면	모두 겉뜨기
안면	모두 안뜨기

【오른쪽 앞판 | 앞목 늘림】

　　　　　　　🟡 경사뜨기로 만들어진 단수는 생략하며, 아래 단수를 체크합니다.

1단(겉면)　　끝에서 1코 전까지 겉, KFB
2단(안면)　　모두 안뜨기
　　　　　　　* 1단과 2단을 반복해 바늘의 콧수가 15(17)19(21)가 될 때까지 진행합니다.

겉면　　모두 겉뜨기, 감아코 2
안면　　모두 안뜨기
겉면　　모두 겉뜨기, 감아코 4
안면　　모두 안뜨기

　　　　　　　🟡 **현재 바늘의 콧수:** 21(23)25(27)

【앞판 연결&암홀 늘림】

　　　　　　　겉면을 뜨며 앞판을 연결합니다.
겉면　　오른쪽 앞판 겉 21(23)25(27), 감아코 20(22)24(26), 왼바늘의 왼쪽 앞판 21(23)25(27)를 이어 겉뜨기 하며 앞판 양쪽을 연결합니다.
안면　　모두 안뜨기

　　　　　　　🟡 **현재 바늘의 콧수:** 62(68)74(80)

　　　　　　　* 앞목 연결 감아코 계산
　　　　　　　감아코=뒤판 콧수-(앞판 좌+우 콧수) 현재 편물의 콧수를 세어 결정합니다.

겉면　　모두 겉뜨기
안면　　모두 안뜨기
　　　　　　　* 겉면과 안면을 반복해 48(50)54(58)단까지 진행합니다.

【앞판 암홀 늘림】

	뒤판과 동일하게 진행합니다
겉면	겉1, M1L, 끝에서 1코 전까지 겉, M1R, 겉1
안면	모두 안뜨기

* 겉면과 안면을 5(6)6(6)회 반복합니다.

늘림을 마친 후　**현재 바늘의 콧수:** 72(80)86(92)

감아코 2

겉면	모두 겉뜨기, 감아코 2
안면	모두 안뜨기, 감아코 4
겉면	모두 겉뜨기, 감아코 4
안면	모두 안뜨기

현재 바늘의 콧수: 84(92)98(104)

【몸통 연결&마무리】

참고 영상

원통뜨기

돗바늘 마무리

겉면을 뜨며 앞판과 뒤판을 연결해 원통뜨기를 진행합니다.

겉면	앞판 84(92)98(104) 겉, 감아코 8(8)10(10), 뒤판 84(92)98(104) 겉, 감아코 4(4)5(5), 시작 마커 걸기, 감아코 4(4)5(5), 앞판과 연결

현재 바늘의 콧수: 184(200)216(228)

* 몸통 연결 시 감아코 계산

㉠ 원하는 가슴 둘레 100cm

100cm×1.6(1cm 게이지)=160코

160코-(앞+뒤판 콧수)=감아코

감아코는 양쪽으로 진행하므로÷2

* 160코<(앞+뒤판 콧수)일 경우 감아코를 넣지 않아도 괜찮으나 조금이라도 감아코가 있는 것이 편한 옷을 만들어 줄 거예요.

이제부터 원통뜨기로 몸통을 진행합니다.
- 메리야스뜨기의 경우 원통뜨기는 모두 겉뜨기로만 진행합니다.
- 시작 마커는 mm(main marker), 시작 마커 넘기기는 smm(slip main marker)로 표기.

1단 시작 마커까지 겉, smm

* 1단을 반복해 목부터 총 기장이 42(47)52(57)cm까지 진행합니다(길이는 원하는 대로 조절 가능).

* 탑다운의 가장 큰 장점으로 입어보며 원하는 길이로 진행할 수 있습니다. 그럴 경우
① 케이블 부속품 중 연장 케이블을 이용해 케이블을 길게 연장하거나
② 2개의 바늘에 코를 나누거나
③ 여분의 실에 코를 옮겨 둔 후 입어볼 수 있습니다.

4.5mm 대바늘로 변경해 1코 고무뜨기를 14단까지 진행한 후 돗바늘 마무리합니다

1코 고무뜨기 (겉1, 안1) * 시작 마커까지 반복, smm

【소매 고무단】

참고 영상

대각선에서
코 줍기

단에서 코 줍기

덮어씌워 코막음

4mm 대바늘을 이용해 겉면을 보며 겨드랑이 감아코 중심에서 시작해 128(136)144(152)코를 주워 줍니다.

감아코에서 4(4)5(5), 앞판, 뒤판에서 각각 60(64)67(71), 감아코에서 4(4)5(5)를 주워 주세요.

* 탄탄한 고무단을 위해 몸판을 뜬 대바늘보다 1mm 낮은 호수를 사용합니다.

* 코 줍기 Tip
① 코에서는 1코에 1코씩 코를 주워 줍니다.
② 대각선과 단에서는 쉼코를 주며 코를 주워 줍니다.

코를 주운 단을 1단을 생각하며 시작 마커를 걸어 준 후 원통뜨기 진행합니다.

1코 고무뜨기 (겉1, 안1) * 시작 마커까지 반복, smm

*1코 고무뜨기를 반복해 5단까지 진행한 후 덮어씌워 코막음 합니다. 돗바늘 마무리도 좋습니다.

【목 고무단 뜨기】

4mm 대바늘을 이용해 겉면을 보며 다음과 같이 코를 주워 줍니다.

뒷목에서 40(42)44(46), 앞목 대각선에서 27(28)30(32), 앞목 감아코에서 20(22)24(26), 앞목 대각선에서 27(28)30(32)코

* 코 줍기 Tip
① 뒷목, 앞목 감아코에서는 1코에 1코씩 코를 주워 줍니다.
② 대각선과 단에서는 쉼코를 주며 코를 주워 줍니다.

현재 바늘의 콧수: 114(120)128(136)

코를 주운 단을 1단으로 생각하며 시작 마커를 걸어 준 후 원통뜨기 진행합니다.

1코 고무뜨기 (겉1, 안1) * 시작 마커까지 반복, smm

1코 고무뜨기를 반복해 7단까지 진행한 후 돗바늘 마무리합니다.

라운드넥 베스트

V-neck vest
브이넥 베스트

브이넥 베스트는 라운드넥 베스트와 다르게 어깨 길이를 조절하여 드롭 숄더 스타일로 진행됩니다. 어깨 길이를 자유롭게 조절해 자신만의 스타일로 만들어 보세요.

브이넥 베스트

사이즈	S(M)L(XL) | 샘플 사이즈 S(기장은 임의로 제작되었습니다.)
가슴단면	47(51)54.5(58.5)cm
총기장	47(52)57(62)cm
어깨길이	47(50)53(55)cm
게이지	대바늘 4mm 메리야스 무늬 10cm×10cm 22코 30단
바늘	대바늘 4mm(케이블 80cm, 40cm), 3.5mm(케이블 80cm, 40cm)
실	낙양모사, 아임울2 1합+바당 1합, 약 3+1(4+2)5+2(6+3)볼
그 외	시작 마커 1개, 돗바늘, 가위

【코 만들기&뒤판 뜨기】

참고 영상

코 만들기

- 사이즈 표기 S(M)L(XL), 사이즈 표기 없을 경우 모든 사이즈 동일.
- 겉뜨기는 '겉', 안뜨기는 '안'으로 표기.
- 사이즈를 변경하고자 한다면 갈색 글의 지침을 참고한다.

4mm 대바늘을 이용해 일반 코를 이용해 94(100)106(110)코를 만들어 줍니다.
코 만드는 단을 1단(겉면)으로 생각합니다.

*시작 콧수=어깨 길이, 어깨 길이를 조절해 일반적인 베스트 스타일로 변형할 수 있습니다.
여성 사이즈 약 30~48cm, 남성 사이즈 약 36~55cm, 아이 사이즈 약 20~35cm로 작업합니다.

2단(안면) 모두 안뜨기
3단(겉면) 모두 겉뜨기

4단(안면)   모두 안뜨기

＊ 3단과 4단을 반복해 76(78)80(82)단까지 진행합니다.

【뒤판 암홀 늘림】

참고 영상

M1L

M1R

＊ 옷을 만드는 데에 암홀늘림이 필수는 아닙니다.
하지만 암홀 늘림이 있으면 편안한 옷이 만들어지므로 암홀 늘림을 진행하는 것을 추천합니다.

겉면   겉1, M1L, 끝에서 1코 전까지 겉, M1R, 겉1
안면   모두 안뜨기

＊ 겉면과 안면을 3(4)5(6)회 반복합니다.

늘림을 마친 후 **현재 바늘의 콧수:** 100(108)116(122)
코를 쉬게 한 후 실을 끊어줍니다.

＊ 뒤판 길이(직선 길이)
뒤판 길이를 조절함으로써 사이즈를 쉽게 조절할 수 있습니다.
여성 사이즈 약 19~26cm, 남성 사이즈 약 29~36cm, 아이 사이즈 2세 약 12cm, 3~4세 약 14cm, 5~7세 약 16cm, 8~10세 약 18cm, 이상 청소년은 여성 사이즈

【왼쪽 앞판 | 코 줍기 & 경사뜨기】

참고 영상

코에서 코 줍기

경사뜨기

● 경사뜨기를 진행합니다.
● 경사뜨기는 독일식 경사뜨기(German short row)를 사용합니다.
● Turn은 편물 돌려주기(겉면을 뜨고 있을 경우 안면으로, 안면을 뜨고 있을 경우 겉면으로).
● 편물을 돌린 후 실을 앞에 둔 상태(겉뜨기, 안뜨기 모두)에서 왼바늘의 첫 코를 안뜨기 방향으로 오른바늘로 걸러줍니다(이하 걸러뜨기). 앞에 있는 실을 바깥으로 당겨줍니다.
이때 코가 2코가 된 것처럼 보이며 이를 더블스티치라고 부릅니다(이하 약어로 DS로 기재).
● 다음 단에서 DS를 만나면 1코로 생각하고 뜨며, 겉뜨기는 DS 정리(겉), 안뜨기는 DS 정리(안)으로 기재합니다.

4mm 대바늘을 이용해 뒤판 편물을 겉면이 보이게 펼친 후 왼쪽 어깨에서 24(26)28(30)코를 주워 줍니다. 코를 주운 단을 1단(겉면)으로 생각합니다.
* S-size는 12단까지, M-size/L-size는 14단까지, XL-size는 16단까지 진행합니다.

2단(안면)	모두 안뜨기
3단(겉면)	겉4, Turn
4단(안면)	걸러뜨기, 실을 바깥으로 당겨 더블스티치(이하 DS)를 만듭니다. 안3
5단(겉면)	겉3, DS를 1코로 생각하고 DS 정리(겉), 겉4, Turn
6단(안면)	걸러뜨기, DS, 안7
7단(겉면)	겉7, DS 정리(겉), 겉4, Turn
8단(안면)	걸러뜨기, DS, 안11
9단(겉면)	겉11, DS 정리(겉), 겉4, Turn
10단(안면)	걸러뜨기, DS, 안15
11단(겉면)	겉15, DS 정리(겉), 겉4, Turn
12단(안면)	걸러뜨기, DS, 안19 ⋯ S-size는 12단까지
13단(겉면)	겉19, DS 정리(겉), 겉4, Turn
14단(안면)	걸러뜨기, DS, 안23 ⋯ M-size/L-size는 14단까지
15단(겉면)	겉23, DS 정리(겉), 겉4, Turn
16단(안면)	걸러뜨기, DS, 안27 ⋯ XL-size는 16단까지

아래는 모든 사이즈 동일하게 진행합니다.

겉면 겉 19(23)23(27), DS 정리(겉), 겉 4(2)4(2)
안면 모두 안뜨기

【왼쪽 앞판 | 앞목 늘림】

참고 영상

KFB

● 경사뜨기로 만들어진 단수는 생략하며, 아래 단수를 체크합니다.

1단(겉면) KFB, 끝까지 겉
2단(안면) 모두 안뜨기

* 1단과 2단을 반복해 바늘의 콧수가 47(50)53(56)가 될 때까지 진행합니다.
코를 쉬게 한 후 실을 끊어줍니다.

* 뒤판 콧수의 1/2 콧수까지 앞목 늘림을 진행합니다.

【오른쪽 앞판 | 코 줍기&경사뜨기】

🟡 독일식 경사뜨기(German short row)를 진행합니다. 자세한 내용은 왼쪽 앞판 서술 094p 참고.

4mm 대바늘을 이용해 뒤판 편물을 겉면이 보이게 펼친 후 오른쪽 어깨에서 24(26)28(30)를 주워 줍니다. 코를 주운단을 1단(겉면)으로 생각합니다.

*S-size는 10단까지, M-size/L-size는 12단까지, XL-size는 14단까지 진행합니다.

2단(안면)	안4, Turn
3단(겉면)	걸러뜨기, 실을 바깥으로 당겨 더블스티치(이하 DS)를 만듭니다. 겉3
4단(안면)	안3, DS를 1코로 생각하고 DS 정리(안), 안4, Turn
5단(겉면)	걸러뜨기, DS, 겉7
6단(안면)	안7, DS 정리(안), 안4, Turn
7단(겉면)	걸러뜨기, DS, 겉11
8단(안면)	안11, DS 정리(안), 안4, Turn
9단(겉면)	걸러뜨기, DS, 겉15
10단(안면)	안15, DS 정리(안), 안4, Turn → S-size는 10단까지
11단(겉면)	걸러뜨기, DS, 겉19
12단(안면)	안19, DS 정리(안), 안4, Turn → M-size/L-size는 12단까지
13단(겉면)	걸러뜨기, DS, 겉23
14단(안면)	안23, DS 정리(안), 안4, Turn → XL-size는 14단까지

아래는 모든 사이즈 4단을 진행합니다.

겉면	걸러뜨기, DS, 겉 19(23)23(27)
안면	안 19(23)23(27), DS 정리(안), 안 4(2)4(2)
겉면	모두 겉뜨기
안면	모두 안뜨기

【오른쪽 앞판 | 앞목 늘림】

● 경사뜨기로 만들어진 단수는 생략하며, 아래 단수를 체크합니다.

1단(겉면)	끝에서 1코 전까지 겉, KFB
2단(안면)	모두 안뜨기

* 1단과 2단을 반복해 바늘의 콧수가 47(50)53(56)가 될 때까지 진행합니다.

【앞판 연결】

참고 영상

감아코

겉면을 뜨며 앞판을 연결합니다.

겉면	오른쪽 앞판 겉 47(50)53(56), 왼바늘의 왼쪽 앞판 47(50)53(56)를 이어 겉뜨기 하며 앞판 양쪽을 연결합니다.
안면	모두 안뜨기

● **현재 바늘의 콧수:** 94(100)106(112)

겉면	모두 겉뜨기
안면	모두 안뜨기

* 겉면과 안면을 반복해 76(78)80(82)단까지 진행합니다.

【앞판 암홀 늘림】

겉면   뒤판과 동일하게 진행합니다
         겉1, M1L, 끝에서 1코 전까지 겉, M1R, 겉1
안면   모두 안뜨기

* 겉면과 안면을 3(4)5(6)회 반복합니다.

늘림을 마친 후 **현재 바늘의 콧수:** 100(108)116(124)

【몸통 연결&마무리】

참고 영상

원통뜨기

돗바늘 마무리

겉면을 뜨며 앞판과 뒤판을 연결해 원통뜨기를 진행합니다.

겉면   앞판 100(108)116(124) 겉, 감아코 4(4)4(6), 뒤판 100(108)116(122) 겉, 감아코 2(2)2(3), 시작 마커 걸기, 감아코 2(2)2(3), 앞판과 연결

현재 바늘의 콧수: 208(224)240(258)

* 몸통 연결 시 감아코 계산
㉠ 원하는 가슴 둘레 100cm
100cm×1.6(1cm 게이지)=160코
160코-(앞+뒤판 콧수)=감아코
감아코는 양쪽으로 진행하므로÷2
* 160코<(앞+뒤판 콧수)일 경우 감아코를 넣지 않아도 괜찮으나 조금이라도 감아코가 있는 것이 편한 옷을 만들어 줄 거예요.

• 메리야스뜨기의 경우 원통뜨기는 모두 겉뜨기로만 진행합니다.
• 시작 마커는 mm(main marker), 시작 마커 넘기기는 smm(slip main marker)로 표기.

1단	시작 마커까지 겉, smm

1단을 반복하며 목부터 총 기장이 42(47)52(57)cm까지 진행합니다(길이는 원하는 대로 조절 가능).

*탑다운의 가장 큰 장점으로 입어보며 원하는 길이로 진행할 수 있습니다. 그럴 경우
① 케이블 부속품 중 연장 케이블을 이용해 케이블을 길게 연장하거나
② 2개의 바늘에 코를 나누거나
③ 여분의 실에 코를 옮겨 둔 후 입어볼 수 있습니다.

3.5mm 대바늘로 변경해 1코 고무뜨기를 15단까지 진행한 후 돗바늘 마무리합니다.

1코 고무뜨기 (겉1, 안1) * 시작 마커까지 반복, smm

【소매 고무단】

참고 영상

대각선에서
코 줍기

단에서 코 줍기

덮어씌워
코막음

3.5mm 대바늘로 이용해 겉면을 보며 겨드랑이 감아코 중심에서 시작해 130(142)148(160)코를 주워 줍니다.
감아코에서 2(2)2(3), 앞판, 뒤판에서 각각 63(69)72(77), 감아코에서 2(2)2(3)를 주워 주세요.

*코 줍기 Tip
① 코에서는 1코에 1코씩 코를 주워 줍니다.
② 대각선과 단에서는 쉼코를 주며 코를 주워 줍니다.

코를 주운 단을 1단으로 생각하며 시작 마커를 걸어 준 후 원통뜨기 진행합니다.

1코 고무뜨기 (겉1, 안1) * 시작 마커까지 반복, smm
*1코 고무뜨기를 반복해 6단까지 진행한 후 덮어씌워 코막음 합니다. 돗바늘 마무리도 좋습니다.

【목 고무단 뜨기】

참고 영상

중심 3코
모아 뜨기

3.5mm 대바늘을 이용해 겉면을 보며 다음과 같이 코를 주워 줍니다.

뒷목에서 45(47)49(51), 왼쪽 앞목에서 59(63)65(69), 브이넥 중심에서 1코(브이넥 중심코를 마커를 걸어 표시해 주세요), 오른쪽 앞목에서 59(63)65(69)

● **현재 바늘의 콧수:** 164(174)180(190)

*코 줍기 Tip
① 뒷목에서는 1코에 1코씩 코를 주워 줍니다.
② 앞목 대각선에서는 쉼코 없이 모든 코를 주워 줍니다.

코를 주운 단을 1단으로 생각하며 시작 마커를 걸어준 후 원통뜨기 합니다.

원통 2단 (겉1, 안1) * 시작 마커까지 반복(* 브이넥 중심코(마커)는 겉뜨기가 됩니다.), smm

원통 3단 (겉1, 안1) * 브이넥 중심코 2코 전까지 반복, 겉1, 브이넥 중심코를 중심에 두고 중심 3코 모아뜨기, (겉1, 안1) * 끝까지 반복, smm

원통 4단 (겉1, 안1) * 브이넥 중심코 2코 전까지 반복, 안1, 브이넥 중심코를 중심에 두고 중심 3코 모아뜨기, (안1, 겉1) * 1코 남을 때까지 반복, 안1, smm

* 원통 3단과 원통 4단을 반복해 8단까지 진행한 후 덮어씌워 코막음 합니다. 돗바늘 마무리도 좋습니다.

브이넥 베스트

파트 1에서 선보인 기본적인 형태의 스웨터, 카디건, 베스트를 다양하게 변화시킨 레시피를 볼 수 있습니다. 기본 형태에 무늬 패턴을 넣어보기도 하고, 매우 굵은 실을 사용해 보기도 합니다. 카라를 달아 로맨틱한 니트를 제작해 보기도 하죠.

처음으로 무늬 있는 패턴을 떠 보고자 하는 분에게는 포근 꽈배기 카디건을 추천합니다. 간단한 꽈배기 무늬 패턴이 옷의 형태에 영향을 미치지 않아 쉽게 뜰 수 있도록 만들었습니다. 또 배색 무늬를 도전해 보고자 하는 분을 위해 소프트 스트라이프 카디건을 작업했습니다. 전체 옷을 뜨는 동안 양손 배색을 진행하는 구간이 아주 짧아 어렵지 않을 거예요.

이렇게 기본 레시피를 익혀두면 다양한 형태, 다양한 무늬 패턴으로 응용, 활용할 수 있습니다. 나아가 자신만의 레시피를 만들 수도 있습니다. 기본 레시피에서 이어지는 디자인이지만 각각의 레시피마다 새로운 배움 포인트를 가지고 있습니다. 이는 여러분의 뜨개 세계를 더욱 넓혀 줄 거예요.

Part 2

옷뜨는 김뜨개의
응용 레시피

벌키 카디건

Bulky cardigan

라운드넥 카디건을 굵은 실로 투박하게 작업한 벌키 카디건입니다. 벌키 카디건은 외투 형식의 오버핏 카디건으로 가슴둘레와 소매 통이 넓은 편입니다. 실이 매우 굵어졌지만 콧수를 계산하는 방법과 뜨는 형식은 라운드넥 카디건과 동일합니다.

벌키 카디건(라운드넥 카디건 응용)

사이즈	M(L)XL │ 샘플 사이즈 L
가슴단면	56(61)66cm
총기장	54(61)69cm
팔길이	66(74)80cm
게이지	대바늘 10mm 메리야스 무늬 10cm×10cm 8코 11단
바늘	대바늘 10mm, 9mm, 8mm(각 케이블 80cm, 40cm)
실	낙양모사, 트리아래(200g, 125m), 약 4(4)5볼
그 외	마커 4개, 시작 마커 1개, 돗바늘, 가위, 단추 5개

포인트 레슨

벌키 카디건의 포인트는 '더블니팅 버튼밴드'입니다. 더블니팅 버튼밴드는 몸판과 버튼밴드 모두 세로로 뜨개 방향이 진행되어 깔끔한 느낌이 매력입니다. 뜨는 과정이 조금 번거로울 수 있지만 완성도 높은 결과물을 만들 수 있습니다. 더블니팅 버튼밴드를 작업하는 것이 까다롭다면 라운드넥 카디건과 같이 기본 버튼밴드로 작업해도 좋습니다.

【코 만들기&뒷목 단차】

참고 영상

코 만들기 　　감아코　　　　KFB　　　　M1L　　　　M1R

● 사이즈 표기 M(L)XL, 사이즈 표기 없을 경우 모든 사이즈 동일.
● 겉뜨기는 '겉', 안뜨기는 '안', 마커는 m(marker), 마커 걸기는 pm(place marker), 마커 넘기기는 sm(slip marker)로 표기.

10mm 대바늘을 이용해 마커를 걸며 일반 코를 만들어 줍니다. 코 만드는 단을 1단(겉면)으로 생각합니다.

1단(겉면) 1-앞판, pm, 4-소매, pm, 17(17)19-뒤판, pm, 4-소매, pm, 1-앞판 [총 27(27)29]

2단(안면) 모두 안뜨기(마커를 만나면 넘겨주세요), 감아코 1

3단(겉면) 겉1, KFB, sm, KFB, 마커 1코 전까지 겉, KFB, sm, KFB, 마커 1코 전까지 겉, KFB, sm, KFB, 마커 1코 전까지 겉, KFB, sm, KFB, 감아코 1

4단(안면) 모두 안뜨기

5단(겉면) 겉1, M1L, 겉1, KFB, sm, KFB, 마커 1코 전까지 겉, KFB, sm, KFB, 마커 1코 전까지 겉, KFB, sm, KFB, 마커 1코 전까지 겉, KFB, sm, KFB, 겉1, M1R, 겉

6단(안면) 모두 안뜨기

7단(겉면) 겉1, M1L, 마커 1코 전까지 겉, KFB, sm, KFB, 마커 1코 전까지 겉, KFB, sm, KFB, 마커 1코 전까지 겉, KFB, sm, KFB, 마커 1코 전까지 겉, KFB, sm, KFB, 끝에서 1코 전까지 겉, M1R, 겉1

8단(안면) 모두 안뜨기

* 7단과 8단을 반복해 앞판의 콧수가 9코가 될때까지 진행합니다.

여기까지 뒷목 단차입니다.

🌼 **현재 바늘의 콧수:** 앞판 9, m, 소매 12, m, 뒤판 25(25)27, m, 소매 12, m, 앞판 9

【앞목 만들어 준 후 래글런 늘림】

감아코 4(4)5

11단(겉면) 마커 1코 전까지 겉, KFB, sm, KFB, 마커 1코 전까지 겉, KFB, sm, KFB, 마커 1코 전까지 겉, KFB, sm, KFB, 마커 1코 전까지 겉, KFB, sm, KFB, 끝까지 겉

이어서 감아코 4(4)5

12단(안면) 모두 안뜨기

13단(겉면) 마커 1코 전까지 겉, KFB, sm, KFB, 마커 1코 전까지 겉, KFB, sm, KFB, 마커 1코 전까지 겉, KFB, sm, KFB, 마커 1코 전까지 겉, KFB, sm, KFB, 끝까지 겉

14단(안면) 모두 안뜨기

* 13단(겉면)과 14단(안면)을 반복해 바늘의 콧수가 다음과 같을 때까지 진행합니다.

🌼 **현재 바늘의 콧수:** 21(23)26, m, 28(32)36, m, 41(45)51, m, 28(32)36, m, 21(23)26

【소매 분리】

참고 영상

소매 분리

- 바늘의 콧수는 앞판, m, 소매, m, 뒤판, m, 소매, m, 앞판으로 구성되어 있으며, 이중 소매코를 여분의 실 또는 여분의 케이블, 엔드캡 등에 이동하는 것을 소매 분리라고 합니다.
- 소매 분리가 완료된 편물은 앞판, 뒤판 코만 남게 되고, 앞판과 뒤판 사이 감아코를 진행하며 원통으로 연결합니다.
- 진행하다 마커를 만나면 모두 제거합니다. rm(remove marker)로 표기.

1단(겉면)	앞판 21(23)26 겉, rm, 소매 28(32)36을 여분의 실로 옮김, rm, 감아코 4(4)2
	뒤판 코를 연결해 41(45)51 겉, rm, 소매 28(32)36을 여분의 실로 옮김, rm, 감아코 4(4)2
	이어 앞판 21(23)26 겉
2단(안면)	모두 안뜨기

- **현재 바늘의 콧수:** 91(99)107

【몸통 뜨기&고무단】

참고 영상

덮어씌워 코막음   돗바늘 마무리

겉면	모두 겉뜨기
안면	모두 안뜨기

* 겉면과 안면을 반복해 암홀 감아코 지점부터 20(24)28단까지 진행합니다.

9mm 대바늘로 변경해 고무뜨기를 진행합니다.

1단(겉면) 겉1, (겉1, 안1) * 끝에서 2코 전까지 반복, 겉2
2단(안면) 안1, (안1, 겉1) * 끝에서 2코 전까지 반복, 안2

* 1단과 2단을 반복해 10단까지 진행한 후 덮어씌워 코막음합니다. 돗바늘 마무리도 좋습니다.

【소매 뜨기】

참고 영상

암홀 구멍
줄이기

감아코에서
코 줍기

원통뜨기

소매 줄임
(K2tog, SKPO)

여분의 실로 옮겨 둔 소매 코 28(32)36를 10mm 대바늘로 옮겨주세요. 감아코 4(4)2에서 4(4)2를 주워 주세요.

● **소매 총 콧수:** 32(36)38

● 감아코 중간에 시작 마커를 걸고 원통으로 메리야스뜨기를 합니다.
● 시작 마커는 mm(main marker), 시작 마커 넘기기는 smm(slip main marker)로 표기.

원통 2단 시작 마커까지 겉, smm

* 원통 2단을 반복하며 아래 줄임을 적용해, 소매 감아코 지점에서 총 70(74)76(80)단 진행합니다.

M-size 7단에 2코씩 2회, 8단에 2코씩 2회 줄임, 추가 8단. 총 4회 줄임(-8코) [총 38단]
L-size 6단에 2코씩 3회, 8단에 2코씩 2회 줄임, 추가 8단. 총 5회 줄임(-10코) [총 42단]
XL-size 6단에 2코씩 3회, 7단에 2코씩 3회 줄임, 추가 7단. 총 6회 줄임(-12코) [총 46단]

줄임단 K2tog, 시작 마커 2코 전까지 겉, SKPO, smm

소매 길이는 뜨면서 조절할 수 있습니다. 외투로 입는 스타일이기에 소매 통이 넓습니다.

* 소매 줄임 예시 서술은 라운드넥 스웨터 도안 045p를 참고합니다.

줄임을 마친 후 ● **현재 총 콧수:** 24(26)26

【소매 고무단 뜨기】

9mm 대바늘로 변경해 1코 고무뜨기를 11단까지 진행한 후 덮어씌워 코막음합니다. 돗바늘 마무리도 좋습니다.

1코 고무뜨기 (겉1, 안1) * 시작 마커까지 반복, 5mm

【목 고무단 뜨기】

참고 영상

코에서 코 줍기   대각선에서 코 줍기

9mm 대바늘을 이용해 겉면을 보며 다음과 같이 코를 주워 줍니다.

앞목 감아코에서 4(4)5, 앞목 대각선에서 8, 소매에서 4, 뒷목에서 17(17)19, 소매에서 4, 앞목 대각선에서 8, 앞목 감아코에서 4(4)5

● **현재 바늘의 콧수:** 총 49(49)53코

코를 주운 단을 1단(겉면)으로 생각합니다.

2단(안면) 안1, (안1, 겉1) * 끝에서 2코 전까지 반복, 안2
3단(겉면) 겉1, (겉1, 안1) * 끝에서 2코 전까지 반복, 겉2

* 8mm 대바늘로 변경 후 2단과 3단을 반복해 6단까지 진행한 후 덮어씌워 코막음합니다. 돗바늘 마무리도 좋습니다.

【앞판 버튼밴드 뜨기】

참고 영상

단에서 코 줍기

더블니팅 버튼밴드

- 버튼밴드는 더블니팅으로 진행합니다.
- 단추는 왼쪽 버튼밴드에 달고, 단춧구멍은 오른쪽 버튼밴드에 만듭니다.
- Ktbl(Knit Through the Back Loop) - 겉뜨기 꼬아뜨기
- P sl(Purl slip) - 안뜨기 걸러뜨기
- K2tog tbl(Knit 2 together Through the Back Loop) - 2코를 모아 겉뜨기 꼬아뜨기

왼쪽 버튼밴드

8mm 대바늘을 이용해 겉면, 위에서 아래로 47(55)62코를 줍고 실을 끊어줍니다.
코를 주운 단을 1단(겉면)으로 생각합니다.
편물 아래 코를 주운 시작점에서 편물의 안쪽면을 보며 새로운 실로 흔들코를 7코(안1, 겉1, 안1, 겉1, 안1, 겉1, 안1) 만들어 줍니다.

1단(겉면)	(Ktbl, P sl) * 끝에서 1코 전까지 반복, 마지막 겉뜨기 코와 본 편물의 코를 모아 K2tog tbl
2단(안면)	(P sl, 겉1) * 끝에서 1코 전까시 반복, P sl
3단(겉면)	(겉1, P sl) * 끝에서 1코 전까지 반복, 마지막 겉뜨기 코와 본 편물의 코를 모아 K2tog tbl
4단(안면)	2단과 동일

* 3단과 4단을 왼바늘의 코가 1코 남을 때까지 반복합니다.
여유분의 실을 남기고 끊어주세요. 돗바늘 마무리합니다.
마지막 코와 본 편물의 마지막 코는 1코로 생각하고 작업해주세요.

오른쪽 버튼밴드(단춧구멍)

1~ 8단	왼쪽 버튼밴드의 1~8단 동일

단춧구멍 만들기

9단(겉면)	(겉1, P sl) * 2회 반복, turn
10단(안면)~	
12단(안면)	9단과 동일
13단(겉면)	(겉1, P sl) * 2회 반복, 실을 끊어주세요.

새 실을 연결해 9단의 남겨진 코를 이어 뜹니다.

9단(겉면) 겉1, P sl, 마지막 겉뜨기 코와 본 편물의 코를 모아 K2tog tbl
10단(안면) P sl, 겉1, P sl, turn
11단(겉면) 9단과 동일
12단(안면) 10단과 동일
13단(겉면) 9단과 동일
14단(안면) P sl, 겉1, P sl, 끊어진 편물 이어서 겉1, P sl, 겉1, P sl
15단(겉면) (겉1, P sl) * 끝에서 1코 전까지 반복, 마지막 겉뜨기 코와 본 편물의 코를 모아 K2tog tbl
16단(안면) (P sl, 겉1) * 끝에서 1코 전까지 반복, P sl

* 15단과 16단을 다음 단춧구멍 위치까지 반복합니다.

단춧구멍을 만들어야 할 경우 9~14단을 반복합니다(단춧구멍은 원하는 개수로 만들어 주세요).

왼쪽 버튼밴드와 동일하게 마무리합니다.

벌키 카디건

Bolero cardigan
볼레로 카디건

볼레로 카디건은 앞판이 없는 오픈형으로 짧게 마무리되는 형태입니다. 모헤어 2합으로 제작되어 하늘거리고 부드러우며 가벼운 편물이 특징입니다.

볼레로 카디건 (라운드넥 카디건 응용)

사이즈	S(M)L(XL)	샘플 사이즈 M
가슴단면	51.5(56.5)60.5(65.6)cm
총기장	37(40)43(46)cm
팔길이	71(76)81(86)cm
게이지	대바늘 6mm 메리야스 무늬 10cm×10cm 16코 20단
바늘	대바늘 6mm(케이블 80cm, 40cm), 5.5mm(케이블 80cm, 40cm)
실	낙양모사, 모락모헤어(25g, 252m) 2합+어울림 1합(50g, 129m), 약 3+2(3+2)4+2(4+2)볼
그 외	마커 4개, 시작 마커 1개, 돗바늘, 가위

포인트 레슨

볼레로 카디건의 포인트 레슨은 '아이코드 마무리'입니다. 아이코드 마무리는 편물의 첫 코와 끝 코를 연결해 뜨기에 동그랗고 도톰하게 마무리됩니다.

【코 만들기&뒷목 단차】

참고 영상

코 만들기

M1R

M1L

● 사이즈 표기 S(M)L(XL), 사이즈 표기 없을 경우 모든 사이즈 동일.

● 겉뜨기는 '겉', 안뜨기는 '안', 마커는 m(marker), 마커 걸기는 pm(place marker), 마커 넘기기는 sm(slip marker)로 표기.

6mm 대바늘을 이용해 마커를 걸며 일반 코를 만들어 줍니다. 코 만드는 단을 1단(겉면)으로 생각합니다.

1단(겉면) 1-앞판, 2-래글런, pm, 6-소매, pm, 2-래글런, 25(27)27(29)-뒤판, 2-래글런, pm, 6-소매, pm, 2-래글

런, 1-앞판 [총 47(49)49(51)]

2단(안면) 모두 안뜨기(마커를 만나면 넘겨주세요)

3단(겉면) 겉1, M1R, 겉2(래글런), sm, M1L, 마커까지 겉, M1R, sm, 겉2(래글런), M1L, 마커 2코 전까지 겉, M1R, 겉2(래글런), sm, M1L, 마커까지 겉, M1R, sm, 겉2(래글런), M1L, 겉1

4단(안면) 2단과 동일

5단(겉면) 마커 2코 전까지 겉, M1R, 겉2(래글런), sm, M1L, 마커까지 겉, M1R, sm, 겉2(래글런), M1L, 마커 2코 전까지 겉, M1R, 겉2(래글런), sm, M1L, 마커까지 겉, M1R, sm, 겉2(래글런), M1L, 끝까지 겉

6단(안면) 2단과 동일

* 5단과 6단을 반복해 첫 마커 전 콧수(래글런 2코 포함)가 7코가 될 때까지 진행합니다

● **현재 바늘의 콧수:** 5, 2(래글런), m, 14, m, 2(래글런), 33(35)35(37), 2(래글런), m, 14, m, 2(래글런), 5

【래글런 늘림】

● 양쪽 앞판 부분은 늘림 하지 않고 소매, 뒤판만 늘림을 이어갑니다.

11단(겉면) 마커까지 겉(래글런 2코 포함), sm, M1L, 마커까지 겉, M1R, sm, 겉2(래글런), M1L, 마커 2코 전까지 겉, M1R, 겉2(래글런), sm, M1L, 마커까지 겉, M1R, sm, 끝까지 겉(래글런 2코 포함)

12단(안면) 모두 안뜨기

* 11단과 12단을 반복하는 래글런 늘림을 58(64)70(76)단까지 진행합니다.

늘림을 마친 후 ● **현재 바늘의 콧수:** 5, 2(래글런), m, 62(68)74(80), m, 2(래글런), 81(89)95(103), 2(래글런), m, 62(68)74(80), m, 2(래글런), 5 [총 223(243)261(281)]

【소매 분리】

참고 영상

덮어씌워
코막음

소매 분리

- 진행하다 마커를 만나면 모두 제거합니다. rm(remove marker)로 표기.
- 래글런 2코 중 1코는 앞판 또는 뒤판으로, 1코는 소매로 귀속됩니다.

1단(겉면) 5코 막음(래글런 2코 중 1코까지 떠야 5코를 막을 수 있음)
64(70)76(82)코를 여분의 실로 옮김(양쪽 래글런 2코 중 각 1코씩 포함된 코)
뒤판 코를 연결해 뜨면서 오른바늘에 있던 앞판 1코를 더 코막음(앞판 총 6코 막음, 래글런 1코 포함)
다음 마커까지 겉, rm, 겉1
64(70)76(82)코를 여분의 실로 옮김(양쪽 래글런 2코 중 각 1코씩 포함된 코)
이어 앞판 코 끝까지 겉뜨기

2단(안면) 6코를 안뜨기로 떠서 코막음, 끝까지 안뜨기

- **현재 바늘의 콧수:** 83(91)97(105)

【뒤판 마무리】

참고 영상

돗바늘 마무리

5.5mm 대바늘로 변경해 고무뜨기를 진행합니다.

1단(겉면) 첫 코 걸러뜨기(안뜨기하듯), (겉1, 안1) * 끝에서 2코 전까지 반복, 겉2
2단(안면) 첫 코 걸러뜨기(안뜨기하듯), (안1, 겉1) * 끝에서 2코 전까지 반복, 안2

* 1단과 2단을 반복해 12단(안면)까지 진행한 후 덮어씌워 코막음합니다. 돗바늘 마무리도 좋습니다.

【소매 뜨기】

참고 영상

암홀 구멍
줄이기

소매 줄임
(K2tog, SKPO)

원통뜨기

여분의 실로 옮겨 둔 소매 코 64(70)76(82)를 6mm 대바늘로 옮겨주세요.
시작 마커를 걸고 원통으로 메리야스뜨기를 합니다.

◦ 시작 마커는 mm(main marker), 시작 마커 넘기기는 smm(slip main marker)로 표기.

원통 2단   모두 겉뜨기, smm

* 원통 2단을 반복하며 아래 줄임을 적용해, 소매 감아코 지점에서 총 76(80)84(88)단 진행합니다.

S-size   6단에 2코씩 8회, 7단에 2코씩 3회 줄임, 추가 7단. 총 11회 줄임(-22코) [총 76단]
M-size   6단에 2코씩 11회, 7단에 2코씩 1회 줄임, 추가 7단. 총 12회 줄임(-24코) [총 80단]
L-size   6단에 2코씩 13회, 추가 6단. 총 13회 줄임(-26코) [총 84단]
XL-size 5단에 2코씩 2회, 6단에 2코씩 12회 줄임, 추가 6단. 총 14회 줄임(-28코) [총 88단]

줄임단   K2tog, 시작 마커 2코 전까지 겉, SKPO, smm

소매 길이는 뜨면서 조절할 수 있습니다.

* 소매 줄임 예시 서술은 라운드넥 스웨터 도안 045p를 참고합니다.

줄임을 마친 후 ◦ **현재 바늘의 콧수:** 40(44)48(52)

【소매 고무단 뜨기】

5.5mm 대바늘로 변경해 1코 고무뜨기를 7단까지 진행한 후 돗바늘 마무리합니다.

1코 고무뜨기　(겉1, 안1) * 시작 마커까지 반복, smm

【앞섶 마무리】

참고 영상

코에서 코 줍기

단에서 코 줍기

아이코드 마무리

● 앞섶은 아이코드 마무리로 진행합니다.

5.5mm 대바늘을 이용해 편물을 펼쳤을 때 왼쪽 하단부터 겉면을 보며 다음과 같이 코를 주워 줍니다. 앞판 코를 막아준 부분에서 1코에 1코씩 총 5코를 주워 줍니다. 편물의 방향이 바뀌었기에 6코를 막았지만 5코를 주워 줍니다.

이어 단에서 51(56)62(67), 시작코를 잡아준 부분은 1코에 1코씩 47(49)49(51), 반대편 단에서 51(56)62(67)을 주워 줍니다.

앞판 코를 막아준 부분에서 1코에 1코씩 총 5코를 주워 줍니다.

● **현재 바늘의 총 콧수:** 159(171)183(195)

편물을 돌려 안면을 안뜨기로 1단 뜬 후 겉면을 보며 아이코드 마무리합니다.

● **아이코드 마무리 진행:** ① 3코를 새롭게 만들어 준 후
　　　　　　　　　　　　② 겉2, SKPO, 방금 떠 준 3코를 다시 왼바늘로 옮겨

②를 끝까지 반복. 왼바늘의 코를 모두 뜨고 난 후 오른바늘에 3코가 남으면 시작점과 돗바늘 마무리합니다.

* 아이코드 마무리한 부분이 말릴 수 있으니 조심스럽게 손으로 세탁 후 폭식한 매트 위에 원하는 모양대로 펼쳐 시침핀으로 고정해 말려주세요.

볼레로 카디건

Big collar cardigan
빅카라 카디건

라운드넥 카디건 바탕에 크고 넓은 카라를 추가해 제작된 도안입니다. 카라는 취향에 따라 빅카라와 스몰카라로 선택해 작업할 수 있습니다. 오버핏 형태이기에 가슴단면을 확인 후 작업하길 바랍니다.

빅카라 카디건 (라운드넥 카디건 응용)

사이즈	S(M)L(XL) ㅣ 샘플 사이즈 M
가슴단면	48(52)56(60)cm
총기장	50(54)58(62)cm
팔길이	66(70)75(79)cm
게이지	대바늘 5mm 메리야스 무늬 10cm×10cm 20코 27단
바늘	대바늘 5mm(케이블 80cm, 40cm), 4.5mm(케이블 80cm, 40cm), 4mm(케이블 80cm)
실	메인 실 ㅣ 낙양모사, 아임울4(80g, 145m), 빅카라 기준 약 6(7)8(9)볼 카라 러플실 ㅣ 낙양모사, 모락모헤어(25g, 252m), 약 10g
그 외	마커 4개, 돗바늘, 가위, 단추 5개

포인트 레슨

빅카라 카디건의 포인트는 '카라 뜨기'입니다. 넓은 카라를 뜨기 위한 새로운 방법을 확인할 수 있습니다. 카라 마무리에 사용된 피콧 엣징은 코바늘로 만든 것 같은 볼록한 무늬가 매력적입니다.

【코 만들기&뒷목 단차】

참고 영상

코 만들기

감아코

KFB

- 사이즈 표기 S(M)L(XL), 사이즈 표기 없을 경우 모든 사이즈 동일
- 겉뜨기는 '겉', 안뜨기는 '안', 마커는 m(marker), 마커 걸기는 pm(place marker), 마커 넘기기는 sm(slip marker)로 표기.

	5mm 대바늘을 이용해 마커를 걸며 일반 코를 만들어 줍니다. 코 만드는 단을 1단(겉면)으로 생각합니다.
1단(겉면)	1-앞판, pm, 4-소매, pm, 37(37)39(39)-뒤판, pm, 4-소매, pm, 1-앞판 [총 47(47)49(49)]
2단(안면)	모두 안뜨기(마커를 만나면 넘겨주세요), 감아코 1
3단(겉면)	겉1, KFB, sm, KFB, 마커 1코 전까지 겉, KFB, sm, KFB, 마커 1코 전까지 겉, KFB, sm, KFB, 마커 1코 전까지 겉, KFB, sm, KFB, 감아코 1
4단(안면)	모두 안뜨기
5단(겉면)	KFB, 겉1, KFB, sm, KFB, 마커 1코 전까지 겉, KFB, sm, KFB, 마커 1코 전까지 겉, KFB, sm, KFB, 마커 1코 전까지 겉, KFB, sm, KFB, 겉1, KFB
6단(안면)	모두 안뜨기
7단(겉면)	KFB, 마커 1코 전까지 겉, KFB, sm, KFB, 마커 1코 전까지 겉, KFB, sm, KFB, 마커 1코 전까지 겉, KFB, sm, KFB, 마커 1코 전까지 겉, KFB, sm, KFB, 끝에서 1코 전까지 겉, KFB
8단(안면)	모두 안뜨기
	* 7단과 8단을 반복하며 앞판의 콧수가 15(15)17(17)가 될 때까지 진행합니다.
	여기까지 뒷목 단차입니다.
	● **현재 바늘의 콧수:** 15(15)17(17), m, 18(18)20(20), m, 51(51)55(55), m, 18(18)20(20), m, 15(15)17(17)

【앞목 만들어 준 후 래글런 늘림】

	감아코 10
겉면	마커 1코 전까지 겉, KFB, sm, KFB, 마커 1코 전까지 겉, KFB, sm, KFB, 마커 1코 전까지 겉, KFB, sm, KFB, 마커 1코 전까지 겉, KFB, sm, KFB, 끝까지 겉
	이어서 감아코 10
안면	모두 안뜨기
	● **현재 바늘의 콧수:** 26(26)28(28), m, 20(20)22(22), m, 53(53)57(57), m, 20(20)22(22), m, 26(26)28(28)
겉면	마커 1코 전까지 겉, KFB, sm, KFB, 마커 1코 전까지 겉, KFB, sm, KFB, 마커 1코 전까지 겉, KFB, sm, KFB, 마커 1코 전까지 겉, KFB, sm, KFB, 끝까지 겉
안면	모두 안뜨기
	* 겉면과 안면을 반복해 바늘의 콧수가 다음과 같을 때까지 진행합니다.

◉ 현재 바늘의 콧수: 44(48)52(56), m, 56(64)70(78), m, 89(97)105(113), m, 56(64)70(78), m, 44(48)52(56)

*늘림 하지 않는 단!까지 작업합니다.

【소매 분리】

참고 영상

소매 분리

◉ 바늘의 콧수는 앞판, m, 소매, m, 뒤판, m, 소매, m, 앞판으로 구성되어 있으며, 이중 소매코를 여분의 실 또는 여분의 케이블, 엔드캡 등에 이동하는 것을 소매 분리라고 합니다.

◉ 소매 분리가 완료된 편물은 앞판, 뒤판 코만 남게 되고, 앞판과 뒤판 사이 감아코를 진행하며 원통으로 연결합니다.

◉ 진행하다 마커를 만나면 모두 제거합니다. rm(remove marker)로 표기.

1단(겉면) 앞판 44(48)52(56) 겉, rm, 소매 56(64)70(78)을 여분의 실로 옮김, rm, 감아코 4, 뒤판 89(97)105(113) 겉, rm, 소매 56(64)70(78)을 여분의 실로 옮김, rm, 감아코 4, 이어 앞판 44(48)52(56) 겉

2단(안면) 모두 안뜨기

◉ 현재 바늘의 콧수: 185(201)217(233)

【몸통 뜨기 & 고무단 뜨기】

참고 영상

덮어씌워
코막음

돗바늘 마무리

겉면   모두 겉뜨기
안면   모두 안뜨기

* 겉면과 안면을 반복해 암홀 감아코 지점부터 64(68)72(76)단까지 진행합니다.

4.5mm 대바늘로 변경해 고무뜨기를 진행합니다.

1단(겉면)   겉1, (겉1, 안1) * 끝에서 2코 전까지 반복, 겉2
2단(안면)   안1, (안1, 겉1) * 끝에서 2코 전까지 반복, 안2

* 1단(겉면)과 2단(안면)을 반복해 12단까지 진행한 후 덮어씌워 코막음합니다. 돗바늘 마무리도 좋습니다.

【소매 뜨기】

참고 영상

암홀 구멍
줄이기

감아코에서
코 줍기

원통뜨기

소매 줄임
(K2tog, SKPO)

여분의 실로 옮겨 둔 소매 코 56(64)70(78)를 5mm 대바늘로 옮겨주세요. 감아코 4에서 4를 주워 주세요.

● **소매 총 콧수:** 60(68)74(82)

● 감아코 중간에 마커를 걸고 원통으로 메리야스뜨기를 합니다.
● 시작 마커는 mm(main marker), 시작 마커 넘기기는 smm(slip main marker)로 표기.

원통 2단	시작 마커까지 겉, smm
	* 원통 2단을 반복하며 아래 줄임을 적용해, 소매 감아코 지점에서 총 89(94)100(105)단 진행합니다.
S-size	14단에 2코씩 5회, 15단에 2코씩 1회 줄임, 추가 15단. 총 6회 줄임(-12코) [총 89단]
M-size	13단에 2코씩 7회, 추가 13단. 총 7회 줄임(-14코) [총 94단]
L-size	12단에 2코씩 8회, 추가 12단. 총 7회 줄임(-14코) [총 100단]
XL-size	12단에 2코씩 5회, 13단에 2코씩 3회 줄임, 추가 13단. 총 8회 줄임(-16코) [총 105단]
줄임단	K2tog, 시작 마커 2코 전까지 겉, SKPO, smm
	소매 길이는 뜨면서 조절할 수 있습니다.
	* 소매 줄임 예시 서술은 라운드넥 스웨터 도안 045p를 참고합니다.

줄임을 마친 후 ● **현재 총 콧수: 48(54)60(66)**

【소매 고무단 뜨기】

4.5mm 대바늘로 변경해 1코 고무뜨기를 15단까지 진행한 후 돗바늘 마무리합니다.

1코 고무뜨기 (겉1, 안1) * 시작 마커까지 반복, smm

【앞판 버튼밴드 뜨기】

참고 영상

단에서 코 줍기   바늘 비우기   왼코 중심 2코 모아 안뜨기

왼쪽 버튼밴드

4mm 대바늘을 이용해 겉면, 위에서 아래로 107(115)123(131)코를 주워 줍니다.

코를 주운 단을 1단(겉면)으로 생각합니다.

2단(안면) (안1, 겉1) * 끝에서 1코 전까지 반복, 안1

3단(겉면)   (겉1, 안1) * 끝에서 1코 전까지 반복, 겉1

* 2단과 3단을 반복해 8단까지 진행한 후 덮어씌워 코막음합니다. 돗바늘 마무리도 좋습니다.

오른쪽 버튼밴드(단춧구멍 만들기)

4mm 대바늘을 이용해 겉면, 아래에서 위로 107(115)123(131)코를 주워 줍니다.

코를 주운 단을 1단(겉면)으로 생각합니다.

2단(안면)   (안1, 겉1) * 끝에서 1코 전까지 반복, 안1

3단(겉면)   (겉1, 안1) * 끝에서 1코 전까지 반복, 겉1

4단(안면)   2단과 동일

5단(겉면)   (겉1, 안1) * 3회 반복, (바늘 비우기, 왼코 중심 2코 모아 안뜨기), [(겉1, 안1) 반복해 20(22)24(26)코 뜨기, (바늘 비우기, 왼코 중심 2코 모아 안뜨기)] * 대괄호 4회 반복, (겉1, 안1) * 끝까지 반복

6~8단   2~4단과 동일

* 8단까지 진행한 후 덮어씌워 코막음합니다. 돗바늘 마무리도 좋습니다.

【카라 뜨기】

참고 영상

카라 코 줍기

PFB

경사뜨기

M1L

5mm 대바늘을 이용해 안면을 보며 다음과 같이 코를 주워 줍니다.

앞목 감아코에서 10, 앞목 대각선에서 11(11)13(13), 소매에서 4, 뒷목에서 37(37)39(39), 소매에서 4, 앞목 대각선에서 11(11)13(13), 앞목 감아코에서 10

* 버튼밴드가 아닌 앞목 감아코부터 시작함을 체크합니다.

● **현재 바늘의 콧수:** 87(87)93(93)

코를 주운 단을 카라 1단(겉면)으로 생각합니다. * 몸판의 안면이 카라의 겉면입니다.

카라 2단(안면)   PFB, 끝에서 1코 전까지 안, PFB

카라 3단(겉면)   KFB, 끝에서 1코 전까지 겉, KFB

카라 4단(안면)   카라 2단과 동일

* 카라 3단과 카라 4단을 반복해 스몰카라는 22단, 빅카라는 30단까지 진행합니다.

● **현재 바늘의 콧수:** 스몰카라 129(129)135(135), 빅카라 145(145)151(151)

● 경사뜨기를 진행합니다.
● 경사뜨기는 독일식 경사뜨기(German short row)를 사용합니다.
● Turn은 편물을 돌려주기(겉면을 뜨고 있을 경우 안면으로, 안면을 뜨고 있을 경우 겉면으로).
● 편물을 돌린 후 실을 앞에 둔 상태(겉뜨기, 안뜨기 모두)에서 왼바늘의 첫 코를 안뜨기 방향으로 오른바늘로 걸러 줍니다(이하 걸러뜨기). 앞에 있는 진행 실을 바깥으로 당겨줍니다.
이때 코가 2코가 된 것처럼 보이며 이를 더블스티치라고 부릅니다(이하 약어 DS로 기재).
● DS를 정리할 때에는 DS를 1코로 생각하고 뜹니다.

카라 경사뜨기

1단(겉면)	끝에서 4코 전까지 겉, Turn
2단(안면)	걸러뜨기, 실을 바깥으로 당겨 더블스티치(이하 DS)를 만듭니다. 끝에서 4코 전까지 안, Turn
3단(겉면)	걸러뜨기, DS, DS 포함 4코 남을 때까지 겉, Turn
4단(안면)	걸러뜨기, DS, DS 포함 4코 남을 때까지 안, Turn

* 카라 경사뜨기 3단과 4단을 반복해 스몰카라는 20단, 빅카라는 28단까지 진행합니다.

정리(겉면)	걸러뜨기, DS, pm, 다음 DS 전까지 겉, pm, DS를 정리하며 끝까지 겉(DS는 겉뜨기로 정리)
정리(안면)	DS를 정리하며 끝까지 안(DS는 안뜨기로 정리)

코는 바늘에 그대로 둔 채 실을 끊어줍니다.

【카라 러플 뜨기】

참고 영상

M1PL

피콧뜨기

1단(겉면) 5mm 대바늘을 이용해 카라 러플 배색 실을 걸어 겉면을 보며 카라 대각선에서 코를 주워 줍니다.
대각선에서 스몰카라 33코, 빅카라 45코를 주워 줍니다. 주워 준 마지막 코에 pm
이어 바늘에 걸린 스몰카라 129(129)135(135), 빅카라 145(145)151(151)코 겉뜨기 하며 마커와 마커 사이 24코를 균일하게 늘려 줍니다(진행 후 마커 제거).
이어 반대편 카라 대각선에서 스몰카라 33코, 빅카라 45코를 주워 줍니다.
반대편 카라를 주울 때는 첫 코에 pm

🔹 **현재 바늘의 콧수:** 스몰카라 219(219)225(225), 빅카라 259(259)265(265)

2단(안면) (안1, 겉1) * 끝에서 1코 전까지 반복, 안1(마커를 걸어준 코가 안뜨기 코가 됩니다)

3단(겉면) (겉1, 안1) * 다음의 규칙을 지키며 끝에서 1코 전까지 반복, 겉1(규칙: 마커를 걸어 준 코(겉뜨기 코) 전후로 M1PL 진행 * 마커를 걸어 준 코 양옆으로 안뜨기코가 늘어납니다)

4단(안면) (안1, 겉1) * 다음의 규칙을 지키며 끝에서 1코 전까지 반복, 안1(규칙: 마커를 걸어 준 코(안뜨기 코) 전후로 겉면에서 늘린 코는 겉뜨기로 진행 * 마커를 걸어 준 코 양옆으로는 겉뜨기코가 2코씩 됩니다.)

5단(겉면) (겉1, 안1) * 다음의 규칙을 지키며 끝에서 1코 전까지 반복, 겉1(규칙: 마커를 걸어 준 코(겉뜨기 코) 전후로 M1PL 진행 * 마커를 걸어 준 코 양옆으로 안뜨기코가 3코씩 됩니다.)

6단(안면) (안1, 겉1) * 다음의 규칙을 지키며 끝에서 1코 전까지 반복, 안1(규칙: 마커를 걸어 준 코(안뜨기코) 전후로 겉면에서 늘린 코는 겉뜨기로 진행 * 마커를 걸어 준 코 양옆으로는 겉뜨기 코가 3코씩 됩니다.)

🔹 **현재 바늘의 콧수:** 스몰카라 227(227)233(233), 빅카라 267(267)273(273)

피콧뜨기 후 덮어씌워 코막음 합니다.
(2코 덮어씌워 코막음, 1코를 3코로 늘린 후 늘린 3코 덮어씌워 코막음)
* 스몰카라는 2코, 빅카라는 0코 남을 때까지 반복, 남은 코를 덮어씌워 코막음.
카라 러플 시작 부분을 버튼밴드 시작 부분 안쪽으로 살짝 말아 여분의 실로 꿰매어 주세요.

헨리넥 스웨터

Henryl neck sweater

앞판 단추를 여미면 깔끔한 카라 스웨터 느낌으로, 단추를 풀면 깊은 브이넥의 시원한 느낌으로 다양한 연출이 가능합니다. 카라는 모헤어 2합을 사용하여 부드럽고 여린 느낌을 주며, 카라 끝은 몽글 엣징으로 마무리하여 로맨틱한 느낌을 강조합니다.

헨리넥 스웨터(라운드넥 스웨터 응용)

사이즈	S(M)L(XL) ㅣ 샘플 사이즈 S
가슴단면	51.5(54.5)58(61)cm
총 기장	52(56)61(66)cm
팔 길이	68(72)79(84)cm
카라 길이	14cm(사이즈별 동일)
헨리넥 길이	8.5(8.5)9.2(9.2)cm
게이지	대바늘 4.5mm 메리야스 무늬 10cm×10cm 20코 28단
바늘	대바늘 5mm, 4.5mm, 4mm(각 케이블 80cm, 40cm)
실	메인 ㅣ 낙양모사, 아임울2(40g, 약153m)+모락 모헤어(25g, 약252m), 약 5+3(6+4)7+4(8+5)볼
	헨리넥 ㅣ 낙양모사, 아임울+모락 모헤어 소량
	카라 ㅣ 낙양모사, 모락모헤어 2합, 약 1볼
준비물	마커 4개, 돗바늘, 가위, 단추 2개

포인트 레슨

헨리넥 스웨터의 첫 번째 포인트는 '헨리넥 뜨기'입니다. 탑다운으로 헨리넥을 만드는 간편한 방법을 배울 수 있습니다. 두 번째는 카라 끝에 사용된 '몽글 엣징'입니다. 고무단을 동글 동글하게 마무리할 수 있습니다.

【코 만들기 & 뒷목 단차】

참고 영상

코 만들기

감아코

M1L

M1R

- 사이즈 표기 S(M)L(XL), 사이즈 표기 없을 경우 모든 사이즈 동일.
- 겉뜨기는 '겉', 안뜨기는 '안', 마커는 m(marker), 마커 걸기는 pm(place marker), 마커 넘기기는 sm(slip marker)로 표기.

4.5mm 대바늘을 이용해 마커를 걸며 일반 코를 만들어 줍니다. 코 만드는 단을 1단(겉면)으로 생각합니다.

1단(겉면)	1-앞판, pm, 7(7)8(8)-소매, pm, 36(38)38(40)-뒤판, pm, 7(7)8(8)-소매, pm, 1-앞판 [총 52(54)56(58)]
2단(안면)	모두 안뜨기(마커를 만나면 넘겨주세요), 감아코 1
3단(겉면)	겉2, sm, M1L, 마커까지 겉, M1R, sm, 겉1, M1L, 마커 1코 전까지 겉, M1R, 겉1, sm, M1L, 마커까지 겉, M1R, sm, 겉1, 감아코 1
4단(안면)	모두 안뜨기, 감아코 1
5단(겉면)	겉2, M1R, 겉1, sm, M1L, 마커까지 겉, M1R, sm, 겉1, M1L, 마커 1코 전까지 겉, M1R, 겉1, sm, M1L, 마커까지 겉, M1R, sm, 겉1, M1L, 겉1, 감아코 1
6단(안면)	모두 안뜨기
7단(겉면)	겉1, M1L, 마커 1코 전까지 겉, M1R, 겉1, sm, M1L, 마커까지 겉, M1R, sm, 겉1, M1L, 마커 1코 전까지 겉, M1R, 겉1, sm, M1L, 마커까지 겉, M1R, sm, 겉1, M1L, 1코 남을 때까지 겉, M1R, 겉1

* 6단(안면)과 7단(겉면)을 3(3)4(4)회 반복합니다.

14(14)16(16)단 (안면)	모두 안뜨기, 감아코 2
15(15)17(17)단 (겉면)	마커 1코 전까지 겉, M1R, 겉1, sm, M1L, 마커까지 겉, M1R, sm, 겉1, M1L, 마커 1코 전까지 겉, M1R, 겉1, sm, M1L, 마커까지 겉, M1R, sm, 겉1, M1L, 끝까지 겉, 감아코 2
16(16)18(18)단 (안면)	모두 안뜨기, 감아코 3
17(17)19(19)단 (겉면)	마커 1코 전까지 겉, M1R, 겉1, sm, M1L, 마커까지 겉, M1R, sm, 겉1, M1L, 마커 1코 전까지 겉, M1R, 겉1, sm, M1L, 마커까지 겉, M1R, sm, 겉1, M1L, 끝까지 겉, 감아코 3

18(18)20(20)단
(안면) 모두 안뜨기

여기까지 뒷목 단차입니다.

> 현재 바늘의 콧수: 19(19)21(21), m, 23(23)26(26), m, 52(54)56(58), m, 23(23)26(26), m, 19(19)21(21)

【앞목 만들어 준 후 원통 연결】

참고 영상

원통뜨기

감아코 7(8)7(8)

19(19)21(21)단 마커 1코 전까지 겉, M1R, 겉1, sm, M1L, 마커까지 겉, M1R, sm, 겉1, M1L, 마커 1코 전까지 겉, M1R, 겉1,
(겉면) sm, M1L, 마커까지 겉, M1R, sm, 겉1, M1L, 끝까지 겉, 감아코 7(8)7(8)

20(20)22(22)단 모두 안뜨기
(안면)

21(21)23(23)단 마커 1코 전까지 겉, M1R, 겉1, sm, M1L, 마커까지 겉, M1R, sm, 겉1, M1L, 마커 1코 전까지 겉, M1R, 겉1,
(겉면) sm, M1L, 마커까지 겉, M1R, sm, 겉1, M1L, 끝까지 겉

22(22)24(24)단 모두 안뜨기
(안면)

* 21(21)23(23)단과 22(22)24(24)단을 반복해 바늘의 콧수가 다음과 같을 때까지 진행합니다.

> 바늘의 콧수: 38(39)41(42), m, 47(47)52(52), m, 76(78)82(84), m, 47(47)52(52), m, 38(39)41(42)

겉면(원통 1단) 마커 1코 전까지 겉, M1R, 겉1, sm, M1L, 마커까지 겉, M1R, sm, 겉1, M1L, 마커 1코 전까지 겉, M1R, 겉1,
sm, M1L, 마커까지 겉, M1R, sm, 겉1, M1L, 끝까지 겉
이어서 감아코 8
왼바늘의 코를 연결해 뜨며 원통뜨기. 첫 마커까지 겉뜨기. 첫 마커를 시작 마커로 변경

> 메리야스뜨기의 경우 원통뜨기는 모두 겉뜨기로만 진행합니다.

【래글런 늘림】

🟤 시작 마커는 mm(main marker), 시작 마커 넘기기는 smm(slip main marker)로 표기.

원통 2단 시작 마커 1코 전까지 모두 겉, M1R, 겉1, smm

원통 3단 M1L, 마커까지 겉, M1R, sm, 겉1, M1L, 마커 1코 전까지 겉, M1R, 겉1, sm, M1L, 마커까지 겉, M1R, sm, 겉1, M1L, 시작 마커까지 겉, smm

원통 4단 시작 마커 1코 전까지 겉, M1R, 겉1, smm

* 원통 3단과 원통 4단을 반복해 바늘의 콧수가 다음과 같을 때까지 진행합니다.

🟤 **현재 바늘의 콧수:** 102(108)116(122), m, 65(69)78(82), m, 94(100)108(114), m, 65(69)78(82), m

【소매 분리】

참고 영상

소매 분리

🟤 바늘의 콧수는 앞판, m, 소매, m, 뒤판, m, 소매, m, 앞판으로 구성되어 있으며, 이중 소매 코를 여분의 실 또는 여분의 케이블, 엔드캡 등에 이동하는 것을 소매 분리라고 합니다.

🟤 소매 분리가 완료된 편물은 앞판, 뒤판 코만 남게 되고, 앞판과 뒤판 사이 감아코를 진행하며 원통으로 연결합니다.

🟤 진행하다 마커를 만나면 모두 제거합니다. rm(remove marker)로 표기.

1단(겉면) 소매 65(69)78(82)를 여분의 실로 옮김, rm, 감아코 5(5)4(4), 뒤판 94(100)108(114), rm, 소매 65(69)78(82)를 여분의 실로 옮김, rm, 감아코 5(5)4(4), 이어 앞판 102(108)116(122), 왼바늘의 코를 가져와 원통으로 연결.
겉뜨기로 3(3)2(2) 뜬 후 시작 마커를 걸어 줍니다(감아코 중심이 시작 부분).

🟤 **현재 바늘의 콧수:** 206(218)232(244)

【몸통 뜨기&고무단 뜨기】

참고 영상

돗바늘 마무리

1단 시작 마커까지 겉, sm

* 1단을 반복해 목부터 총 기장이 47(51)55(61)cm까지 진행합니다(길이는 원하는 대로 조절 가능).

4mm 대바늘로 변경해 1코 고무뜨기를 15(15)17(17)단까지 진행한 후 돗바늘 마무리합니다.

1코 고무뜨기 (겉1, 안1) * 시작 마커까지 반복, sm

【소매 뜨기】

참고 영상

암홀 구멍
줄이기

감아코에서
코 줍기

소매 줄임
(K2tog, SKPO)

여분의 실로 옮겨 둔 소매 코 65(69)78(82)를 4.5mm 대바늘로 옮겨주세요.

감아코 5(5)4(4)에서 5(5)4(4)를 주워 주세요

● **소매 총 콧수:** 70(74)82(86)

● 감아코 중간에 시작 마커를 걸고 원통으로 메리야스뜨기를 합니다.

원통 2단 시작 마커까지 겉, smm

* 원통 2단을 반복하며 아래 줄임을 적용해, 소매 감아코 지점에서 총 120(128)138(150)단 진행합니다.

S-size 15단에 2코씩 7회 줄임, 추가 15단. 총 7회 줄임(-14코) [총 120단]
M-size 14단에 2코씩 7회, 15단에 2코씩 1회 줄임, 추가 15단. 총 8회 줄임(-16코) [총 128단]
L-size 12단에 2코씩 5회, 13단에 2코씩 5회 줄임, 추가 13단. 총 10회 줄임(-20코) [총 138단]
XL-size 12단에 2코씩 6회, 13단에 2코씩 5회 줄임, 추가 13단. 총 11회 줄임(-22코) [총 150단]

줄임단 K2tog, 시작 마커 2코 전까지 겉, SKPO, smm

소매 길이는 뜨면서 조절할 수 있습니다.

* 소매 줄임 예시 서술은 라운드넥 스웨터 도안 045p를 참고합니다.

모든 줄임을 마친 후 ● **현재 총 콧수:** 56(58)62(64)

【소매 고무단 뜨기】

4mm 대바늘로 변경해 1코 고무뜨기를 11단까지 진행합니다.

1코 고무뜨기 (겉1, 안1) * 시작 마커까지 반복, smm

* 12~15단까지 메리야스뜨기를 4단 진행한 후 덮어씌워 코막음합니다.

【헨리넥 뜨기】

참고 영상

단에서 코 줍기   덮어씌워   바늘 비우기   왼코 중심   코와 단 잇기
                코막음   2코 모아 겉뜨기

왼쪽 버튼밴드

4mm 대바늘을 이용해 겉면, 위에서 아래로 21(21)23(23)코를 주워 줍니다.

코를 주운 단을 1단(겉면)으로 생각합니다.

2단(안면)   안1, (안1, 겉1) * 끝에서 2코 전까지 반복, 안2
3단(겉면)   겉1, (겉1, 안1) * 끝에서 2코 전까지 반복, 겉2

* 2단과 3단을 반복해 8(8)10(10)단까지 진행한 후 덮어씌워 코막음합니다.

오른쪽 버튼밴드(단춧구멍 만들기)

4mm 대바늘을 이용해 겉면, 아래에서 위로 21(21)23(23)코를 주워 줍니다.

코를 주운 단을 1단(겉면)으로 생각합니다.

2단(안면)   안1, (안1, 겉1) * 끝에서 2코 전까지 반복, 안2
3단(겉면)   겉1, (겉1, 안1) * 끝에서 2코 전까지 반복, 겉2

* L-size, XL-size는 2단과 3단을 1회 더 반복합니다.

4(4)6(6)단 (안면)   안2, 겉1, 안1, 겉1, (바늘 비우기, 왼코 중심 2코 모아 겉뜨기), (안1, 겉1) * 4회, (바늘 비우기, 왼코 중심 2코 모아 겉뜨기), 안1, 겉1, 안2

5(5)7(7)단 (겉면)   겉1, (겉1, 안1) * 끝에서 2코 전까지 반복, 겉2

* 2단과 3단을 반복해 8(8)10(10)단까지 진행한 후 덮어씌워 코막음합니다.

꼬리실을 이용해 코와 단 잇기로 헨리넥 하단을 몸판과 연결합니다.

【카라 뜨기】

참고 영상

카라 코 줍기

몽글 엣징

● 몸판에 사용한 모락 모헤어 2합으로 진행됩니다.

4mm 대바늘을 이용해 안면을 보며 시작점부터 127(131)141(145)코를 주워 줍니다.
코를 주운 단을 카라1단(겉면)으로 생각합니다. * 몸판의 안면이 카라의 겉면입니다.

카라 2단(안면) 안2 거르기, (안1, 겉1) * 끝에서 3코 전까지 반복, 안3
카라 3단(겉면) 겉2 거르기(안뜨기 방향으로), (겉1, 안1) * 끝에서 3코 전까지 반복, 겉3
카라 4단(안면) 안2 거르기, (안1, 겉1) * 끝에서 3코 전까지 반복, 안3

* 카라 3단과 카라 4단을 반복해 카라가 4.5cm가 될 때까지 진행합니다.

바늘 4.5mm로 변경해 카라 3단과 카라 4단을 반복해 카라 총 길이 9cm까지 진행합니다.
바늘 5mm로 변경해 카라 3단과 카라 4단을 반복해 카라 총 길이 13.5cm까지 진행합니다.
겉면을 보며 몽글 엣징으로 마무리합니다.

● 8코 몽글 엣징(덮어씌워 코막음 사용합니다.)
4(6)3(5)코 막음, 5단 아래 코를 떠서 코 막음, (7코 막음, 5단 아래 코를 떠서 코 막음)
* 끝에서 3(5)2(4)코 전까지 반복, 3(5)2(4)코 막음

Cozy twisted cardigan

포근 꽈배기 카디건

무늬 있는 옷을 처음 뜨고자 한다면 포근 꽈배기 카디건을 추천합니다. 간단한 무늬 패턴만 익힌다면 그 외 옷을 만드는 과정에서 무늬의 영향을 받지 않기에 쉽게 뜰 수 있습니다.

포근 꽈배기 카디건 (라운드넥 베스트 응용)

사이즈	S(M)L(XL)	샘플 사이즈 S
가슴단면	46(50)54(57)cm
총기장	47(52)57(62)cm
팔길이	66(70)75(79)cm
게이지	대바늘 5mm 메리야스 무늬 10cm×10cm 18코 25단
	꽈배기 무늬 세트 10cm×5cm 28코 12단
바늘	대바늘 5mm(케이블 80cm, 40cm), 4.5mm(케이블 80cm, 40cm), 4mm(케이블 40cm)
실	낙양모사, 겨울정원(50g, 160m)+모락모헤어(25g, 252m), 약 6+3(7+4)8+4(9+5)볼
그 외	시작 마커 1개, 단추 5개, 돗바늘, 가위

포인트 레슨

포근 꽈배기 카디건의 포인트는 '무늬뜨기'입니다. 무늬뜨기는 꽈배기 무늬뜨기에서 가장 많이 접하는 교차무늬를 활용한 패턴입니다. 콧수 및 방향의 변화로 쉽게 다양한 무늬 패턴을 만들기에 처음 무늬뜨기를 도전하는 분들에게 좋습니다.

【코 만들기 & 뒤판 뜨기】

참고 영상

코 만들기 　오른코 위 교차뜨기 　왼코 위 교차뜨기

- 사이즈 표기 S(M)L(XL), 사이즈 표기 없을 경우 모든 사이즈 동일.
- 겉뜨기는 '겉', 안뜨기는 '안' 표기.
- 꽈배기무늬 세트는 [대활호]로 표기.
- 160p [차트 1] 참고.

5mm 대바늘을 이용해 일반 코 96(98)100(102)를 만들어 줍니다.
코 만드는 단을 1단(겉면)으로 생각합니다.

2단(안면)	안2, [겉2, 안4, 겉2, 안12, 겉2, 안4, 겉2], 안 36(38)40(42), [앞 괄호 속과 동일], 안2
3단(겉면)	겉2, [안2, 겉4, 안2, 겉12, 안2, 겉4, 안2], 겉 36(38)40(42), [앞 괄호 속과 동일], 겉2
4단(안면)	2단과 동일
5단(겉면)	3단과 동일
6단(안면)	2단과 동일
7단(겉면)	겉2, [안2, 오른코 위 2코 교차, 안2, 오른코 위 4코 교차, 겉4, 안2, 오른코 위 2코 교차, 안2], 겉 36(38)40(42), [앞 괄호 속과 동일], 겉2
8~12단	2~6단과 동일
13단(겉면)	겉2, [안2, 오른코 위 2코 교차, 안2, 겉4, 왼코 위 4코 교차, 안2, 오른코 위 2코 교차, 안2], 겉 36(38)40(42), [앞 괄호 속과 동일], 겉2
14~18단	2~6단과 동일

* 7단부터 18단까지 반복해 44(44)48(48)단까지 진행합니다. 무늬가 딱 맞아 떨어지지 않습니다.

【뒤판 암홀 늘림】

참고 영상

M1L

M1R

- 161p [차트 2] 참고.
- S-size는 45~52단까지, M-size는 45~56단까지 진행합니다.
- L-size는 49~60단까지, XL-size는 49~64단까지 진행합니다.

45단(겉면)	겉1, M1L, 겉1, [안2, 겉4, 안2, 겉12, 안2, 겉4, 안2], 겉 36(38), [앞 괄호 속과 동일], 겉1, M1R, 겉1
46단(안면)	안3, [겉2, 안4, 겉2, 안12, 겉2, 안4, 겉2], 안 36(38), [앞 괄호 속과 동일], 안3
47단(겉면)	겉1, M1L, 겉2, [안2, 겉4, 안2, 겉12, 안2, 겉4, 안2], 겉 36(38), [앞 괄호 속과 동일], 겉2, M1R, 겉1
48단(안면)	안4, [겉2, 안4, 겉2, 안12, 겉2, 안4, 겉2], 안 36(38), [앞 괄호 속과 동일], 안4
49단(겉면)	겉1, M1L, 겉 3(3)1(1), [안2, 오른코 위 2코 교차, 안2, 겉4, 왼코 위 4코 교차, 안2, 오른코 위 2코 교차, 안2], 겉 36(38)40(42), [앞 괄호 속과 동일], 겉 3(3)1(1), M1R, 겉1

50단(안면) 안 5(5)3(3), [겉2, 안4, 겉2, 안12, 겉2, 안4, 겉2], 안 36(38)40(42), [앞 괄호 속과 동일], 안 5(5)3(3)

51단(겉면) 겉1, M1L, 겉 4(4)2(2), [안2, 겉4, 안2, 겉12, 안2, 겉4, 안2], 겉 36(38)40(42), [앞 괄호 속과 동일], 겉 4(4)2(2), M1R, 겉1

52단(안면) 안 6(6)4(4), [겉2, 안4, 겉2, 안12, 겉2, 안4, 겉2], 안 36(38)40(42), [앞 괄호 속과 동일], 안 6(6)4(4)

→ S-size는 여기까지

53단(겉면) 겉1, M1L, 겉 (5)3(3), [안2, 겉4, 안2, 겉12, 안2, 겉4, 안2], 겉 (38)40(42), [앞 괄호 속과 동일], 겉 (5)3(3), M1R, 겉1

54단(안면) 안 (7)5(5), [겉2, 안4, 겉2, 안12, 겉2, 안4, 겉2], 안 (38)40(42), [앞 괄호 속과 동일], 안 (7)5(5)

55단(겉면) 겉1, M1L, 겉 (6)4(4), [안2, 오른코 위 2코 교차, 안2, 오른코 위 4코 교차, 겉4, 안2, 오른코 위 2코 교차, 안2], 겉 (38)40(42), [앞 괄호 속과 동일], 겉 (6)4(4), M1R, 겉1

56단(안면) 안 (8)6(6), [겉2, 안4, 겉2, 안12, 겉2, 안4, 겉2], 안 (38)40(42), [앞 괄호 속과 동일], 안 (8)6(6)

→ M-size는 여기까지

57단(겉면) 겉1, M1L, 겉5, [안2, 겉4, 안2, 겉12, 안2, 겉4, 안2], 겉 40(42), [앞 괄호 속과 동일], 겉5, M1R, 겉1

58단(안면) 안7, [겉2, 안4, 겉2, 안12, 겉2, 안4, 겉2], 안 40(42), [앞 괄호 속과 동일], 안7

59단(겉면) 겉1, M1L, 겉6, [안2, 겉4, 안2, 겉12, 안2, 겉4, 안2], 겉 40(42), [앞 괄호 속과 동일], 겉6, M1R, 겉1

60단(안면) 안8, [겉2, 안4, 겉2, 안12, 겉2, 안4, 겉2], 안 40(42), [앞 괄호 속과 동일], 안8

→ L-size는 여기까지

61단(겉면) 겉1, M1L, 겉7, [안2, 오른코 위 2코 교차, 안2, 겉4, 왼코 위 4코 교차, 안2, 오른코 위 2코 교차, 안2], 겉(42), [앞 괄호 속과 동일], 겉7, M1R, 겉1

62단(안면) 안9, [겉2, 안4, 겉2, 안12, 겉2, 안4, 겉2], 안 40(42), [앞 괄호 속과 동일], 안9

63단(겉면) 겉1, M1L, 겉8, [안2, 겉4, 안2, 겉12, 안2, 겉4, 안2], 겉(42), [앞 괄호 속과 동일], 겉8, M1R, 겉1

64단(안면) 안10, [겉2, 안4, 겉2, 안12, 겉2, 안4, 겉2], 안 40(42), [앞 괄호 속과 동일], 안10

→ XL-size는 여기까지

늘림을 마친 후 **현재 바늘의 콧수**: 104(110)112(118)

코를 쉬게 한 후 실을 끊어줍니다.

【오른쪽 앞판 | 코 줍기&경사뜨기】

참고 영상

코에서 코 줍기

경사뜨기

- 163p [차트 3] 참고, 164p [차트 4] 참고.
- 경사뜨기를 진행합니다.
- 경사뜨기는 독일식 경사뜨기(German short row)를 사용합니다.
- Turn은 편물 돌려주기(겉면을 뜨고 있을 경우 안면으로, 안면을 뜨고 있을 경우 겉면으로).
- 편물을 돌린 후 실을 앞에 둔 상태(겉뜨기, 안뜨기 모두)에서 왼바늘의 첫 코를 안뜨기 방향으로 오른바늘로 걸러 줍니다(이하 걸러뜨기). 앞에 있는 진행 실을 바깥으로 당겨줍니다.
이때 코가 2코가 된 것처럼 보이며 이를 더블스티치라고 부릅니다(이하 약어 DS로 기재).
- 다음 단에서 DS를 만나면 1코로 생각하고 뜨며, 겉뜨기는 DS 정리(겉), 안뜨기는 DS 정리(안)으로 기재합니다.

5mm 대바늘을 이용해 뒤판 편물을 겉면이 보이게 펼친 후 오른쪽 어깨에서 32코를 주워 줍니다.
코를 주운 단을 1단(겉면)으로 생각합니다.

2단(안면)	안2, 겉2, Turn
3단(겉면)	걸러뜨기, 실을 바깥으로 당겨 더블스티치(이하 DS)를 만듭니다. 안1, 겉2
4단(안면)	안2, 겉1, DS를 1코로 생각하고 DS 정리(겉), 안4, Turn
5단(겉면)	걸러뜨기, DS. 겉3, 안2, 겉2
6단(안면)	안2, 겉2, 안3, DS 정리(안), 겉2, 안2, Turn
7단(겉면)	걸러뜨기, DS. 겉1, 안2, 겉4, 안2, 겉2
8단(안면)	안2, 겉2, 안4, 겉2. 안1, DS 정리(안), 안4, Turn
9단(겉면)	걸러뜨기, DS. 겉5, 안2, 겉4, 안2, 겉2
10단(안면)	안2, 겉2, 안4, 겉2. 안5, DS 정리(안), 안4, Turn
11단(겉면)	걸러뜨기, DS. 겉9, 안2, 오른코 위 2코 교차, 안2, 겉2
12단(안면)	안2, 겉2, 안4, 겉2, 안9, DS 정리(안), 안2, 겉2, Turn
13단(겉면)	걸러뜨기, DS. 안1, 겉12, 안2, 겉4, 안2, 겉2
14단(안면)	안2, 겉2, 안4, 겉2, 안12, 겉1, DS 정리(겉), 안4, Turn
15단(겉면)	걸러뜨기, DS. 겉3, 안2, 겉12, 안2, 겉4, 안2, 겉2
16단(안면)	안2, 겉2, 안4, 겉2, 안12, 겉2, 안3, DS 정리(안), 겉2, 안2

【오른쪽 앞판 | 앞목 늘림】

참고 영상

KFB

감아코

● 경사뜨기로 만들어진 단수는 생략하며, 아래 단수를 체크합니다.
● S(M)-size는 12단까지, L(XL)-size는 16단까지 진행합니다.

1단(겉면)	겉2, [안2, 오른코 위 2코 교차, 안2, 겉4, 왼코 위 4코 교차, 안2, 오른코 위 2코 교차, 안2], 겉1, KFB
2단(안면)	안3, [겉2, 안4, 겉2, 안12, 겉2, 안4, 겉2], 안2
3단(겉면)	겉2, [안2, 겉4, 안2, 겉12, 안2, 겉4, 안2], 겉2, KFB
4단(안면)	안4, [겉2, 안4, 겉2, 안12, 겉2, 안4, 겉2], 안2
5단(겉면)	겉2, [안2, 겉4, 안2, 겉12, 안2, 겉4, 안2], 겉3, KFB
6단(안면)	안5, [겉2, 안4, 겉2, 안12, 겉2, 안4, 겉2], 안2
7단(겉면)	겉2, [안2, 오른코 위 2코 교차, 안2, 오른코 위 4코 교차, 겉4, 안2, 오른코 위 2코 교차, 안2], 겉4, KFB
8단(안면)	안6, [겉2, 안4, 겉2, 안12, 겉2, 안4, 겉2], 안2
9단(겉면)	겉2, [안2, 겉4, 안2, 겉12, 안2, 겉4, 안2], 겉5, KFB
10단(안면)	안7, [겉2, 안4, 겉2, 안12, 겉2, 안4, 겉2], 안2
11단(겉면)	겉2, [안2, 겉4, 안2, 겉12, 안2, 겉4, 안2], 겉6, KFB
12단(안면)	안8, [겉2, 안4, 겉2, 안12, 겉2, 안4, 겉2], 안2

⋯ S(M)-size는 여기까지

13단(겉면)	겉2, [안2, 오른코 위 2코 교차, 안2, 겉4, 왼코 위 4코 교차, 안2, 오른코 위 2코 교차, 안2], 겉7, KFB
14단(안면)	안9, [겉2, 안4, 겉2, 안12, 겉2, 안4, 겉2], 안2
15단(겉면)	겉2, [안2, 겉4, 안2, 겉12, 안2, 겉4, 안2], 겉8, KFB
16단(안면)	안10, [겉2, 안4, 겉2, 안12, 겉2, 안4, 겉2], 안2

⋯ L(XL)-size는 여기까지

● 현재 바늘의 콧수: 38(38)40(40)

S(M)-size만 진행

13단(겉면)	겉2, [안2, 오른코 위 2코 교차, 안2, 겉4, 왼코 위 4코 교차, 안2, 오른코 위 2코 교차, 안2], 겉8, 감아코2
14단(안면)	안10, [겉2, 안4, 겉2, 안12, 겉2, 안4, 겉2], 안2

15단(겉면)	겉2, [안2, 겉4, 안2, 겉12, 안2, 겉4, 안2], 겉10, 감아코3
16단(안면)	안13, [겉2, 안4, 겉2, 안12, 겉2, 안4, 겉2], 안2
17단(겉면)	겉2, [안2, 겉4, 안2, 겉12, 안2, 겉4, 안2], 겉13, 감아코 5(6)
18단(안면)	안 18(19), [겉2, 안4, 겉2, 안12, 겉2, 안4, 겉2], 안2

늘림을 마친 후 ● **현재 바늘의 콧수**: 48(49)

19단(겉면)	겉2, [안2, 오른코 위 2코 교차, 안2, 오른코 위 4코 교차, 겉4, 안2, 오른코 위 2코 교차, 안2], 겉 18(19)
20단(안면)	안 18(19), [겉2, 안4, 겉2, 안12, 겉2, 안4, 겉2], 안2
21단(겉면)	겉2, [안2, 겉4, 안2, 겉12, 안2, 겉4, 안2], 겉 18(19)
22단(안면)	20단과 동일
23단(겉면)~	
24단(안면)	21~22단 동일
25단(겉면)	겉2, [안2, 오른코 위 2코 교차, 안2, 겉4, 왼코 위 4코 교차, 안2, 오른코 위 2코 교차, 안2], 겉 18(19)
26단(안면)~	
30단(안면)	20~24단 동일

* 19단부터 30단까지 반복해 44단까지 진행합니다. 무늬가 딱 맞아 떨어지지 않습니다.

L(XL)-size만 진행

17단(겉면)	겉2, [안2, 겉4, 안2, 겉12, 안2, 겉4, 안2], 겉10, 감아코2
18단(안면)	안12, [겉2, 안4, 겉2, 안12, 겉2, 안4, 겉2], 안2
19단(겉면)	겉2, [안2, 오른코 위 2코 교차, 안2, 오른코 위 4코 교차, 겉4, 안2, 오른코 위 2코 교차, 안2], 겉12, 감아코3
20단(안면)	안15, [겉2, 안4, 겉2, 안12, 겉2, 안4, 겉2], 안2
21단(겉면)	겉2, [안2, 겉4, 안2, 겉12, 안2, 겉4, 안2], 겉15, 감아코 5(6)
22단(안면)	안 20(21), [겉2, 안4, 겉2, 안12, 겉2, 안4, 겉2], 안2

늘림을 마친 후 ● **현재 바늘의 콧수**: 50(51)

23단(겉면)	겉2, [안2, 겉4, 안2, 겉12, 안2, 겉4, 안2], 겉 20(21)
24단(안면)	안 20(21), [겉2, 안4, 겉2, 안12, 겉2, 안4, 겉2], 안2
25단(겉면)	겉2, [안2, 오른코 위 2코 교차, 안2, 겉4, 왼코 위 4코 교차, 안2, 오른코 위 2코 교차, 안2], 겉 20(21)
26단(안면)	24단과 동일
27단(겉면)~	
30단(안면)	23~24단 반복

31단(겉면)	겉2, [안2, 오른코 위 2코 교차, 안2, 오른코 위 4코 교차, 겉4, 안2, 오른코 위 2코 교차, 안2], 겉 20(21)
32단(안면)~	
36단(안면)	26~30단 동일

* 25~36단까지 반복해 48단까지 진행합니다. 무늬가 딱 맞아 떨어지지 않습니다.

【오른쪽 앞판 | 암홀 늘림】

● S-size는 45~52단까지, M-size는 45~56단까지 진행합니다.
● L-size는 49~60단까지, XL-size는 49~64단까지 진행합니다.

45단(겉면)	겉1, M1L, 겉1, [안2, 겉4, 안2, 겉12, 안2, 겉4, 안2], 겉 18(19)
46단(안면)	안 18(19), [겉2, 안4, 겉2, 안12, 겉2, 안4, 겉2], 안3
47단(겉면)	겉1, M1L, 겉2, [안2, 겉4, 안2, 겉12, 안2, 겉4, 안2], 겉 18(19)
48단(안면)	안 18(19), [겉2, 안4, 겉2, 안12, 겉2, 안4, 겉2], 안4
49단(겉면)	겉1, M1L, 겉 3(3)1(1), [안2, 오른코 위 2코 교차, 안2, 겉4, 왼코 위 4코 교차, 안2, 오른코 위 2코 교차, 안2], 겉 18(19)20(21)
50단(안면)	안 18(19)20(21), [겉2, 안4, 겉2, 안12, 겉2, 안4, 겉2], 안 5(5)3(3)
51단(겉면)	겉1, M1L, 겉4(4)2(2), [안2, 겉4, 안2, 겉12, 안2, 겉4, 안2], 겉 18(19)20(21)
52단(안면)	안 18(19)20(21), [겉2, 안4, 겉2, 안12, 겉2, 안4, 겉2], 안 6(6)4(4)
	→ S-size는 여기까지
53단(겉면)	겉1, M1L, 겉(5)3(3), [안2, 겉4, 안2, 겉12, 안2, 겉4, 안2], 겉 18(19)20(21)
54단(안면)	안 (19)20(21), [겉2, 안4, 겉2, 안12, 겉2, 안4, 겉2], 안 (7)5(5)
55단(겉면)	겉1, M1L, 겉 (6)4(4) [안2, 오른코 위 2코 교차, 안2, 오른코 위 4코 교차, 겉4, 안2, 오른코 위 2코 교차, 안2], 겉 (19)20(21)
56단(안면)	안 (19)20(21), [겉2, 안4, 겉2, 안12, 겉2, 안4, 겉2], 안 (8)6(6)
	→ M-size는 여기까지
57단(겉면)	겉1, M1L, 겉5, [안2, 겉4, 안2, 겉12, 안2, 겉4, 안2], 겉 20(21)
58단(안면)	안 20(21), [겉2, 안4, 겉2, 안12, 겉2, 안4, 겉2], 안7
59단(겉면)	겉1, M1L, 겉6, [안2, 겉4, 안2, 겉12, 안2, 겉4, 안2], 겉 20(21)
60단(안면)	안 20(21), [겉2, 안4, 겉2, 안12, 겉2, 안4, 겉2], 안8
	→ L-size는 여기까지
61단(겉면)	겉1, M1L, 겉7, [안2, 오른코 위 2코 교차, 안2, 겉4, 왼코 위 4코 교차, 안2, 오른코 위 2코 교차, 안2], 겉 (21)

62단(안면)	안(21), [겉2, 안4, 겉2, 안12, 겉2, 안4, 겉2], 안9
63단(겉면)	겉1, M1L, 겉8, [안2, 겉4, 안2, 겉12, 안2, 겉4, 안2], 겉(21)
64단(안면)	안(21), [겉2, 안4, 겉2, 안12, 겉2, 안4, 겉2], 안10

⋯ XL-size는 여기까지

늘림을 마친 후 ● **현재 바늘의 콧수**: 52(55)56(59)
코를 쉬게 한 후 실을 끊어줍니다.

【왼쪽 앞판 | 코 줍기&경사뜨기】

● 독일식 경사뜨기(German short row)를 진행합니다. 자세한 내용은 오른쪽 앞판 147p 서술 참고.

5mm 대바늘을 이용해 뒤판 편물을 겉면이 보이게 펼친 후 왼쪽부분에서 32코를 주워 줍니다.
코를 주운 단을 1단(겉면)으로 생각합니다.

2단(안면)	안2, [겉2, 안4, 겉2, 안12, 겉2, 안4, 겉2], 안2
3단(겉면)	겉2, 안2, Turn
4단(안면)	걸러뜨기, 실을 바깥으로 당겨 더블스티치(이하 DS)를 만듭니다. 겉1, 안2
5단(겉면)	겉2, 안1, DS를 1코로 생각하고 DS 정리(안), 겉4, Turn
6단(안면)	걸러뜨기, DS. 안3, 겉2, 안2
7단(겉면)	겉2, 안2, 겉3, DS 정리(겉), 안2, 겉2, Turn
8단(안면)	걸러뜨기, DS. 안1, 겉2, 안4, 겉2, 안2
9단(겉면)	겉2, 안2, 겉4, 안2, 겉1, DS 정리(겉), 겉4, Turn
10단(안면)	걸러뜨기, DS. 안5, 겉2, 안4, 겉2, 안2
11단(겉면)	겉2, 안2, 오른코 위 2코 교차, 안2, 겉5, DS 정리(겉), 겉4, Turn
12단(안면)	걸러뜨기, DS. 안9, 겉2, 안4, 겉2, 안2
13단(겉면)	겉2, 안2, 겉4, 안2, 겉9, DS 정리(겉), 겉2, 안2, Turn
14단(안면)	걸러뜨기, DS. 겉1, 안12, 겉2, 안4, 겉2, 안2
15단(겉면)	겉2, 안2, 겉4, 안2, 겉12, 안1, DS 정리(안), 겉4, 안1, Turn
16단(안면)	걸러뜨기, DS. 안4, 겉2, 안12, 겉2, 안4, 겉2, 안2

【왼쪽 앞판 | 앞목 늘림】

- 경사뜨기로 만들어진 단수는 생략하며, 아래 단수를 체크합니다.
- S(M)-size는 12단까지, L(XL)-size는 16단까지 진행합니다.

1단(겉면)	KFB, 겉1, [안2, 오른코 위 2코 교차, 안2, 겉4, 왼코 위 4코 교차, 안2, 오른코 위 2코 교차, DS 정리(안), 안1], 겉2
2단(안면)	안2, [겉2, 안4, 겉2, 안12, 겉2, 안4, 겉2], 안3
3단(겉면)	KFB, [안2, 겉4, 안2, 겉12, 안2, 겉4, 안2], 겉2
4단(안면)	안2, [겉2, 안4, 겉2, 안12, 겉2, 안4, 겉2], 안4
5단(겉면)	KFB, 겉3, [안2, 겉4, 안2, 겉12, 안2, 겉4, 안2], 겉2
6단(안면)	안2, [겉2, 안4, 겉2, 안12, 겉2, 안4, 겉2], 안5
7단(겉면)	KFB, 겉4, [안2, 오른코 위 2코 교차, 안2, 오른코 위 4코 교차, 겉4, 안2, 오른코 위 2코 교차, 안2], 겉2
8단(안면)	안2, [겉2, 안4, 겉2, 안12, 겉2, 안4, 겉2], 안6
9단(겉면)	KFB, 겉5, [안2, 겉4, 안2, 겉12, 안2, 겉4, 안2], 겉2
10단(안면)	안2, [겉2, 안4, 겉2, 안12, 겉2, 안4, 겉2], 안7
11단(겉면)	KFB, 겉6, [안2, 겉4, 안2, 겉12, 안2, 겉4, 안2], 겉2
12단(안면)	안2, [겉2, 안4, 겉2, 안12, 겉2, 안4, 겉2], 안8

→ S(M)-size는 여기까지

13단(겉면)	KFB, 겉7, [안2, 오른코 위 2코 교차, 안2, 겉4, 왼코 위 4코 교차, 안2, 오른코 위 2코 교차, 안2], 겉2
14단(안면)	안2, [겉2, 안4, 겉2, 안12, 겉2, 안4, 겉2], 안9
15단(겉면)	KFB, 겉8, [안2, 겉4, 안2, 겉12, 안2, 겉4, 안2], 겉2
16단(안면)	안2, [겉2, 안4, 겉2, 안12, 겉2, 안4, 겉2], 안10

→ L(XL)-size는 여기까지

늘림을 마친 후 **현재 바늘의 콧수**: 38(38)40(40)

S(M)-size만 진행

감아코 2

13단(겉면)	겉10, [안2, 오른코 위 2코 교차, 안2, 겉4, 왼코 위 4코 교차, 안2, 오른코 위 2코 교차, 안2], 겉2
14단(안면)	안2, [겉2, 안4, 겉2, 안12, 겉2, 안4, 겉2], 안10, 감아코 3
15단(겉면)	겉13, [안2, 겉4, 안2, 겉12, 안2, 겉4, 안2], 겉2
16단(안면)	안2, [겉2, 안4, 겉2, 안12, 겉2, 안4, 겉2], 안13, 감아코 5(6)
17단(겉면)	겉 18(19), [안2, 겉4, 안2, 겉12, 안2, 겉4, 안2], 겉2
18단(안면)	안2, [겉2, 안4, 겉2, 안12, 겉2, 안4, 겉2], 안 18(19)

늘림을 마친 후 ● **현재 바늘의 콧수:** 48(49)

19단(겉면)	겉 18(19), [안2, 오른코 위 2코 교차, 안2, 오른코 위 4코 교차, 겉4, 안2, 오른코 위 2코 교차, 안2], 겉2
20단(안면)	18단 동일
21단(겉면)~	
24단(안면)	17~18단 반복
25단(겉면)	겉 18(19), [안2, 오른코 위 2코 교차, 안2, 겉4, 왼코 위 4코 교차, 안2, 오른코 위 2코 교차, 안2], 겉2
26단(안면)~	
30단(안면)	20~24단 동일

* 19~30단까지 반복해 44단까지 진행합니다. 무늬가 딱 맞아 떨어지지 않습니다.

L(XL)-size만 진행

감아코 2

17단(겉면)	겉12, [안2, 겉4, 안2, 겉12, 안2, 겉4, 안2], 겉2
18단(안면)	안2, [겉2, 안4, 겉2, 안12, 겉2, 안4, 겉2], 안12, 감아코 3
19단(겉면)	겉15, [안2, 오른코 위 2코 교차, 안2, 오른코 위 4코 교차, 겉4, 안2, 오른코 위 2코 교차, 안2], 겉2
20단(안면)	안2, [겉2, 안4, 겉2, 안12, 겉2, 안4, 겉2], 안15, 감아코 5(6)

늘림을 마친 후 ● **현재 바늘의 콧수:** 50(51)

21단(겉면)	겉 20(21), [안2, 겉4, 안2, 겉12, 안2, 겉4, 안2], 겉2
22단(안면)	안2, [겉2, 안4, 겉2, 안12, 겉2, 안4, 겉2], 안 20(21)
23단(겉면)~	
24단(안면)	21~22단 동일
25단(겉면)	겉 20(21), [안2, 오른코 위 2코 교차, 안2, 겉4, 왼코 위 4코 교차, 안2, 오른코 위 2코 교차, 안2], 겉2
26단(안면)	22단 동일
27단(겉면)~	
30단(안면)	21~22단 반복
31단(겉면)	겉 20(21), [안2, 오른코 위 2코 교차, 안2, 오른코 위 4코 교차, 겉4, 안2, 오른코 위 2코 교차, 안2], 겉2
32단(안면)~	
36단(안면)	26~30단 동일

* 25~36단까지 반복해 48단까지 진행합니다.

【왼쪽 앞판 | 암홀 늘림】

● S-size는 45~52단까지, M-size는 45~56단까지 진행합니다.
● L-size는 49~60단까지, XL-size는 49~64단까지 진행합니다.

45단(겉면)	겉 18(19), [안2, 겉4, 안2, 겉12, 안2, 겉4, 안2], 겉1, M1R, 겉1
46단(안면)	안3, [겉2, 안4, 겉2, 안12, 겉2, 안4, 겉2], 안 18(19)
47단(겉면)	겉 18(19), [안2, 겉4, 안2, 겉12, 안2, 겉4, 안2], 겉2, M1R, 겉1
48단(안면)	안4, [겉2, 안4, 겉2, 안12, 겉2, 안4, 겉2], 안 18(19)
49단(겉면)	겉 18(19)20(21), [안2, 오른코 위 2코 교차, 안2, 겉4, 왼코 위 4코 교차, 안2, 오른코 위 2코 교차, 안2], 겉 3(3)1(1), M1R, 겉1
50단(안면)	안 5(5)3(3), [겉2, 안4, 겉2, 안12, 겉2, 안4, 겉2], 안 18(19)20(21)
51단(겉면)	겉 18(19)20(21), [안2, 겉4, 안2, 겉12, 안2, 겉4, 안2], 겉 4(4)2(2), M1R, 겉1
52단(안면)	안 6(6)4(4), [겉2, 안4, 겉2, 안12, 겉2, 안4, 겉2], 안 18(19)20(21)

⟶ S-size는 여기까지

53단(겉면)	겉 (19)20(21), [안2, 겉4, 안2, 겉12, 안2, 겉4, 안2], 겉 (5)3(3), M1R, 겉1
54단(안면)	안 (7)5(5), [겉2, 안4, 겉2, 안12, 겉2, 안4, 겉2], 안 (19)20(21)
55단(겉면)	겉 (19)20(21), [안2, 오른코 위 2코 교차, 안2, 오른코 위 4코 교차, 겉4, 안2, 오른코 위 2코 교차, 안2], 겉 (6)4(4), M1R, 겉1
56단(안면)	안 (8)6(6), [겉2, 안4, 겉2, 안12, 겉2, 안4, 겉2], 안 (19)20(21)

⟶ M-size는 여기까지

57단(겉면)	겉 20(21), [안2, 겉4, 안2, 겉12, 안2, 겉4, 안2], 겉5, M1R, 겉1
58단(안면)	안7, [겉2, 안4, 겉2, 안12, 겉2, 안4, 겉2], 안 20(21)
59단(겉면)	겉 20(21), [안2, 겉4, 안2, 겉12, 안2, 겉4, 안2], 겉6, M1R, 겉1
60단(안면)	안8, [겉2, 안4, 겉2, 안12, 겉2, 안4, 겉2], 안 20(21)

⟶ L-size는 여기까지

61단(겉면)	겉(21), [안2, 오른코 위 2코 교차, 안2, 겉4, 왼코 위 4코 교차, 안2, 오른코 위 2코 교차, 안2], 겉7, M1R, 겉1
62단(안면)	안9, [겉2, 안4, 겉2, 안12, 겉2, 안4, 겉2], 안(21)
63단(겉면)	겉(21), [안2, 겉4, 안2, 겉12, 안2, 겉4, 안2], 겉8, M1R, 겉1
64단(안면)	안10, [겉2, 안4, 겉2, 안12, 겉2, 안4, 겉2], 안(21)

⟶ XL-size는 여기까지

늘림을 마친 후 ● **현재 바늘의 콧수:** 52(55)56(59)

【몸통 뜨기】

겉면을 뜨며 앞판과 뒤판을 연결합니다.

S-size(M-size)(XL-size)만 진행

겉면 왼쪽 앞판 겉 18(19)(21), [안2, 겉4, 안2, 겉12, 안2, 겉4, 안2], 겉 6(8)(10), 감아코 4(4)(6), 뒤판을 연결해 겉 6(8)(10), [앞 괄호 속과 동일], 겉 36(38)(42), [앞 괄호 속과 동일], 겉 6(8)(10), 감아코 4(4)(6), 오른쪽 앞판을 연결해 겉 6(8)(10), [앞 괄호 속과 동일], 겉 18(19)(21)

안면 안 18(19)(21), [겉2, 안4, 겉2, 안12, 겉2, 안4, 겉2], 안 16(20)(26), [앞 괄호 속과 동일], 안 36(38)(42), [앞 괄호 속과 동일], 안 16(20)(26), [앞 괄호 속과 동일], 안 18(19)(21)

L-size만 진행

겉면 왼쪽 앞판 겉20, [안2, 오른코 위 2코 교차, 안2, 겉4, 왼코 위 4코 교차, 안2, 오른코 위 2코 교차, 안2], 겉8, 감아코 6, 뒤판 코를 이어 뜨며 겉8, [앞 괄호 속과 동일], 겉40, [앞 괄호 속과 동일], 겉8, 감아코 6, 오른쪽 앞판을 연결해 겉8, [앞 괄호 속과 동일], 겉20

안면 안20, [겉2, 안4, 겉2, 안12, 겉2, 안4, 겉2], 안22, [앞 괄호 속과 동일], 안40, [앞 괄호 속과 동일], 안22, [앞 괄호 속과 동일], 안20

● **현재 바늘의 콧수:** 216(228)236(248)

● S-size는 55~107단까지, M-size는 59~119단까지 진행합니다.
● L-size는 63~131단까지, XL-size는 67~143단까지 진행합니다.

55단(겉면) 겉18, [안2, 오른코 위 2코 교차, 안2, 오른코 위 4코 교차, 겉4, 안2, 오른코 위 2코 교차, 안2], 겉16, [앞 괄호 속과 동일], 겉36, [앞 괄호 속과 동일], 겉16, [앞 괄호 속과 동일], 겉18

56단(안면) 안 18(19)20(21), [겉2, 안4, 겉2, 안12, 겉2, 안4, 겉2], 안 16(20)22(26), [앞 괄호 속과 동일], 안 36(38)40(42), [앞 괄호 속과 동일], 안 16(20)22(26), [앞 괄호 속과 동일], 안 18(19)20(21)

57단(겉면) 겉 18(19)20(21), [안2, 겉4, 안2, 겉12, 안2, 겉4, 안2], 겉 16(20)22(26), [앞 괄호 속과 동일], 겉 36(38)40(42), [앞 괄호 속과 동일], 겉 16(20)22(26), [앞 괄호 속과 동일], 겉 18(19)20(21)

58단(안면) 56단 동일

59단(겉면)~
60단(안면) 57~58단 동일

61단(겉면) 겉 18(19)20(21), [안2, 오른코 위 2코 교차, 안2, 겉4, 왼코 위 4코 교차, 안2, 오른코 위 2코 교차, 안2], 겉 16(20)22(26), [앞 괄호 속과 동일], 겉 36(38)40(42), [앞 괄호 속과 동일], 겉 16(20)22(26), [앞 괄호 속과 동일], 겉 18(19)20(21)

62단(안면)~
66단(안면)　　56~60단 동일
67단(겉면)　　겉 18(19)20(21), [안2, 오른코 위 2코 교차, 안2, 오른코 위 4코 교차, 겉4, 안2, 오른코 위 2코 교차, 안2], 겉 16(20)22(26), [앞 괄호 속과 동일], 겉 36(38)40(42), [앞 괄호 속과 동일], 겉 16(20)22(26), [앞 괄호 속과 동일], 겉 18(19)20(21)

68단(안면)~
72단(안면)　　56~60단 동일

＊ 61~72단까지 반복해 108(120)132(144)단까지 진행합니다. 무늬가 딱 맞아 떨어지지 않습니다.

【몸통 마무리】

참고 영상

왼코 중심
2코 모아 겉뜨기

왼코 중심
2코 모아 안뜨기

덮어씌워
코막음

돗바늘 마무리

4.5mm 대바늘로 변경해 1코 고무뜨기를 진행합니다.

1단(겉면)　　겉1, (겉1, 안1) ＊ 끝에서 2코 전까지 반복, 겉2

● 고무단 첫 단을 진행하며 31(33)31(33) 줄입니다.
● 코 줄임은 160p [차트 0]의 규칙을 따릅니다.
● 무늬뜨기에서는 28코를 21코로 7코 줄임, 메리야스뜨기 각 구간에서 각 1코씩 줄임 (S, L사이즈는 시작, 끝 메리야스 구간에서 줄이지 않음).
● 코 줄임은 왼코 중심 2코 모아 겉뜨기, 왼코 중심 2코 모아 안뜨기를 무늬에 맞게 뜹니다.

줄임을 마친 후 ● **현재 바늘의 콧수:** 185(195)205(215)

2단(안면)　　안1, (안1, 겉1) ＊ 끝에서 2코 전까지 반복, 안2
3단(겉면)　　겉1, (겉1, 안1) ＊ 끝에서 2코 전까지 반복, 겉2

＊ 2단과 3단을 반복해 10(10)12(12)단, 안면까지 진행한 후 덮어씌워 코막음합니다. 돗바늘 마무리도 좋습니다.

【소매 뜨기】

참고 영상

감아코에서
코 줍기

원통뜨기

소매 줄임
(K2tog, SKPO)

- 감아코 중간에 시작 마커를 걸고 원통으로 메리야스뜨기를 합니다.
- 시작 마커는 mm(main marker), 시작 마커 넘기기는 smm(slip main marker)로 표기.

5mm 대바늘로 이용해 겉면을 보며 겨드랑이 감아코 중심에서 시작해 74(80)86(92)를 주워 줍니다.
감아코에서 2(2)3(3), 앞판과 뒤판에서 각각 35(38)40(43), 감아코에서 2(2)3(3)를 주워 주세요.

원통 2단   시작 마커까지 겉, smm

* 원통 2단을 반복하며 아래 줄임을 적용해, 소매 감아코 지점에서 총 108(112)116(120)단 진행합니다.

S-size   9단에 2코씩 11회 줄임, 추가 9단. 총 11회 줄임(-22코) [총 108단]
M-size   9단에 2코씩 8회, 10단에 2코씩 3회 줄임, 추가 10단. 총 11회 줄임(-22코) [총 112단]
L-size   8단에 2코씩 1회, 9단에 2코씩 11회 줄임, 추가 9단. 총 12회 줄임(-24코) [총 116단]
XL-size   8단에 2코씩 6회, 9단에 2코씩 7회 줄임, 추가 9단. 총 13회 줄임(-26코) [총 120단]

줄임단   K2tog, 시작 마커 2코 전까지 겉, SKPO, smm

소매 길이는 뜨면서 조절할 수 있습니다.

* 소매 줄임 예시 서술은 라운드넥 스웨터 도안 045p를 참고합니다.

줄임을 마친 후 ● **현재 총 콧수:** 52(58)62(66)

【소매 고무단 뜨기】

4.5mm 대바늘로 변경해 1코 고무뜨기를 12단까지 진행한 후 돗바늘 마무리합니다.

1코 고무뜨기   (겉1, 안1) * 시작 마커까지 반복, 5mm

【목 고무단 뜨기】

참고 영상

대각선에서
코 줍기

4mm 대바늘을 이용해 겉면을 보며 다음과 같이 코를 주워 줍니다.

앞목 감아코에서 5(6)5(6), 앞목 대각선에서 32(32)35(35), 뒷목에서 34(36)38(40), 앞목 대각선에서 33(33)36(36), 앞목 감아코에서 5(6)5(6)

🟡 **현재 바늘의 콧수:** 109(113)119(123)

코를 주운 단을 1단(겉면)으로 생각합니다.

2단(안면)   안1, (안1, 겉1) * 끝에서 2코 전까지 반복, 안2
3단(겉면)   겉1, (겉1, 안1) * 끝에서 2코 전까지 반복, 겉2

* 2단(앞면)과 3단(겉면)을 반복해 6단까지 진행한 후 덮어씌워 코막음합니다. 돗바늘 마무리도 좋습니다.

【앞판 버튼밴드 뜨기】

참고 영상

단에서
코 줍기

바늘 비우기

왼코 중심
2코 모아 안뜨기

왼쪽 버튼밴드

4mm 대바늘을 이용해 겉면, 위에서 아래로 99(107)115(123)를 주워 줍니다.

코를 주운 단을 1단(겉면)으로 생각합니다.

2단(안면)	(안1, 겉1) * 끝에서 1코 전까지 반복, 안1
3단(겉면)	(겉1, 안1) * 끝에서 1코 전까지 반복, 겉1

* 2단과 3단을 반복해 8단까지 진행한 후 덮어씌워 코막음합니다. 돗바늘 마무리도 좋습니다.

오른쪽 버튼밴드(단춧구멍 만들기)

4mm 대바늘을 이용해 겉면, 아래에서 위로 99(107)115(123)코를 주워 줍니다.

코를 주운 단을 1단(겉면)으로 생각합니다.

2단(안면)	(안1, 겉1) * 끝에서 1코 전까지 반복, 안1
3단(겉면)	(겉1, 안1) * 끝에서 1코 전까지 반복, 겉1
4단(안면)	2단과 동일
5단(겉면)	(겉1, 안1) * 3회 반복, (바늘 비우기, 왼코 중심 2코 모아 안뜨기, [(겉1, 안1) 반복하며 20(22)24(26) 뜨기, (바늘 비우기, 왼코 중심 2코 모아 안뜨기] * 대괄호 4회 반복, (겉1, 안1) * 끝까지 반복
6~ 8단	2~4단과 동일

* 8단까지 진행한 후 덮어씌워 코막음합니다. 돗바늘 마무리도 좋습니다.

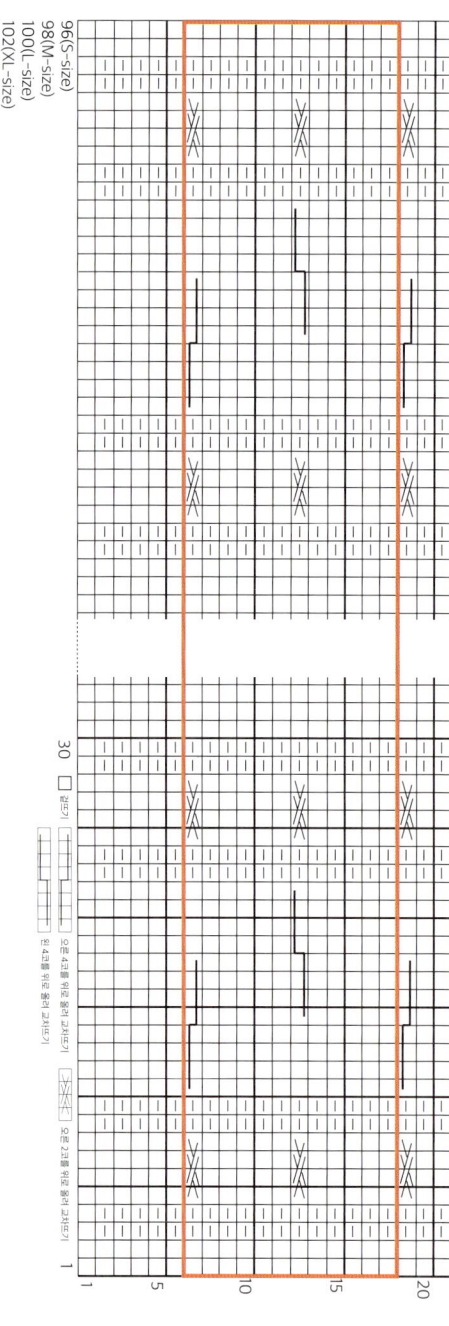

[차트 2] 뒤판 암홀 늘림

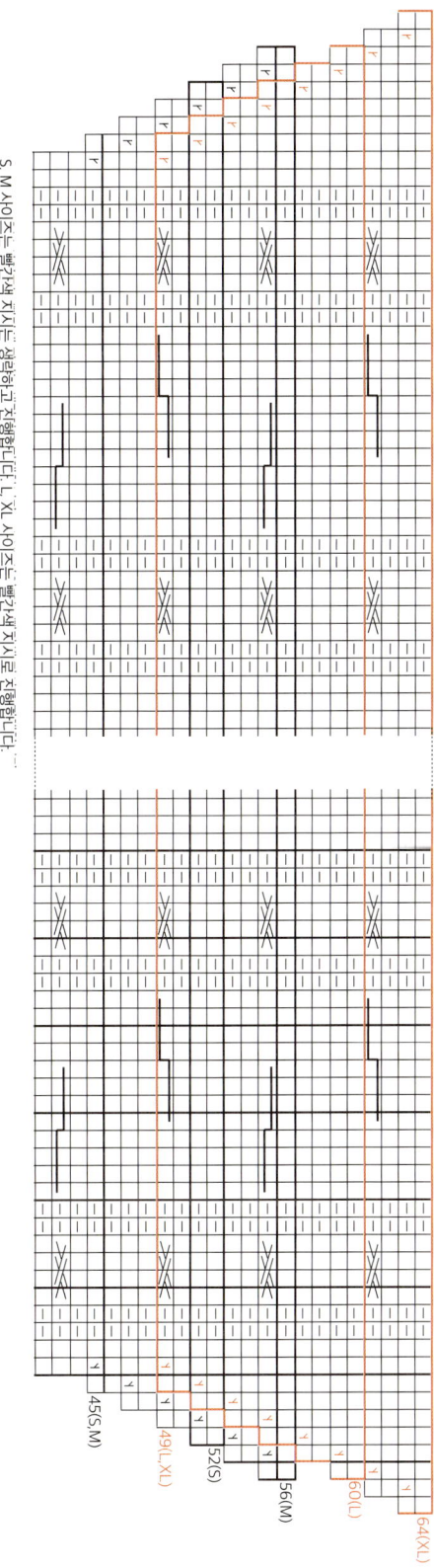

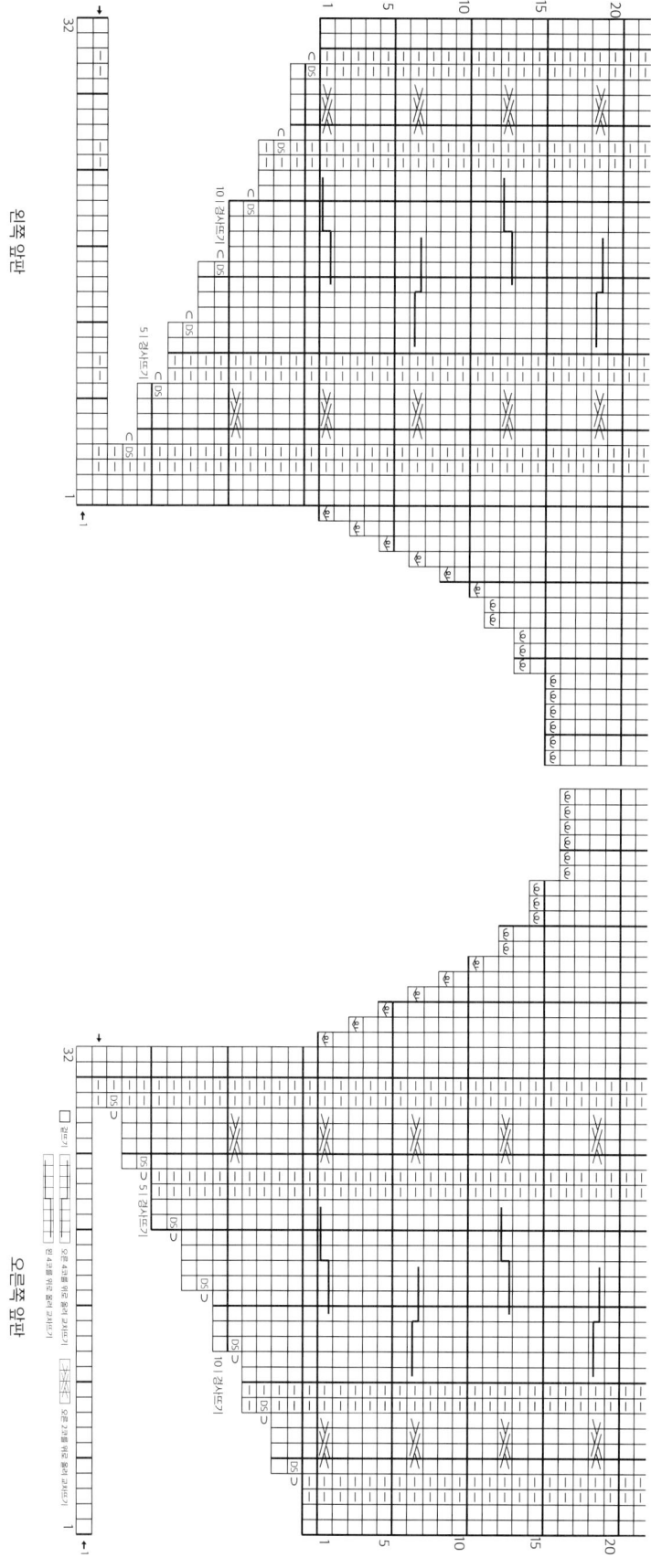

[차트 4] 앞판(L, XL-size)

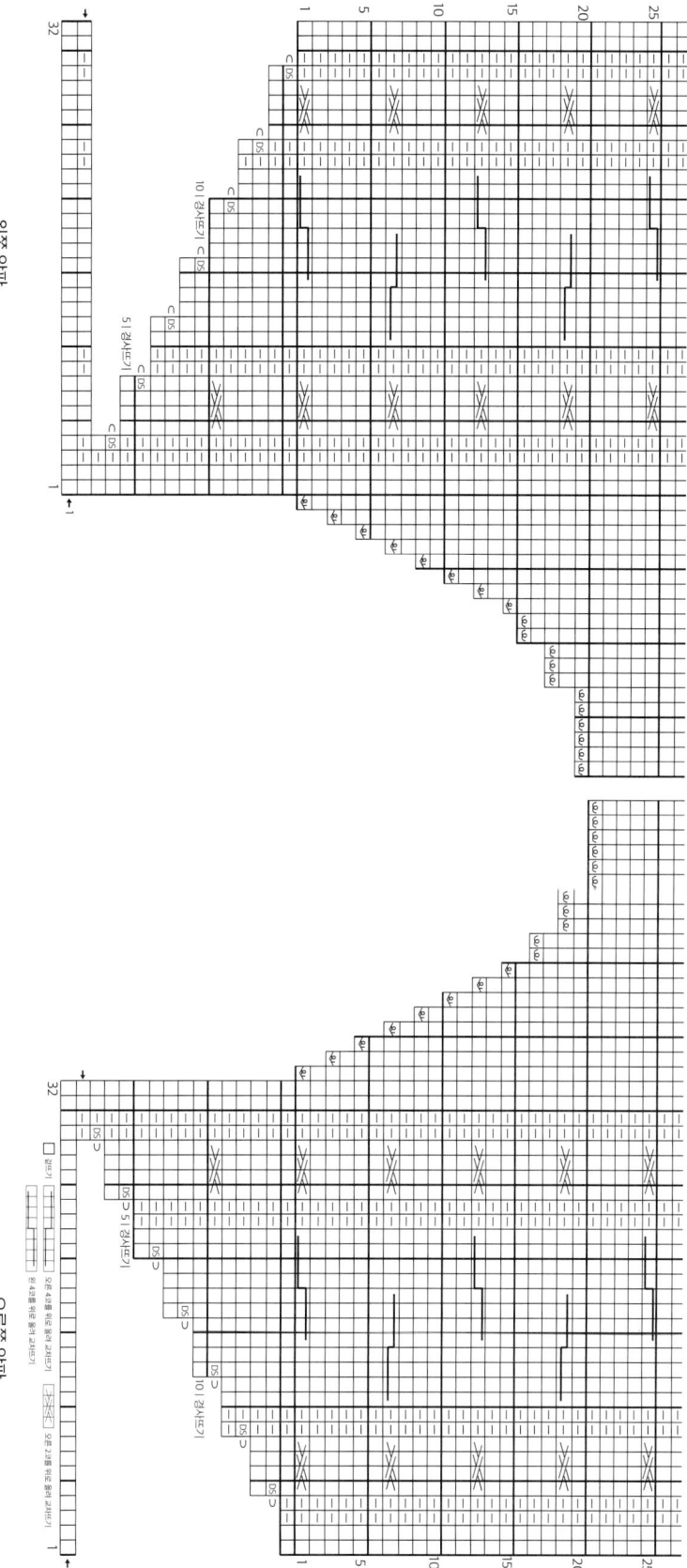

소프트 스트라이프 카디건
Soft stripe cardigan

브이넥 베스트를 활용한 배색 도안입니다. 배색 뜨기를 처음 도전한다면 소프트 스트라이프 카디건을 추천합니다. 배색 구간이 짧아 배색이 서툴다 하더라도 큰 어려움 없이 작업할 수 있습니다. 이 레시피는 차트형 도안을 수록하므로 서술형과 교차 확인하며 작업하길 바랍니다.

소프트 스트라이프 카디건(브이넥 베스트 응용)

사이즈	S(M) ㅣ 샘플 사이즈 S(기장은 임의로 제작되었습니다.)
가슴단면	48(52.5)cm
총기장	53(62)cm
어깨길이	45.5(49)cm
게이지	대바늘 4mm 메리야스 무늬 10cm×10cm 24.5코 32단
바늘	대바늘 4mm, 3.5mm(각 케이블 80cm, 40cm)
실	낙양모사, 아임울2, 메인 실 약 5(6), 배색 실 약 3(4)볼
그 외	시작 마커 1개, 돗바늘, 가위

포인트 레슨

소프트 스트라이프 카디건의 포인트는 '배색 뜨기'입니다. 배색 무늬 뜨기의 6단 중 실제 2가지 실을 같이 잡고 뜨는 단은 2단입니다. 배색 구간이 짧아 전체적으로 쉽게 작업 가능합니다. 배색을 뜰 때에는 실을 당기지 말고 느슨하게 작업하는 것이 좋습니다.

【코 만들기&뒤판 뜨기】

참고 영상

코 만들기

배색 무늬 뜨기

- 사이즈 표기 S(M), 사이즈 표기 없을 경우 모든 사이즈 동일.
- 겉뜨기는 '겉', 안뜨기는 '안'으로 표기.
- 180p [차트 1] 참고.

4mm 대바늘을 이용해 일반 코 112(120)를 만들어 줍니다.
코 만드는 단을 1단(겉면)으로 생각합니다.

2단(안면)　　모두 안뜨기
3단(겉면)　　모두 겉뜨기
4단(안면)　　모두 안뜨기

배색 무늬 뜨기(6단)

- 첫 코와 끝 코는 겉면에서 무조건 겉뜨기가 됩니다. 시접코가 되어 나중에 코 줍기 용이합니다.
- 배색 무늬는 2코 2단 멍석 무늬를 기반으로 작업합니다.
- 배색은 빨간색 글자로, 메인 실은 검은색 글자로 표기합니다.

5단(겉면)　　겉3, (안2, 겉2) * 끝에서 1코 전까지 반복, 겉1
6단(안면)　　안3, (겉2, 안2) * 끝에서 1코 전까지 반복, 안1
7단(겉면)　　메인 실과 배색 실을 같이 잡고 뜨며 겉뜨기 코는 배색 실로, 안뜨기 코는 메인 실로 겉1, (안2, 겉2) * 끝에서 3코 전까지 반복, 안2, 겉1
8단(안면)　　안1, (겉2, 안2) * 끝에서 3코 전까지 반복, 겉2, 안1
9단(겉면)　　겉3, (안2, 겉2) * 끝에서 1코 전까지 반복, 겉1
10단(안면)　메인 실과 배색 실을 같이 잡고 뜨며 안뜨기 코는 배색 실로, 겉뜨기 코는 메인 실로
　　　　　　　안3, (겉2, 안2) * 끝에서 1코 전까지 반복, 안1

메리야스 무늬 뜨기(8단)

11단(겉면)　　모두 겉뜨기
12단(안면)　　모두 안뜨기
13~18단　　　11~12단 반복

　　　　　　　* 5~18단을 한 세트로 반복해 S-size는 60단, M-size는 74단까지 진행합니다.
　　　　　　　(S-size는 배색 무늬가 총 4회, M-size는 배색 무늬가 총 5회)

코를 쉬게 한 후 메인 실, 배색 실 모두 끊어줍니다.

【오른쪽 앞판 | 코 줍기 & 경사 뜨기】

참고 영상

코에서 코 줍기   경사뜨기

● 경사뜨기를 진행합니다.
● 경사뜨기는 독일식 경사뜨기(German short row)를 사용합니다.
● Turn은 편물 돌려주기(겉면을 뜨고 있을 경우 안면으로, 안면을 뜨고 있을 경우 겉면으로).
● 편물을 돌린 후 실을 앞에 둔 상태(겉뜨기, 안뜨기 모두)에서 왼바늘의 첫 코를 안뜨기 방향으로 오른바늘로 걸러 줍니다(이하 걸러뜨기). 앞에 있는 진행 실을 바깥으로 당겨줍니다.
이때 코가 2코가 된 것처럼 보이며 이를 더블스티치라고 부릅니다(이하 약어 DS로 기재).
● 다음 단에서 DS를 만나면 1코로 생각하고 뜨며, 겉뜨기는 DS 정리(겉), 안뜨기는 DS 정리(안)으로 기재합니다.

뒤판 편물을 겉면이 보이게 펼친 후 오른쪽 어깨에서 27(29)코를 주워 줍니다.
코를 주운 단을 1단(겉면)으로 생각합니다. ● 181p [차트 2], 182p [차트 3] 참고.

2단(안면)	안4, Turn
3단(겉면)	걸러뜨기, 실을 바깥으로 당겨 더블스티치(이하 DS)를 만듭니다. 겉3
4단(안면)	안3, DS 정리(안), 안4, Turn
5단(겉면)	걸러뜨기, DS, 겉7
6단(안면)	안7, DS 정리(안), 안4, Turn
7단(겉면)	걸러뜨기, DS, 겉11
8단(안면)	안11, DS 정리(안), 안4, Turn
9단(겉면)	걸러뜨기, DS, 겉15
10단(안면)	안15, DS 정리(안), 안4, Turn
11단(겉면)	걸러뜨기, DS, 겉19
12단(안면)	안19, DS 정리(안), 안4, Turn
13단(겉면)	걸러뜨기, DS, 겉23

S-size만 진행

14단(안면)	안23, DS 정리(안), 안3

M-size만 진행

14단(안면)   안23, DS 정리(안), 안4, Turn
15단(겉면)   걸러뜨기, DS, 겉27
16단(안면)   안27, DS 정리(안), 안1

【오른쪽 앞판 | 앞목 늘림】

참고 영상

M1R   M1PR

● 경사뜨기로 만들어진 단수는 생략하며, 아래 단수를 체크합니다.
● 배색 무늬 뜨기 6단+메리야스 무늬 뜨기 8단을 한 세트로 반복합니다. 배색 무늬 설명을 간결하게 대체합니다. 자세한 내용은 뒤판 뜨기 167p 참고.

S-size   ● 181p [차트 2] 참고.

3단(겉면)   겉3, (안2, 겉2) * 5회 반복, 안2, 겉1, M1R, 겉1 [총 28코]
4단(안면)   안3, (겉2, 안2) * 6회 반복, 안1
5단(겉면)   겉1, (안2, 겉2) * 6회 반복, 안2, M1R, 겉1 [총 29코]
6단(안면)   (안2, 겉2) * 7회 반복, 안1
7단(겉면)   겉3, (안2, 겉2) * 6회 반복, 안1, M1PR, 겉1 [총 30코]
8단(안면)   안1, (겉2, 안2) * 7회 반복, 안1
9단(겉면)   끝에서 1코 전까지 모두 겉, M1R, 겉1 [총 31코]
10단(안면)   모두 안뜨기
11~16단   9~10단 반복 [3코 늘림, 총 34코]

17단(겉면)   겉3, (안2, 겉2) * 7회 반복, 안2, M1R, 겉1 [총 35코]
18단(안면)   (안2, 겉2) * 8회 반복, 안3
19단(겉면)   겉1, (안2, 겉2) * 8회 반복, 안1, M1PR, 겉1 [총 36코]
20단(안면)   안1, (겉2, 안2) * 8회 반복, 겉2, 안1
21단(겉면)   겉3, (안2, 겉2) * 8회 반복, M1PR, 겉1 [총 37코]

22단(안면)	안1, 겉1, (안2, 겉2) * 8회 반복, 안3
23~ 30단	9~16단 반복 [4코 늘림, 총 41코]
31단(겉면)	겉3, (안2, 겉2) * 9회 반복, 안1, M1PR, 겉1 [총 42코]
32단(안면)	안1, (겉2, 안2) * 10회 반복, 안1
33단(겉면)	겉1, (안2, 겉2) * 10회 반복, M1PR, 겉1 [총 43코]
34단(안면)	안1, 겉1, (안2, 겉2) * 10회 반복, 안1
35단(겉면)	겉3, (안2, 겉2) * 9회 반복, 안2, 겉1, M1R, 겉1 [총 44코]
36단(안면)	안3, (겉2, 안2) * 10회 반복, 안1
37~44단	9~16단 반복 [4코 늘림, 총 48코]
45단(겉면)	겉3, (안2, 겉2) * 11회 반복, M1PR, 겉1 [총 49코)
46단(안면)	안1, 겉1, (안2, 겉2) * 11회 반복, 안3
47단(겉면)	겉1, (안2, 겉2) * 11회 반복, 안2, 겉1, M1R, 겉1 [총 50코]
48단(안면)	안3, (겉2, 안2) * 11회 반복, 겉2, 안1
49단(겉면)	겉3, (안2, 겉2) * 11회 반복, 안2, M1R, 겉1 [총 51코]
50단(안면)	(안2, 겉2) * 12회 반복, 안3
51~58단	9~16단 반복 [4코 늘림, 총 55코]
M-size만 진행	● 182p [차트 3] 참고.
3단(겉면)	겉3, (안2, 겉2) * 6회 반복, 안1, M1PR, 겉1 [총 30코]
4단(안면)	안1, (겉2, 안2) * 7회 반복, 안1
5단(겉면)	겉1, (안2, 겉2) * 7회 반복, M1PR, 겉1 [총 31코]
6단(안면)	안1, 겉1, (안2, 겉2) * 7회 반복, 안1
7단(겉면)	겉3, (안2, 겉2) * 6회 반복, 안2, 겉1, M1R, 겉1 [총 32코]
8단(안면)	안3, (겉2, 안2) * 7회 반복, 안1
9단(겉면)	끝에서 1코 전까지 모두 겉, M1R, 겉1 [총 33코]
10단(안면)	모두 안뜨기
11~16단	9~10단 반복 [3코 늘림, 총 36코]
17단(겉면)	겉3, (안2, 겉2) * 8회 반복, M1PR, 겉1 [총 37코]
18단(안면)	안1, 겉1, (안2, 겉2) * 8회 반복, 안3
19단(겉면)	겉1, (안2, 겉2) * 8회 반복, 안2, 겉1, M1R, 겉1 [총 38코]
20단(안면)	안3, (겉2, 안2) * 8회 반복, 겉2, 안1
21단(겉면)	겉3, (안2, 겉2) * 8회 반복, 안2, M1R, 겉1 [총 39코]

22단(안면)	(안2, 겉2) * 9회 반복, 안3
23~30단	9~16단 반복 [4코 늘림, 총 43코]

31단(겉면)	겉3, (안2, 겉2) * 9회 반복, 안2, 겉1, M1R, 겉1 [총 44코]
32단(안면)	안3, (겉2, 안2) * 10회 반복, 안1
33단(겉면)	겉1, (안2, 겉2) * 10회 반복, 안2, M1R, 겉1 [총 45코]
34단(안면)	(안2, 겉2) * 11회 반복, 안1
35단(겉면)	겉3, (안2, 겉2) * 10회 반복, 안1, M1PR, 겉1 [총 46코]
36단(안면)	안1, (겉2, 안2) * 11회 반복, 안1
37~44단	9~16단 반복 [4코 늘림, 총 50코]

45단(겉면)	겉3, (안2, 겉2) * 11회 반복, 안2, M1R, 겉1 [총 51코]
46단(안면)	(안2, 겉2) * 12회 반복, 안3
47단(겉면)	겉1, (안2, 겉2) * 12회 반복, 안1, M1PR, 겉1 [총 52코]
48단(안면)	안1, (겉2, 안2) * 12회 반복, 겉2, 안1
49단(겉면)	겉3, (안2, 겉2) * 12회 반복, M1PR, 겉1 [총 53코]
50단(안면)	안1, 겉1, (안2, 겉2) * 12회 반복, 안3
51~58단	9~16단 반복 [4코 늘림, 총 57코]

59단(겉면)	겉3, (안2, 겉2) * 13회 반복, 안1, M1PR, 겉1 [총 58코]
60단(안면)	안1, (겉2, 안2) * 14회 반복, 안1
61단(겉면)	겉1, (안2, 겉2) * 14회 반복, M1PR, 겉1 [총 59코]
62단(안면)	안1, 겉1, (안2, 겉2) * 14회 반복, 안1
63단(겉면)	겉3, (안2, 겉2) * 13회 반복, 안2, 겉1, M1R, 겉1 [총 60코]
64단(안면)	안3, (겉2, 안2) * 14회 반복, 안1
65단(겉면)	모두 겉뜨기
66단(안면)	모두 안뜨기
67~72단	65~66단 반복

● **현재 바늘의 콧수:** 55(60)

코를 쉬게 한 후 메인 실, 배색 실 모두 끊어 줍니다.

【왼쪽 앞판 | 코 줍기&경사뜨기】

● 독일식 경사뜨기(German short row)를 진행합니다. 자세한 내용은 오른쪽 앞판 169p 서술 참고.

뒤판 편물을 겉면이 보이게 펼친 후 왼쪽 어깨에서 27(29)코를 주워 줍니다.
코를 주운 단을 1단(겉면)으로 생각합니다. ● 181p [차트 2], 182p [차트 3] 참고.

2단(안면)	모두 안뜨기
3단(겉면)	겉4, Turn
4단(안면)	걸러뜨기, DS, 안3
5단(겉면)	겉3, DS 정리(겉), 겉4, Turn
6단(안면)	걸러뜨기, DS, 안7
7단(겉면)	겉7, DS 정리(겉), 겉4, Turn
8단(안면)	걸러뜨기, DS, 안11
9단(겉면)	겉11, DS 정리(겉), 겉4, Turn
10단(안면)	걸러뜨기, DS, 안15
11단(겉면)	겉15, DS 정리(겉), 겉4, Turn
12단(안면)	걸러뜨기, DS, 안19
13단(겉면)	겉19, DS 정리(겉), 겉4, Turn

S-size만 진행

14단(안면)	걸러뜨기, DS, 안23

M-size만 진행

14단(안면)	걸러뜨기, DS, 안23
15단(겉면)	겉23, DS 정리(겉), 겉4, Turn
16단(안면)	걸러뜨기, DS, 안27

【왼쪽 앞판 | 앞목 늘림】

- 경사뜨기로 만들어진 단수는 생략하며, 아래 단수를 체크합니다.
- 배색 무늬 뜨기 6단 + 메리야스 무늬 뜨기 8단을 한 세트로 반복합니다.

S-size만 진행	● 181p [차트 2] 참고.
3단(겉면)	겉1, M1L, 겉1, (안2, 겉2) * 5회 반복, 안1, DS 정리(안), 겉3 [총 28코]
4단(안면)	안3, (겉2, 안2) * 6회 반복, 안1
5단(겉면)	겉1, M1L, (안2, 겉2) * 6회 반복, 안2, 겉1 [총 29코]
6단(안면)	안1, (겉2, 안2) * 7회 반복
7단(겉면)	겉1, M1PL, 안1, (겉2, 안2) * 6회 반복, 겉3 [총 30코]
8단(안면)	안3, (겉2, 안2) * 6회 반복, 겉2, 안1
9단(겉면)	겉1, M1L, 끝까지 겉 [총 31코]
10단(안면)	모두 안뜨기
11~16단	9~10단 반복 [3코 늘림, 총 34코]
17단(겉면)	겉1, M1L, (안2, 겉2) * 8회 반복, 겉1 [총 35코]
18단(안면)	안3, (겉2, 안2) * 8회 반복
19단(겉면)	겉1, M1PL, 안1, (겉2, 안2) * 8회 반복, 겉1 [총 36코]
20단(안면)	안1, (겉2, 안2) * 8회 반복, 겉2, 안1
21단(겉면)	겉1, M1PL, (겉2, 안2) * 8회 반복, 겉3 [총 37코]
22단(안면)	안3, (겉2, 안2) * 8회 반복, 겉1, 안1
23~30단	9~16단 반복 [4코 늘림, 총 41코]
31단(겉면)	겉1, M1PL, 안1, (겉2, 안2) * 9회 반복, 겉3 [총 42코]
32단(안면)	안3, (겉2, 안2) * 9회 반복, 겉2, 안1
33단(겉면)	겉1, M1PL, (겉2, 안2) * 10회 반복, 겉1 [총 43코]
34단(안면)	안1, (겉2, 안2) * 10회 반복, 겉1, 안1
35단(겉면)	겉1, M1L, 겉1, (안2, 겉2) * 10회 반복, 겉1 [총 44코]
36단(안면)	안3, (겉2, 안2) * 10회 반복, 안1
37~44단	9~16단 반복 [4코 늘림, 총 48코]
45단(겉면)	겉1, M1PL, (겉2, 안2) * 11회 반복, 겉3 [총 49코]
46단(안면)	안3, (겉2, 안2) * 11회 반복, 겉1, 안1
47단(겉면)	겉1, M1L, 겉1, (안2, 겉2) * 11회 반복, 안2, 겉1 [총 50코]

48단(안면)	안1, (겉2, 안2) * 12회 반복, 안1
49단(겉면)	겉1, M1L, (안2, 겉2) * 12회 반복, 겉1 [총 51코]
50단(안면)	안3, (겉2, 안2) *11회 반복, 겉2, 안2
51~58단	9~16단 반복 [4코 늘림, 총 55코]

M-size만 진행 📖 182p [차트 3] 참고.

3단(겉면)	겉1, M1PL, 안1, (겉2, 안2) * 6회 반복, 겉3 [총 30코]
4단(안면)	안3, (겉2, 안2) * 6회 반복, 겉2, 안1
5단(겉면)	겉1, M1PL, (겉2, 안2) * 7회 반복, 겉1 [총 31코]
6단(안면)	안1, (겉2, 안2) * 7회 반복, 겉1, 안1
7단(겉면)	겉1, M1L, 겉1, (안2, 겉2) * 7회 반복, 겉1 [총 32코]
8단(안면)	안3, (겉2, 안2) * 7회 반복, 안1
9단(겉면)	겉1, M1L, 끝까지 겉 [총 33코]
10단(안면)	모두 안뜨기
11~16단	9~10단 반복 [3코 늘림, 총 36코]
17단(겉면)	겉1, M1PL, (겉2, 안2) * 8회 반복, 겉3 [총 37코]
18단(안면)	안3, (겉2, 안2) * 8회 반복, 겉1, 안1
19단(겉면)	겉1, M1L, 겉1, (안2, 겉2) * 8회 반복, 안2, 겉1 [총 38코]
20단(안면)	안1, (겉2, 안2) * 9회 반복, 안1
21단(겉면)	겉1, M1L, (안2, 겉2) * 9회 반복, 겉1 [총 39코]
22단(안면)	안3, (겉2, 안2) * 8회 반복, 겉2, 안2
23~30단	9~6단 반복 [4코 늘림, 총 43코]
31단(겉면)	겉1, M1L, 겉1, (안, 겉) * 10회 반복, 겉1 [총 44코]
32단(안면)	안3, (겉2, 안2) * 10 반복, 안1
33단(겉면)	겉1, M1L, (안2, 겉2) * 10회 반복, 안2, 겉1 [총 45코]
34단(안면)	안1, (겉2, 안2) * 11회 반복
35단(겉면)	겉1, M1PL, 안1, (겉2, 안2) * 10회 반복, 겉3 [총 46코]
36단(안면)	안3, (겉2, 안2) *10회 반복, 겉2, 안1
37~44단	9~16단 반복 [4코 늘림, 총 50코]
45단(겉면)	겉1, M1L, (안2, 겉2) * 12회 반복, 겉1 [총 51코]
46단(안면)	안3, (겉2, 안2) * 12회 반복
47단(겉면)	겉1, M1PL, 안1, (겉2, 안2) * 12회 반복, 겉1 [총 52코]

48단(안면)	안1, (겉2, 안2) * 12회 반복, 겉2, 안1
49단(겉면)	겉1, M1PL, (겉2, 안2) * 12회 반복, 겉3 [총 53코]
50단(안면)	안3, (겉2, 안2) * 12회 반복, 겉1, 안1
51~58단	9~16단 반복 [4코 늘림, 총 57코]
59단(겉면)	겉1, M1PL, 안1, (겉2, 안2) * 13회 반복, 겉3 [총 58코]
60단(안면)	안3, (겉2, 안2) * 13회 반복, 겉2, 안1
61단(겉면)	겉1, M1PL, (겉2, 안2) * 14회 반복, 겉1 [총 59코]
62단(안면)	안1, (겉2, 안2) * 14회 반복, 겉1, 안1
63단(겉면)	겉1, M1L, 겉1, (안2, 겉2) * 14회 반복, 겉1 [총 60코]
64단(안면)	안3, (겉2, 안2) * 14회 반복, 안1
65단(겉면)	모두 겉뜨기
66단(안면)	모두 안뜨기
67~72단	65~66단 반복

늘림을 마친 후 ● **현재 바늘의 콧수:** 55(60)

【몸통 연결&마무리】

참고 영상

감아코

겉면을 뜨며 앞판과 뒤판을 연결합니다.

S-size만 진행

1단(겉면)   배색 실을 이용해 왼쪽 앞판 겉1, M1L, 겉1, (안2, 겉2) * 끝에서 1코 전까지 반복, 안1 [총 56코]
뒤판 안1, (겉2, 안2) * 끝에서 3코 전까지 반복, 겉2, 안1 [총 112코]
오른쪽 앞판 안1, (겉2, 안2) * 끝에서 2코 전까지 반복, 겉1, M1R, 겉1 [총 56코]

M-size만 진행

1단(겉면) 배색 실을 이용해 왼쪽 앞판 겉3, (안2, 겉2) * 끝에서 1코 전까지 반복, 안1 [총 60코] 감아코 4
뒤판 안1, (겉2, 안2) * 끝에서 3코 전까지 반복, 겉2, 안1 [총 120코] 감아코 4
오른쪽 앞판 안1, (겉2, 안2) * 끝에서 3코 전까지 반복, 겉3 [총 60코]

몸통이 연결되었습니다.
- **현재 바늘의 콧수:** 224(248)

【몸통 뜨기】

참고 영상

원통뜨기

2단(안면) 안3, (겉2, 안2) * 끝에서 1코 전까지 반복, 안1
3단(겉면) 겉1, (안2, 겉2) * 끝에서 3코 전까지 반복, 안2, 겉1
4단(안면) 안1, (겉2, 안2) * 끝에서 3코 전까지 반복, 겉2, 안1
5단(겉면) 겉3, (안2, 겉2) * 끝에서 1코 전까지 반복, 겉1
6단(안면) 안3, (겉2, 안2) * 끝에서 1코 전까지 반복, 안1
7단(겉면) 모두 겉뜨기
8단(안면) 모두 안뜨기
9~14단 7~8단 반복

15단(겉면) 겉3, (안2, 겉2) * 끝에서 1코 전까지 반복, 겉1
16~28단 2~14단과 동일

* 15~28단을 한 세트로 반복해 S-size는 98단, M-size는 112단까지 진행합니다. 무늬가 딱 맞아 떨어지지 않습니다. (S-size는 배색 무늬가 총 7회, M-size는 배색 무늬가 총 8회)

길이를 늘리고자 한다면 무늬 차트 1세트[배색 6단 메리야스뜨기 8단(총 14단/대략 4.3cm)]를 더 떠주세요. 배색 실만 끊어줍니다.

【몸통 마무리】

참고 영상

왼코 중심
2코 모아 겉뜨기

덮어씌워
코막음

돗바늘 마무리

3.5mm 대바늘로 변경해 고무뜨기를 진행합니다.

1단(겉면) 겉1, (겉1, 안1) * 끝에서 2코 전까지 반복, 겉2

* 고무뜨기의 규칙을 반복하다가 몸통 중간쯤 겉1 할 차례에 왼코 중심 2코 모아 겉뜨기로 1코를 줄여주세요. 전체 콧수를 홀수로 만들기 위함입니다. 줄임은 첫 단 1번만 진행합니다.

줄임을 마친 후 **현재 바늘의 콧수:** 223(247)

2단(안면) 안1, (안1, 겉1) * 끝에서 2코 전까지 반복, 안2
3단(겉면) 겉1, (겉1, 안1) * 끝에서 2코 전까지 반복, 겉2

* 2단과 3단을 반복해 14단, 안면까지 진행한 후 덮어씌워 코막음합니다. 돗바늘 마무리도 좋습니다.

【소매 뜨기】

참고 영상

감아코에서
코 줍기

소매 줄임
(K2tog, SKPO)

- 시작 마커는 mm(main marker), 시작 마커 넘기기는 smm(slip main marker)로 표기.
- 183p [차트 4] 참고.

4mm 대바늘을 이용해 겉면을 보며 겨드랑이 감아코 중심에서 시작해 84(96)코를 주워 줍니다.
S-size는 감아코가 없기에 옆면에서 시작하여도 좋습니다.
코 줍기를 1단을 생각하며 감아코 중심에 시작 마커를 걸어 준 후 원통뜨기 진행합니다.

2~8단	시작 마커까지 겉, smm

9단(배색 1단)	(겉2, 안2) * 시작 마커까지 반복, smm
10단(배색 2단)	9단과 동일, smm
11단(배색 3단)	(안2, 겉2) * 시작 마커까지 반복, smm
12단(배색 4단)	(안2, 겉2) * 시작 마커까지 반복, smm
13단(배색 5단)	(겉2, 안2) * 시작 마커까지 반복, smm
14단(배색 6단)	(겉2, 안2) * 시작 마커까지 반복, smm

메인 실로 메리야스 무늬를 뜨며 소매 줄임을 진행합니다

15단	K2tog, 시작 마커 2코 전까지 겉, SKPO, smm
16~22단	시작 마커까지 겉, smm

23단(배색 1단)	겉3, (안2, 겉2) * 시작 마커 3코 전까지 반복, 안3, smm
24단(배색 2단)	23단과 동일, smm
25단(배색 3단)	안3, (겉2, 안2) * 시작 마커 3코 전까지 반복, 겉3, smm
26단(배색 4단)	안3, (겉2, 안2) * 시작 마커 3코 전까지 반복, 겉3, smm
27단(배색 5단)	겉3, (안2, 겉2) * 시작 마커 3코 전까지 반복, 안3, smm
28단(배색 6단)	겉3, (안2, 겉2) * 시작 마커 3코 전까지 반복, 안3, smm

29~36단	15~22단과 동일

* 9~36단을 한 세트로 반복해 S-size는 168단, M-size는 182단까지 진행합니다. 무늬가 딱 맞아 떨어지지 않습니다.

소매 길이는 뜨면서 조절할 수 있습니다.
모든 줄임을 마친 후 **현재 총 콧수: 66(76)**

【소매 고무단 뜨기】

3.5mm 대바늘로 변경해 1코 고무뜨기를 14단 진행한 후 돗바늘 마무리합니다.

1코 고무뜨기	(겉1, 안1) * 시작 마커까지 반복, smm

【버튼밴드 고무단 뜨기】

참고 영상

단에서 코 줍기 | 대각선에서 코 줍기 | 바늘 비우기 | 왼코 중심 2코 모아 안뜨기 | 1코를 3코로 늘리기

3.5mm 대바늘을 이용해 편물의 겉면을 보며 오른쪽 아래에서부터 다음과 같이 코를 주워 줍니다.
직선 단에서 91(115), 브이넥 늘림 및 경사뜨기 대각선에서 71(76), 뒷목에서 59(63), 브이넥 늘림 및 경사뜨기 대각선에서 71(76), 직선 단에서 91(115) [총 383(443)]

코를 주운 단을 1단(겉면)으로 생각합니다.
2단을 뜨며 직선 단과 브이넥 늘림 대각선 경계에서 브이넥 시작코를 3코로 늘려 브이넥 꺽임을 깔끔하게 표현합니다.

2단(안면) (안1, 겉1) * 반복해 91(115)코 뜨기(안뜨기로 끝남), 겉뜨기 1코를 3코로 늘림, (안1, 겉1) * 반복하며 199(213)코 뜨기(안뜨기로 끝남), 겉뜨기 1코를 3코로 늘림, (안1, 겉1) * 끝에서 1코 전까지 반복, 안1 [총 387(447)]

3단(겉면) (겉1, 안1) * 끝에서 1코 전까지 반복, 겉1

4단(안면) (안1, 겉1) * 끝에서 1코 전까지 반복, 안1

단춧구멍을 만듭니다.

5단(겉면) (겉1, 안1) * 3회 반복, (바늘 비우기, 왼코 중심 2코 모아 안뜨기, [(겉1, 안1) * 반복하며 18(24)코 뜨기, (바늘 비우기, 왼코 중심 2코 모아 안뜨기)] * 대괄호 3회 반복, (겉1, 안1) * 끝에서 1코 전까지 반복, 겉1

6단(안면) 4단과 동일

7~8단 3~4단 반복

*8단까지 진행한 후 덮어씌워 코막음합니다. 돗바늘 마무리도 좋습니다.

차트

소프트 스트라이프 카디건(브이넥 베스트 응용)

【차트 1】 뒤판

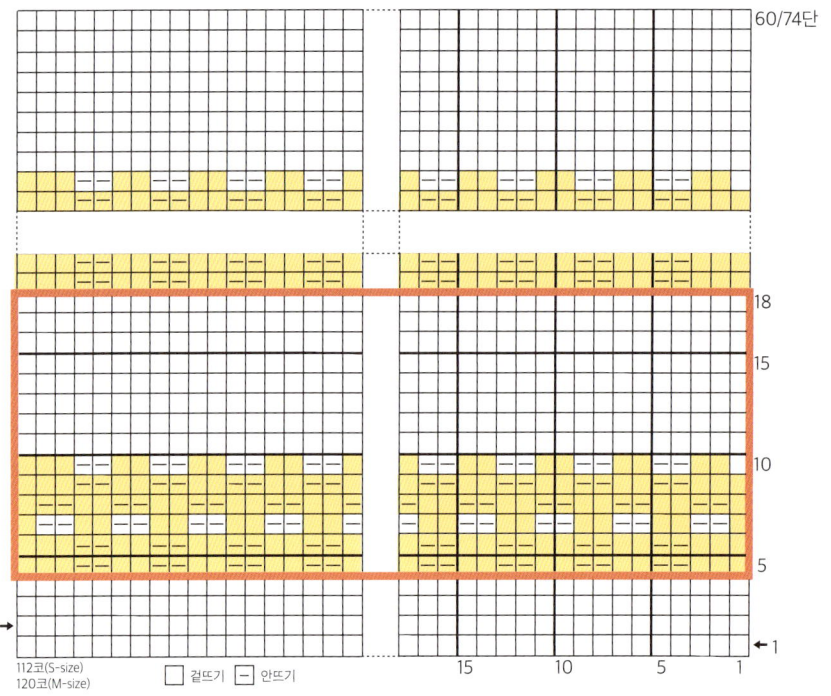

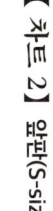

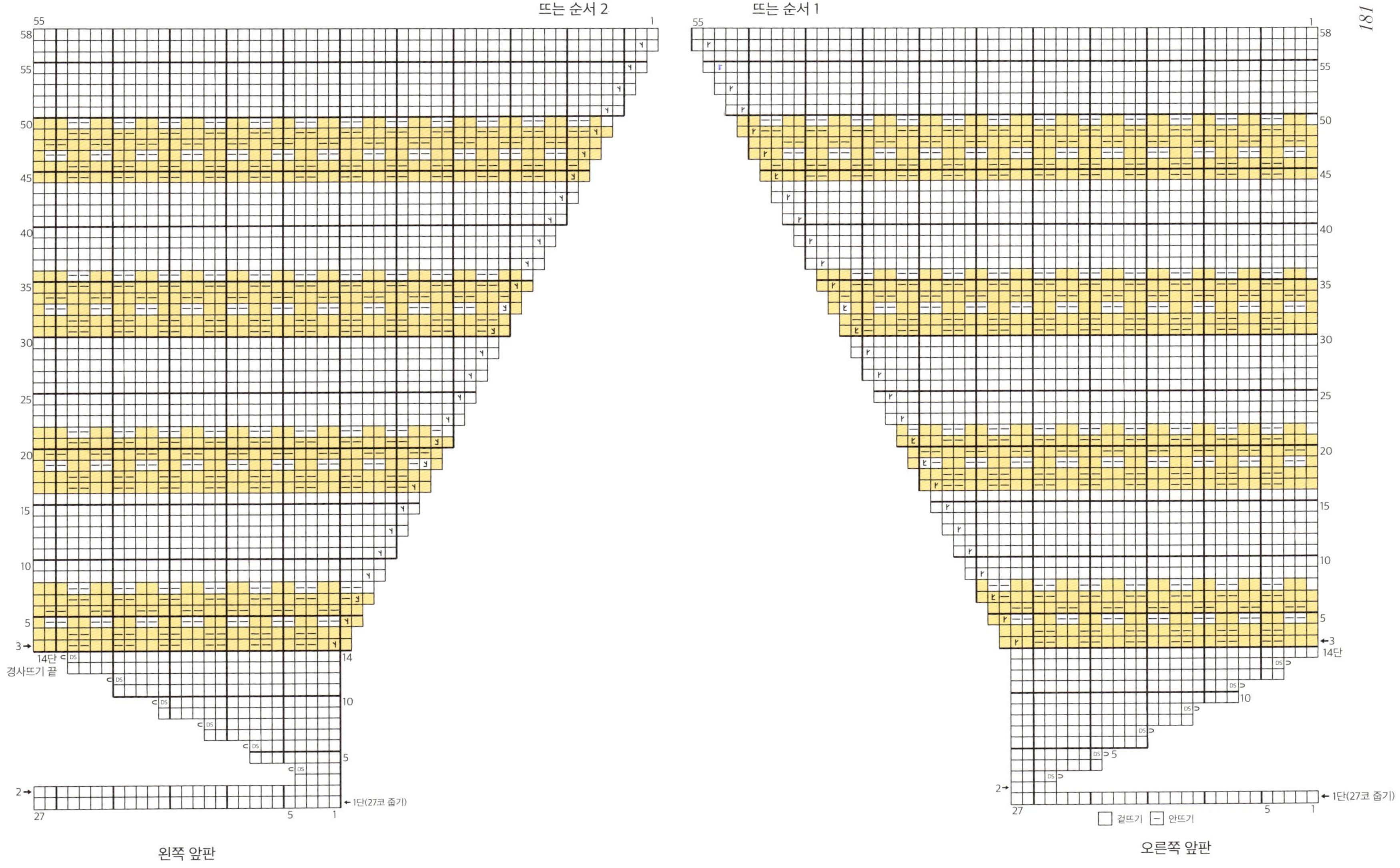

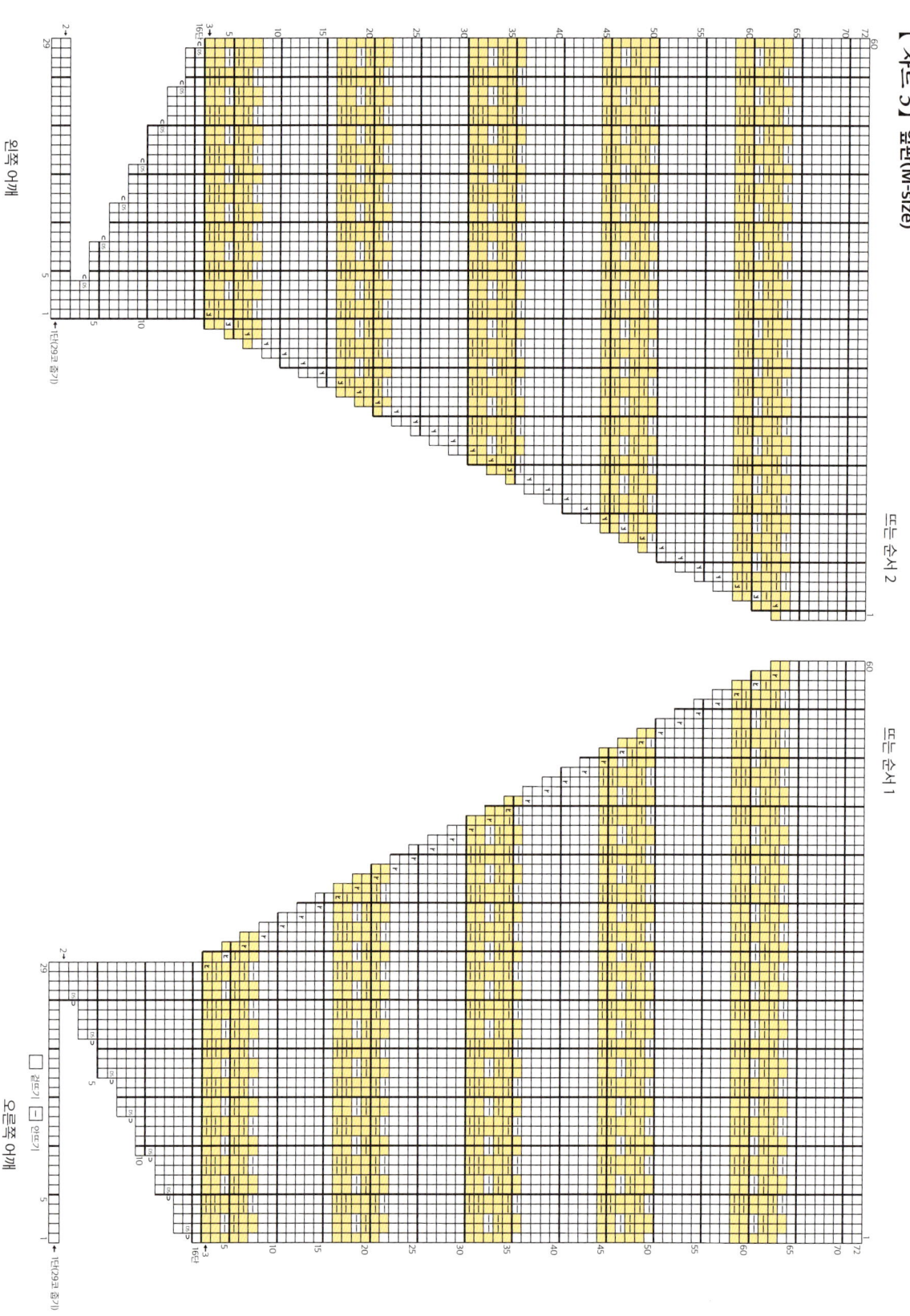

【 차트 4】 소매(원통뜨기)

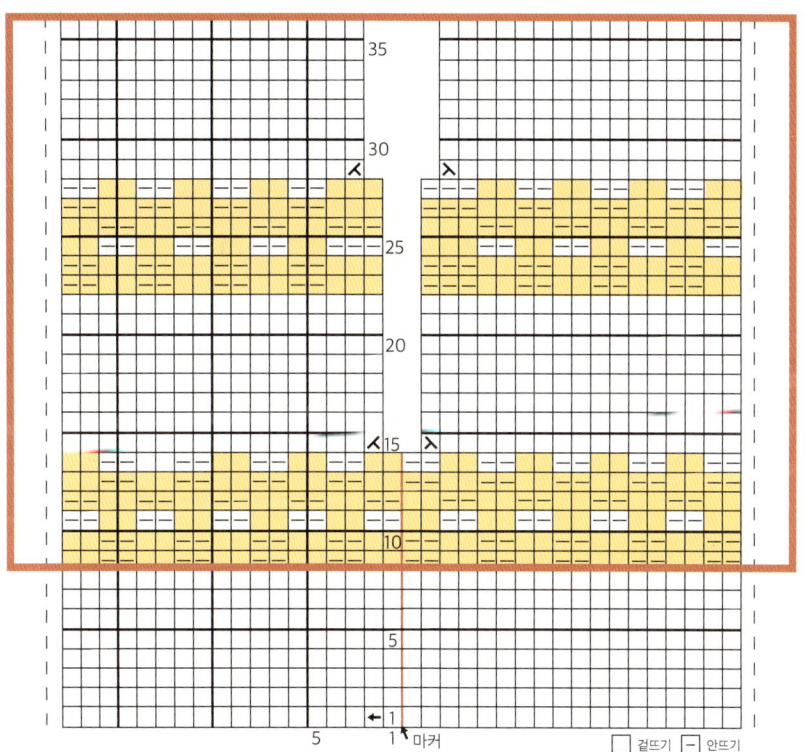

Brioche vest

브리오쉬 베스트

뜨는 법은 브이넥 베스트 레시피와 동일하지만 메리야스뜨기가 아닌 브리오쉬뜨기로 전체를 작업합니다. 전체적으로 오버핏 형태를 가지고 있으니 가슴 단면을 꼭 확인 후 작업하길 바랍니다.

브리오쉬 베스트(브이넥 베스트 응용)

사이즈   L(XL) | 샘플 사이즈 L
가슴단면   57(62)cm
총 기장   50(60)cm
어깨길이   52(54)cm
게이지   대바늘 5.5mm 브리오쉬 무늬 10cm×10cm 16코 21단
바늘   대바늘 5.5mm, 5mm(각 케이블 80cm, 40cm)
실   낙양모사, 어울림(40g, 472m) 3합, 약 8(9)볼
준비물   시작 마커 1개, 돗바늘, 가위

포인트 레슨
브리오쉬 베스트의 포인트는 '브리오쉬뜨기'입니다. 브리오쉬뜨기는 간단한 패턴이지만 활용도가 높아 한번 익혀 두면 유용합니다. 브리오쉬뜨기, 브리오쉬 늘림법이 사용되며 각 방법을 영상으로 확인할 수 있습니다.

【코 만들기&뒤판 뜨기】

참고 영상

코 만들기   브리오쉬뜨기

- 사이즈 표기 L(XL), 사이즈 표기 없을 경우 모든 사이즈 동일.
- 겉뜨기는 '겉', 안뜨기는 '안'으로 표기.
- 1단은 겉면과 안면을 모두 포함하며 이를 브리오쉬 단수로 말합니다. 단, 고무단은 일반 단수입니다.
- '브리오쉬뜨기'는 [안뜨기 1코는 거르고, (겉뜨기 1코+걸기 코)를 뜨며]입니다.

● 걸러뜨기(겉)는 겉뜨기 방향으로 거르기, 걸러뜨기(안)는 안뜨기 방향으로 거르기.

5.5mm 대바늘을 이용해 일반 코 77(81)를 만들어 줍니다.

1단 (겉면) 브리오쉬 첫 단 시작 [안뜨기 1코는 거르고, 겉뜨기 1코는 걸기 코를 걸어 떠주세요.] 끝에서 1코 전까지 반복, 안1
(안면) 걸러뜨기(겉), 끝까지 브리오쉬뜨기

2단 (겉면) 끝에서 1코 전까지 브리오쉬뜨기, 안1
(안면) 걸러뜨기(겉), 끝까지 브리오쉬뜨기
* 2단을 반복해 44단까지 진행합니다.

【뒤판 암홀 늘림】

참고 영상

브리오쉬 늘림

● 마커 걸기는 pm(place marker), 마커 넘기기는 sm(slip marker)으로 표기.
● 브리오쉬 늘림: 실이 앞에 있는 상태에서 겉뜨기 코에 겉뜨기 1코를 진행하면서 바늘을 빼지 않고 실을 앞으로 가져온 상태에서 다시 같은 코에 겉뜨기 1코 진행. 1코가 3코로 늘어납니다.

45단 (겉면) 브리오쉬뜨기 2회, 걸러뜨기(안), pm, 브리오쉬 늘림, 끝에서 6코 전까지 브리오쉬뜨기, 브리오쉬 늘림, pm, 끝까지 브리오쉬뜨기
(안면) 걸러뜨기(겉), 마커까지 브리오쉬뜨기, sm, (이전 단에서 늘렸던 코에 3코가 걸려있기에, 실을 앞으로 가져와 첫 코는 안뜨기로 거르고, 두 번째 코는 겉뜨기+걸기 코로 뜨고, 실을 앞으로 가져와 세 번째 코는 안뜨기로 거르기→이하 '브리오쉬 늘림 정리'로 표기) 마커 전 늘림코 전까지 브리오쉬뜨기, 브리오쉬 늘림 정리, sm, 끝까지 브리오쉬뜨기

46단 (겉면) 끝에서 1코 전까지 브리오쉬뜨기, 안1
(안면) 걸러뜨기(겉), 끝까지 브리오쉬뜨기

47~49단 46단과 동일

50단 45단과 동일하게 브리오쉬 늘림 진행 * pm→sm으로 대체

51단 46단과 동일 * L-size는 마커 제거

52~54단	46단과 동일	⋯ L-size는 여기까지.
55단	45단과 동일하게 브리오쉬 늘림 진행 * pm→sm으로 대체	
56단	46단과 동일 * XL-size는 마커 제거	
57~59단	56단과 동일	⋯ XL-size는 여기까지

늘림을 마친 후 ● **현재 바늘의 콧수**: 85(93)

【뒤판 몸통 뜨기】

참고 영상

감아코

● L-size(XL-size)단 | 사이즈 별 단수 표기

감아코 4

55(60)단 (겉면) [걸러뜨기(안), 겉뜨기+걸기 코로 뜨기] * 2회 반복, 끝에서 1코 전까지 브리오쉬뜨기, 안1, 감아코 4
(안면) 겉1, [걸러뜨기(안), 겉뜨기+걸기 코로 뜨기] * 2회 반복, 끝까지 브리오쉬뜨기

늘림을 마친 후 ● **현재 바늘의 콧수**: 93(101)

56(61)단 (겉면) 끝에서 1코 전까지 브리오쉬뜨기, 안1
(안면) 걸러뜨기(겉), 끝까지 브리오쉬뜨기

* 56(61)단을 반복해 원하는 길이까지 진행합니다.
샘플은 크롭 기장으로 감아코 늘림부터 16cm/24cm(33단/50단)를 떠 주었습니다.

【뒤판 몸통 고무단&마무리】

참고 영상

덮어씌워
코막음

돗바늘 마무리

● (겉뜨기+걸기 코)를 1코로 생각하고 겉뜨기 1코로 떠줍니다.

5mm 대바늘로 변경해 고무뜨기를 진행합니다.

1단(겉면) 걸러뜨기(안), (겉1, 안1) * 끝까지 반복
2단(안면) 걸러뜨기(겉), (안1, 겉1) * 끝까지 반복

* 1단과 2단을 반복해 14단까지 진행한 후 덮어씌워 코막음합니다. 돗바늘 마무리도 좋습니다.

【왼쪽 앞판 | 코 줍기&경사뜨기】

참고 영상

코에서 코 줍기

경사뜨기

5.5mm 대바늘을 이용해 뒤판 편물을 겉면이 보이게 펼친 후 왼쪽 어깨에서 21(23)코를 주워 줍니다.
코를 주운 단을 1단(겉면)으로 생각합니다.

1단 (안면) 겉1, 끝까지 브리오쉬뜨기

● 경사뜨기를 진행합니다.
● 경사뜨기는 독일식 경사뜨기(German short row)를 사용합니다.
● Turn은 편물 돌려주기(겉면을 뜨고 있을 경우 안면으로, 안면을 뜨고 있을 경우 겉면으로)
● 편물을 돌린 후 실을 앞에 둔 상태(겉뜨기, 안뜨기 모두)에서 왼바늘의 첫 코를 안뜨기 방향으로 오른바늘로 걸러 줍니다(이하 걸러뜨기). 앞에 있는 진행 실을 바깥으로 당겨줍니다.
이때 코가 2코가 된 것처럼 보이며 이를 더블스티치라고 부릅니다(이하 약어 DS로 기재).

◉ 다음 단에서 DS를 만나면 1코로 생각하고 뜨며, 겉뜨기는 DS 정리(겉뜨기+걸기 코)로 기재합니다.

2단 (겉면) 브리오쉬뜨기 1회, Turn(총 2코를 뜨게 됩니다.)

(안면) 걸러뜨기, 실을 바깥으로 당겨 더블스티치(이하 DS)를 만듭니다. 실이 바깥에 있는 상태에서 (겉뜨기+걸기 코) 겉

3단 (겉면) 걸러뜨기(안), DS 정리(겉뜨기+걸기 코), 브리오쉬뜨기 1회, Turn(총 4코를 뜨게 됩니다.)

(안면) 걸러뜨기, DS(겉뜨기+걸기 코) 겉, 끝까지 브리오쉬뜨기

4단 (겉면) DS 전까지 브리오쉬뜨기, DS 정리(겉뜨기+걸기 코), 브리오쉬뜨기 1회, Turn

(안면) 걸러뜨기, DS (겉뜨기+걸기 코) 겉, 끝까지 브리오쉬뜨기

5~10(11)단 4단과 동일(경사뜨기는 총 9(10)회 진행)

11(12)단 (겉면) DS 전까지 브리오쉬뜨기, DS 정리(겉뜨기+걸기 코), 브리오쉬뜨기 1회, 안1

(안면) 걸러뜨기(겉), 끝까지 브리오쉬뜨기

【 왼쪽 앞판 | 브이넥 늘림 】

◉ 경사뜨기로 만들어진 단수는 생략하며, 아래 단수를 체크합니다.

1단 (겉면) 브리오쉬뜨기 2회, 걸러뜨기(안), pm, 브리오쉬 늘림, 끝까지 브리오쉬뜨기

(안면) 걸러뜨기(겉), 마커 전 늘림코 전까지 브리오쉬뜨기, 브리오쉬 늘림 정리, sm, 끝까지 브리오쉬뜨기

2단 (겉면) 끝에서 1코 전까지 브리오쉬뜨기, 안1(마커를 만나면 그냥 넘겨주세요)

(안면) 걸러뜨기(겉), 끝까지 브리오쉬뜨기

3~4단 2단과 동일

* 1~4단 반복해(반복 시 pm→sm으로 대체) 36단까지 진행합니다.

늘림을 마친 후 ◉ **현재 바늘의 콧수**: 39(41)

코를 쉬게 한 후 실을 끊어줍니다.

【오른쪽 앞판 | 코 줍기&경사뜨기】

● 독일식 경사뜨기(German short row)를 진행합니다(자세한 내용은 왼쪽 앞판 서술 참고).

5.5mm 대바늘을 이용해 뒤판 편물을 겉면이 보이게 펼친 후 오른쪽 어깨에서 21(23)코를 주워 줍니다.
코를 주운 단을 1단(겉면)으로 생각합니다.
(안면) 걸러뜨기(겉), 브리오쉬뜨기 1회, Turn(총 3코를 뜨게 됩니다.)

|2단| (겉면) 걸러뜨기, DS, (겉뜨기+걸기 코) 겉, 안1
(안면) 걸러뜨기(겉), 걸러뜨기(안), DS 정리(겉뜨기+걸기 코), 브리오쉬뜨기 1회, Turn(총 5코를 뜨게 됩니다.)

|3단| (겉면) 걸러뜨기, DS, (겉뜨기+걸기 코) 겉, 끝에서 1코 전까지 브리오쉬뜨기, 안1
(안면) 걸러뜨기(겉), DS 전까지 브리오쉬뜨기, DS 정리(겉뜨기+걸기 코), 브리오쉬뜨기 1회, Turn

* 3단을 반복해 (10)(11)단까지 진행합니다(경사뜨기는 총 9(10)회 진행).

|11단(12)단| (겉면) 끝에서 1코 전까지 브리오쉬뜨기, 안1
(안면) 걸러뜨기(겉), 끝까지 브리오쉬뜨기

【오른쪽 앞판 | 브이넥 늘림】

● 경사뜨기로 만들어진 단수는 생략하며, 아래 단수를 체크합니다.

|1단| (겉면) 끝에서 6코 전까지 브리오쉬뜨기, 브리오쉬 늘림, pm, 끝에서 1코 전까지 브리오쉬뜨기, 안1
(안면) 걸러뜨기(겉), 마커까지 브리오쉬뜨기, sm, 브리오쉬 늘림 정리, 끝까지 브리오쉬뜨기

|2단| (겉면) 끝에서 1코 전까지 브리오쉬뜨기, 안1(마커를 만나면 그냥 넘겨주세요)
(안면) 걸러뜨기(겉), 끝까지 브리오쉬뜨기

|3~4단| 2단과 동일

* 1~4단까지 반복해(반복 시 pm→sm으로 대체) 36단까지 진행합니다.

늘림을 마친 후 ● **현재 바늘의 콧수: 39(41)**
코를 쉬게 한 후 실을 끊어줍니다.

【앞판 연결】

겉면을 뜨며 앞판을 연결합니다.

37단	(겉면) 끝에서 1코 전까지 브리오쉬뜨기. 마지막 1코는 오른바늘로 잠시 걸러주세요. 오른쪽 앞판 코를 왼손에 쥐고, 오른바늘에 걸러 준 안뜨기 코를 왼바늘에 다시 옮겨주세요. 오른쪽 앞판 첫 코와 방금 옮겨준 안뜨기 코를 한 번에 2코 모아 안뜨기. (겉뜨기+걸기 코)를 걸기 코 걸어 겉뜨기, 끝에서 1코 전까지 브리오쉬뜨기, 안1 (안면) 걸러뜨기(겉), 끝까지 브리오쉬뜨기(브이넥 늘림을 위해 걸어둔 마커 제거)
38단	(겉면) 끝에서 1코 전까지 브리오쉬뜨기, 안1 (안면) 걸러뜨기(겉), 끝까지 브리오쉬뜨기
39~44단	38단과 동일

연결을 마친 후 **현재 바늘의 콧수**: 78(82)

이하 187p [뒤판 암홀 늘림]부터 189p [뒤판 몸통 고무단&마무리]까지 동일하게 진행합니다.
(단, 바늘의 콧수는 뒤판보다 1코씩 많습니다.)

【옆면 잇기】

참고 영상

브리오쉬 잇기

앞판과 뒤판의 편물을 겉면이 보이게 마주 놓고 돗바늘을 이용해 브리오쉬 잇기 합니다.
몸통 고무단을 제외하고 옆면을 이어줍니다.

【소매 고무단】

참고 영상

대각선에서
코 줍기

단에서 코 줍기

● 시작 마커는 mm(main marker), 시작 마커 넘기기는 smm(slip main marker)로 표기.

5mm 대바늘로 이용해 겉면을 보며 겨드랑이 감아코 중심에서 시작해 98(100)코를 주워 줍니다. 감아코에서 6코, 브리오쉬 단마다 1코씩 모두 주워 주세요.

코 줍기를 1단으로 생각하며 시작 마커를 걸어 준 후 원통뜨기 진행합니다.

1코 고무뜨기 (겉1, 안1) * 시작 마커까지 반복, smm

* 1코 고무뜨기를 반복해 8단까지 진행한 후 덮어씌워 코막음 합니다. 돗바늘 마무리도 좋습니다.

【목 고무단 뜨기】

참고 영상

오른코 중심
2코 모아 겉뜨기
(SKPO)

왼코 중심
2코 모아 겉뜨기
(K2tog)

● 브이넥 중심 줄이기: 브이넥 중심의 2코를 양쪽으로 나누어 한 코는 이전 코와 SKPO, 1코는 다음 코와 K2tog로 합니다. 매단 2코가 줄어들며, 마커는 브이넥 고무단을 마칠 때까지 제거하지 않습니다.

5mm 대바늘을 이용해 겉면을 보며 다음과 같이 코를 주워 줍니다.
뒷목에서 34(36), 왼쪽 앞목에서 47, 브이넥 중심에서 2코(마커로 표시합니다), 오른쪽 앞목에서 47

● **현재 바늘의 콧수**: 130(132)

시작 마커를 걸어주고 원통뜨기 합니다. 코를 주운 단을 1단으로 생각합니다.

원통 2단 (겉1, 안1) * 브이넥 중심 마커 1코 전까지 반복, 브이넥 중심 줄이기[SKPO, K2tog], (안1, 겉1) * 시작 마커 1코 전까지 반복, 안1, smm

원통 3단 (겉1, 안1) * 브이넥 중심 마커 2코 전까지 반복, 겉1, 브이넥 중심 줄이기[SKPO, K2tog], (겉1, 안1) * 시작 마커 전까지 반복, smm

* 원통 2단과 원통 3단을 반복해 원통 8단까지 진행한 후 덮어씌워 코막음합니다.

첫 번째 기본 레시피에서 파생되지 않는 색다른 형태의 레시피를 떠 볼 수 있습니다. 섬머 티셔츠는 책에서 유일한 여름 니트예요. 퍼프 소매가 매력적인 레시피로 여름 뜨개옷만의 매력을 느낄 수 있습니다. 어깨의 무늬가 아름다운 레이지폴 스웨터, 오픈형 베스트인 아임울 아란 베스트, 꽃무늬가 빈티지한 프리다 카디건까지 매력적인 레시피를 만나볼 수 있습니다.

Part 3

옷뜨는 김뜨개의
스페셜 레시피

Frida cardigan
프리다 카디건

라운드넥 베스트를 활용해 제작된 무늬 카디건입니다. 프리다 카디건은 몸판의 아름다운 꽃 무늬 뜨기가 인상적입니다. 할머니 옷장에 있을 법한 빈티지 한 느낌을 좋아한다면 꼭 한번 도전해 보길 바랍니다. 몸판 무늬 뜨기는 서술형과 차트형을 교차 확인하며 작업할 수 있습니다.

프리다 카디건 (라운드넥 베스트 응용)

사이즈	S(M~L)XL	샘플 사이즈 M~L (기장은 임의로 짧게 제작되었습니다.)
가슴단면	46(54.5)63.5cm
총 기장	64(70)76cm (기장이 긴 편입니다.)
팔 길이	45(47)49.5cm (소매 부분만)
게이지	대바늘 5mm 몸판 무늬 9cm×5cm 21코 14단
	소매 무늬 10cm×10cm 18코 29단
바늘	대바늘 5mm(케이블 80cm, 40cm), 4.5mm(케이블 80cm, 40cm), 4mm(케이블 80cm)
실	낙양모사, 아임울2(40g, 153m) 2합, 약 9(10)11볼
그 외	시작 마커 1개, 돗바늘, 가위, 단추 5개

포인트 레슨

프리다 카디건의 포인트는 '무늬 뜨기'입니다. 몸판은 '아름다운 꽃 무늬 뜨기', 소매는 '2코 2단 멍석 뜨기'로 구성되어 다양한 무늬 뜨기를 경험할 수 있습니다. 특히 몸판 무늬의 팝콘뜨기는 뜨기의 과정 중 소소한 재미를 줄 것입니다.

【코 만들기&몸판 고무단 뜨기】

참고 영상

코 만들기

- 사이즈 표기 S(M~L)XL, 사이즈 표기 없을 경우 모든 사이즈 동일.
- 겉뜨기는 '겉', 안뜨기는 '안'으로 표기.
- 225p [차트 1] 참고.

4.5mm 대바늘을 이용해 일반 코 183(219)255를 만들어 줍니다.

코 만드는 단을 1단(겉면)으로 생각합니다.

2단(안면) 겉1, (겉1, 안1) * 끝에서 2코 전까지 반복, 겉2

3단(겉면) 안1, (안1, 겉1) * 끝에서 2코 전까지 반복, 안2

* 2단과 3단을 반복해 14(14)16단, 안면까지 진행합니다.

【몸판 무늬 뜨기】

참고 영상

M1PL

왼코 중심
2코 모아 겉뜨기

바늘 비우기

오른코 중심
2코 모아 겉뜨기

팝콘뜨기

● 바늘 비우기는 yo(yarn over), 오른코 중심 2코 모아 겉뜨기는 skpo(slip knit pass over), 왼코 중심 2코 모아 겉뜨기는 k2tog(knit 2 stitches together)로 표기

● 225p [차트 1] 참고.

5mm 바늘로 변경해 몸통 무늬 뜨기를 진행합니다. 1단을 뜨며 9(11)13코를 M1PL로 늘려줍니다.

1단(겉면) 안2, [(겉5, k2tog, yo, 겉1, 안1, 겉1, yo, skpo, 겉5), 안1, M1PL]* 9(11)13회 반복, (앞 괄호 속과 동일), 안2

늘림을 마친 후 ● **현재 바늘의 콧수: 192(230)268**

2단(안면) (겉2, 안8, 겉1, 안8) * 10(12)14회 반복, 겉2

3단(겉면) (안2, 겉3, k2tog 2회, yo, 겉1, yo, 안1, yo, 겉1, yo, skpo 2회, 겉3) * 10(12)14회 반복, 안2

4단(안면) 2단과 동일 (이하 짝수 단은 2단과 동일하므로 생략)

5단(겉면) (안2, 겉2, k2tog 2회, yo, 겉1, yo, 겉1, 안1, 겉1, yo, 겉1, yo, skpo 2회, 겉2) * 10(12)14회 반복, 안2

7단(겉면) (안2, 겉1, k2tog 2회, yo, 겉1, yo, 겉2, 안1, 겉2, yo, 겉1, yo, skpo 2회, 겉1) * 10(12)14회 반복, 안2

9단(겉면) (안2, k2tog 2회, yo, 겉1, yo, 겉2, 팝콘뜨기, 안1, 팝콘뜨기, 겉2, yo, 겉1, yo, skpo 2회) * 10(12)14회 반복, 안2

11단(겉면) (안2, k2tog, 겉2, yo, 겉4, 팝콘뜨기, 겉4, yo, 겉2, skpo) * 10(12)14회 반복, 안2

13단(겉면) (안2, 겉1, k2tog, yo, 겉5, 안1, 겉5, yo, skpo, 겉1) * 10(12)14회 반복, 안2

15단(겉면) (안2, 겉5, k2tog, yo, 겉1, 안1, 겉1, yo, skpo, 겉5) * 10(12)14회 반복, 안2

* 1단(겉면)부터 14단(안면)까지 반복해 98(112)126단까지 진행합니다.
* 1단(겉면)을 15단(겉면)으로 대체해 반복합니다.
* 길이를 조절하고 싶다면 무늬 1세트씩(14단, 약 5cm)를 줄이거나 늘립니다. 기장이 긴 편입니다.

【왼쪽 앞판 | 암홀 줄임】

참고 영상

덮어씌워
코막음

편물을 왼쪽 앞판, 뒤판, 오른쪽 앞판 순으로 코를 나누어 각각 작업합니다. 남은 편물은 줄에 그대로 두면 됩니다. 사이즈별 진행합니다.

S-size   왼쪽 앞판 46코 먼저 작업합니다.　● turn | 편물을 뒤집어 주세요.　● 226p [차트 2] 참고.

99단(겉면)	(안2, 겉5, k2tog, yo, 겉1, 안1, 겉1, yo, skpo, 겉5) * 2회 반복, 안2, 겉6, turn
100단(안면)	안6, (겉2, 안8, 겉1, 안8) * 2회 반복, 겉2
101단(겉면)	(안2, 겉3, k2tog 2회, yo, 겉1, yo, 안1, 겉1, yo, skpo 2회, 겉3) * 2회 반복, 안2, 겉4, k2tog
102단(안면)	안5, (겉2, 안8, 겉1, 안8) * 2회 반복, 겉2
103단(겉면)	(안2, 겉2, k2tog 2회, yo, 겉1, yo, 안1, 겉1, yo, 겉1, yo, skpo 2회, 겉2) * 2회 반복, 안2, 겉3, k2tog
104단(안면)	안4, (겉2, 안8, 겉1, 안8) * 2회 반복, 겉2
105단(겉면)	(안2, 겉1, k2tog 2회, yo, 겉1, yo, 겉2, 안1, 겉2, yo, 겉1, yo, skpo 2회, 겉1) * 2회 반복, 안2, 겉4
106단(안면)	안4, (겉2, 안8, 겉1, 안8) * 2회 반복, 겉2(이하 짝수 단은 106단과 동일하기에 생략)
107단(겉면)	(안2, k2tog 2회, yo, 겉1, yo, 겉2, 팝콘뜨기, 안1, 팝콘뜨기, 겉2, yo, 겉1, yo, skpo 2회) * 2회 반복, 안2, 겉4
109단(겉면)	(안2, k2tog, 겉2, yo, 겉4, 팝콘뜨기, 겉4, yo, 겉2, skpo) * 2회 반복, 안2, 겉4
111단(겉면)	(안2, 겉1, k2tog, yo, 겉5, 안1, 겉5, yo, skpo, 겉1) * 2회 반복, 안2, 겉4
113단(겉면)	(안2, 겉5, k2tog, yo, 겉1, 안1, 겉1, yo, skpo, 겉5) * 2회 반복, 안2, 겉4
115단(겉면)	(안2, 겉3, k2tog 2회, yo, 겉1, yo, 안1, 겉1, yo, skpo 2회, 겉3) * 2회 반복, 안2, 겉4
117단(겉면)	(안2, 겉2, k2tog 2회, yo, 겉1, yo, 겉1, 안1, 겉1, yo, 겉1, yo, skpo 2회, 겉2) * 2회 반복, 안2, 겉4

* 105단부터 118단까지 반복해 138단(안면)까지 진행합니다. 무늬가 딱 맞아 떨어지지 않습니다.

줄임이 끝난 후 ● **현재 바늘의 콧수: 44**

(M-L)-size 왼쪽 앞판 55코 먼저 작업합니다. ● turn | 편물을 뒤집어 주세요. ● 227p [차트 3] 참고.

113단(겉면) (안2, 겉5, k2tog, yo, 겉1, 안1, 겉1, yo, skpo, 겉5) * 2회 반복, 안2, 겉5, k2tog, yo, 겉1, 안1, 겉6, turn

114단(안면) 2코 막음, 안4, 겉1, 안8, (겉2, 안8, 겉1, 안8) * 2회 반복, 겉2

115단(겉면) (안2, 겉3, k2tog 2회, yo, 겉1, yo, 안1, yo, 겉1, yo, skpo 2회, 겉3) * 2회 반복, 안2, 겉3, k2tog 2회, yo, 겉1, yo, 안1, 겉4

116단(안면) 안4, 겉1, 안8, (겉2, 안8, 겉1, 안8) * 2회 반복, 겉2

117단(겉면) (안2, 겉2, k2tog 2회, yo, 겉1, yo, 겉1, 안1, 겉1, yo, 겉1, yo, skpo 2회, 겉2) * 2회 반복, 안2, 겉2, k2tog 2회, yo, 겉1, yo, 겉1, 안1, 겉2, k2tog

118단(안면) 안3, 겉1, 안8, (겉2, 안8, 겉1, 안8) * 2회 반복, 겉2

119단(겉면) (안2, 겉1, k2tog 2회, yo, 겉1, yo, 겉2, 안1, 겉2, yo, 겉1, yo, skpo 2회, 겉1) * 2회 반복, 안2, 겉1, k2tog 2회, yo, 겉1, yo, 겉2, 안1, 겉1, k2tog

120단(안면) 안2, 겉1, 안8, (겉2, 안8, 겉1, 안8) * 2회 반복, 겉2

121단(겉면) (안2, k2tog 2회, yo, 겉1, yo, 겉2, 팝콘뜨기, 안1, 팝콘뜨기, 겉2, yo, 겉1, yo, skpo 2회) * 2회 반복, 안2, k2tog 2회, yo, 겉1, yo, 겉3, 안1, k2tog

122단(안면) 안10, (겉2, 안8, 겉1, 안8) * 2회 반복, 겉2

123단(겉면) (안2, k2tog, 겉2, yo, 겉4, 팝콘뜨기, 겉4, yo, 겉2, skpo) * 2회 반복, 안2, k2tog, 겉2, yo, 겉4, k2tog

124단(안면) 안9, (겉2, 안8, 겉1, 안8) * 2회 반복, 겉2(이하 짝수 단은 124단과 동일하므로 생략)

125단(겉면) (안2, 겉1, k2tog, yo, 겉5, 안1, 겉5, yo, skpo, 겉1) * 2회 반복, 안2, 겉1, k2tog, yo, 겉6

127단(겉면) (안2, 겉5, k2tog, yo, 겉1, 안1, 겉1, yo, skpo, 겉5) * 2회 반복, 안2, 겉5, k2tog, yo, 겉2

129단(겉면) (안2, 겉3, k2tog 2회, yo, 겉1, yo, 안1, yo, 겉1, yo, skpo 2회, 겉3) * 2회 반복, 안2, 겉4, k2tog, yo, 겉3

131단(겉면) (안2, 겉2, k2tog 2회, yo, 겉1, yo, 겉1, 안1, 겉1, yo, 겉1, yo, skpo 2회, 겉2) * 2회 반복, 안2, 겉3, k2tog, yo, 겉4

133단(겉면) (안2, 겉1, k2tog 2회, yo, 겉1, yo, 겉2, 안1, 겉2, yo, 겉1, yo, skpo 2회, 겉1) * 2회 반복, 안2, 겉1, k2tog 2회, yo, 겉1, yo, 겉3

135단(겉면) (안2, k2tog 2회, yo, 겉1, yo, 겉2, 팝콘뜨기, 안1, 팝콘뜨기, 겉2, yo, 겉1, yo, skpo 2회) * 2회 반복, 안2, k2tog 2회, yo, 겉1, yo, 겉4

137단(겉면) (안2, k2tog, 겉2, yo, 겉4, 팝콘뜨기, 겉4, yo, 겉2, skpo) * 2회 반복, 안2, k2tog, 겉2, yo, 겉5
* 125단부터 138단까지 반복해 152단(안면)까지 진행합니다. 무늬가 딱 맞아 떨어지지 않습니다.

줄임이 끝난 후 ● **현재 바늘의 콧수: 49코**

XL-size 왼쪽 앞판 63코 먼저 작업합니다. ● turn | 편물을 뒤집어 주세요. ● 228p [차트 4] 참고.

127단(겉면) (안2, 겉5, k2tog, yo, 겉1, 안1, 겉1, yo, skpo, 겉5) * 3회 반복, 안2, 겉4, turn

128단(안면)	3코 막음, 안1, (겉2, 안8, 겉1, 안8) * 3회 반복, 겉2
129단(겉면)	(안2, 겉3, k2tog 2회, yo, 겉1, yo, 안1, yo, 겉1, yo, skpo 2회, 겉3) * 3회 반복, 안2, 겉1
130단(안면)	2코 막음, 안9, 겉1, 안8, (겉2, 안8, 겉1, 안8) * 2회 반복, 겉2
131단(겉면)	(안2, 겉2, k2tog 2회, yo, 겉1, yo, 겉1, 안1, 겉1, yo, 겉1, yo, skpo 2회, 겉2) * 3회 반복, 겉1
132단(안면)	안9, 겉1, 안8, (겉2, 안8, 겉1, 안8) * 2회 반복, 겉2
133단(겉면)	(안2, 겉1, k2tog 2회, yo, 겉1, yo, 겉2, 안1, 겉2, yo, 겉1, yo, skpo 2회, 겉1) * 2회 반복, 안2, 겉1, k2tog 2회, yo, 겉1, yo, 겉2, 안1, 겉2, yo, skpo, 겉3, k2tog
134단(안면)	안8, 겉1, 안8, (겉2, 안8, 겉1, 안8) * 2회 반복, 겉2
135단(겉면)	(안2, k2tog 2회, yo, 겉1, yo, 겉2, 팝콘뜨기, 안1, 팝콘뜨기, 겉2, yo, 겉1, yo, skpo 2회) * 2회 반복, 안2, k2tog 2회, yo, 겉1, yo, 겉3, 안1, 겉6, k2tog
136단(안면)	안7, 겉1, 안8, (겉2, 안8, 겉1, 안8) * 2회 반복, 겉2
137단(겉면)	(안2, k2tog, 겉2, yo, 겉4, 팝콘뜨기, 겉4, yo, 겉2, skpo) * 2회 반복, 안2, k2tog, 겉2, yo, 겉4, 안1, 겉5, k2tog
138단(안면)	안6, 겉1, 안8, (겉2, 안8, 겉1, 안8) * 2회 반복, 겉2
139단(겉면)	(안2, 겉1, k2tog, yo, 겉5, 안1, 겉5, yo, skpo, 겉1) * 2회 반복, 안2, 겉1, k2tog, yo, 겉5, 안1, 겉4, k2tog
140단(안면)	안5, 겉1, 안8, (겉2, 안8, 겉1, 안8) * 2회 반복, 겉2
141단(겉면)	(안2, 겉5, k2tog, yo, 겉1, 안1, 겉1, yo, skpo, 겉5) * 2회 반복, 안2, 겉5, k2tog, yo, 겉1, 안1, 겉3, k2tog
142단(안면)	안4, 겉1, 안8, (겉2, 안8, 겉1, 안8) * 2회 반복, 겉2(이하 짝수 단은 142단과 동일하므로 생략)
143단(겉면)	(안2, 겉3, k2tog 2회, yo, 겉1, yo, 안1, yo, 겉1, yo, skpo 2회, 겉3) * 2회 반복, 안2, 겉3, k2tog 2회, yo, 겉1, yo, 안1, 겉4
145단(겉면)	(안2, 겉2, k2tog 2회, yo, 겉1, yo, 겉1, 안1, 겉1, yo, 겉1, yo, skpo 2회, 겉2) * 2회 반복, 안2, 겉2, k2tog 2회, yo, 겉1, yo, 겉1, 안1, 겉4
147단(겉면)	(안2, 겉1, k2tog 2회, yo, 겉1, yo, 겉2, 안1, 겉2, yo, 겉1, yo, skpo 2회, 겉1) * 2회 반복, 안2, 겉1, k2tog 2회, yo, 겉1, yo, 겉2, 안1, 겉4
149단(겉면)	(안2, k2tog 2회, yo, 겉1, yo, 겉2, 팝콘뜨기, 안1, 팝콘뜨기, 겉2, yo, 겉1, yo, skpo 2회) * 2회 반복, 안2, k2tog 2회, yo, 겉1, yo, 겉3, 안1, 겉4
151단(겉면)	(안2, k2tog, 겉2, yo, 겉4, 팝콘뜨기, 겉4, yo, 겉2, skpo) * 2회 반복, 안2, k2tog, 겉2, yo, 겉4, 안1, 겉4
153단(겉면)	(안2, 겉1, k2tog, yo, 겉5, 안1, 겉5, yo, skpo, 겉1) * 2회 반복, 안2, 겉1, k2tog, yo, 겉5, 안1, 겉4
155단(겉면)	(안2, 겉5, k2tog, yo, 겉1, 안1, 겉1, yo, skpo, 겉5) * 2회 반복, 안2, 겉5, k2tog, yo, 겉1, 안1, 겉4

* 143단부터 156단까지 반복해 166단(안면)까지 진행합니다. 무늬가 딱 맞아 떨어지지 않습니다.

줄임이 끝난 후 ● **현재 바늘의 콧수: 53코**

【 왼쪽 앞판 | 앞목 줄임 】

S-size 📍 226p [차트 2] 참고.

139단(겉면)	7코 막음, 겉3, 안1, 겉5, yo, skpo, 겉1, 안2, (겉1, k2tog, yo, 겉5, 안1, 겉5, yo, skpo, 겉1, 안2), 겉4
140단(안면)	안4, (겉2, 안8, 겉1, 안8, 겉2, 안8, 겉1, 안3
141단(겉면)	4코 막음, 겉8, 안2, (겉5, k2tog, yo, 겉1, 안1, 겉1, yo, skpo, 겉5, 안2), 겉4
142단(안면)	안4, (겉2, 안8, 겉1, 안8), 겉2, 안8
143단(겉면)	2코 막음, 겉6, 안2, (겉3, k2tog 2회, yo, 겉1, yo, 안1, yo, 겉1, yo, skpo 2회, 겉3, 안2), 겉4
144단(안면)	안4, (겉2, 안8, 겉1, 안8), 겉2, 안6
145단(겉면)	skpo, 겉4, 안2, (겉2, k2tog 2회, yo, 겉1, yo, 겉1, 안1, yo, 겉1, yo, skpo 2회, 겉2, 안2), 겉4
146단(안면)	안4, (겉2, 안8, 겉1, 안8), 겉2, 안5
147단(겉면)	skpo, 겉3, 안2, (겉1, k2tog 2회, yo, 겉1, yo, 겉2, 안1, 겉2, yo, 겉1, yo, skpo 2회, 겉1, 안2), 겉4
148단(안면)	안4, (겉2, 안8, 겉1, 안8), 겉2, 안4
149단(겉면)	skpo, 겉2, 안2, (k2tog 2회, yo, 겉1, yo, 겉2, 팝콘뜨기, 안1, 팝콘뜨기, 겉2, yo, 겉1, yo, skpo 2회, 안2), 겉4
150단(안면)	안4, (겉2, 안8, 겉1, 안8), 겉2, 안3
151단(겉면)	skpo, 겉1, 안2, (k2tog, 겉2, yo, 겉4, 팝콘뜨기, 겉4, yo, 겉2, skpo, 안2), 겉4
152단(안면)	안4, (겉2, 안8, 겉1, 안8), 겉2, 안2
153단(겉면)	skpo, 안2, (겉1, k2tog, yo, 겉5, 안1, 겉5, yo, skpo, 겉1, 안2), 겉4
154단(안면)	안4, (겉2, 안8, 겉1, 안8), 겉2, 안1
155단(겉면)	skpo, 겉1, (겉5, k2tog, yo, 겉1, 안1, 겉1, yo, skpo, 겉5, 안2), 겉4
156단(안면)	안4, 겉2, 안8, 겉1, 안10

줄임이 끝난 후 **현재 바늘의 콧수: 25**

(M-L)-size 📍 227p [차트 3] 참고.

153단(겉면)	9코 막음, 겉1, 안1, 겉5, yo, skpo, 겉1, 안2, (겉1, k2tog, yo, 겉5, 안1, 겉5, yo, skpo, 겉1, 안2), 겉1, k2tog, yo, 겉6
154단(안면)	안9, (겉2, 안8, 겉1, 안8), 겉2, 안8, 겉1, 안1
155단(겉면)	4코 막음, 겉6, 안2, (겉5, k2tog, yo, 겉1, 안1, 겉1, yo, skpo, 겉5, 안2), 겉5, k2tog, yo, 겉2
156단(안면)	안9, (겉2, 안8, 겉1, 안8), 겉2, 안6
157단(겉면)	2코 막음, 겉4, 안2, (겉3, k2tog 2회, yo, 겉1, yo, 안1, yo, 겉1, yo, skpo 2회, 겉3, 안2), 겉4, k2tog, yo, 겉3
158단(안면)	안9, (겉2, 안8, 겉1, 안8), 겉2, 안4
159단(겉면)	skpo, 겉2, 안2, (겉2, k2tog 2회, yo, 겉1, yo, 겉1, 안1, yo, 겉1, yo, skpo 2회, 겉2, 안2), 겉3,

	k2tog, yo, 겉4
160단(안면)	안9, (겉2, 안8, 겉1, 안8), 겉2, 안3
161단(겉면)	skpo, 겉1, 안2, (겉1, k2tog 2회, yo, 겉1, yo, 겉2, 안1, 겉2, yo, 겉1, yo, skpo 2회, 겉1, 안2), 겉1, k2tog 2회, yo, 겉1, yo, 겉3
162단(안면)	안9, (겉2, 안8, 겉1, 안8), 겉2, 안2
163단(겉면)	skpo, 안2, (k2tog 2회, yo, 겉1, yo, 겉2, 팝콘뜨기, 안1, 팝콘뜨기, 겉2, yo, 겉1, yo, skpo 2회, 안2), k2tog 2회, yo, 겉1, yo, 겉4
164단(안면)	안9, (겉2, 안8, 겉1, 안8), 겉2, 안1
165단(겉면)	skpo, 안1, (k2tog 2회, yo, 겉4, 팝콘뜨기, 겉4, yo, 겉2, skpo, 안2), k2tog, 겉2, yo, 겉5
166단(안면)	안9, 겉2, 안8, 겉1, 안10
167단(겉면)	skpo, 겉1, k2tog, yo, 겉5, 안1, 겉5, yo, skpo, 겉1, 안2, 겉1, k2tog, yo, 겉6
168단(안면)	안9, 겉2, 안8, 겉1, 안9
169단(겉면)	skpo, 겉4, k2tog, yo, 겉1, 안1, 겉1, yo, skpo, 겉5, 안2, 겉5, k2tog, yo, 겉2
170단(안면)	안9, 겉2, 안8, 겉1, 안8
171단(겉면)	skpo, 겉4, k2tog, yo, 안1, yo, 겉1, yo, skpo 2회, 겉3, 안2, 겉4, k2tog, yo, 겉3
172단(안면)	안9, 겉2, 안8, 겉1, 안7

줄임이 끝난 후 ❀ **현재 바늘의 콧수: 27**

XL-size ❀ 228p [차트 4] 참고.

167단(겉면)	10코 막음, 안1, 겉5, yo, skpo, 겉1, 안2, (겉1, k2tog, yo, 겉5, 안1, 겉5, yo, skpo, 겉1, 안2), 겉1, k2tog, yo, 겉5, 안1, 겉4
168단(안면)	안4, 겉1, 안8, (겉2, 안8, 겉1, 안8), 겉2, 안8, 겉1
169단(겉면)	4코 막음, 겉5, 안2, (겉5, k2tog, yo, 겉1, 안1, 겉1, yo, skpo, 겉5, 안2), 겉5, k2tog, yo, 겉1, 안1, 겉4
170단(안면)	안4, 겉1, 안8, (겉2, 안8, 겉1, 안8), 겉2, 안5
171단(겉면)	2코 막음, 겉3, 안2, (겉3, k2tog 2회, yo, 겉1, yo, 안1, yo, 겉1, yo, skpo 2회, 겉3, 안2), 겉3, k2tog 2회, yo, 겉1, yo, 안1, 겉4
172단(안면)	안4, 겉1, 안8, (겉2, 안8, 겉1, 안8), 겉2, 안3
173단(겉면)	skpo, 겉1, 안2, (겉2, k2tog 2회, yo, 겉1, yo, 겉1, 안1, 겉1, yo, 겉1, yo, skpo 2회, 겉2, 안2), 겉2, k2tog 2회, yo, 겉1, yo, 겉1, 안1, 겉4
174단(안면)	안4, 겉1, 안8, (겉2, 안8, 겉1, 안8), 겉2, 안2
175단(겉면)	skpo, 안2, (겉1, k2tog 2회, yo, 겉1, yo, 겉2, 안1, 겉2, yo, 겉1, yo, skpo 2회, 겉1, 안2), 겉1, k2tog 2회, yo, 겉1, yo, 겉2, 안1, 겉4
176단(안면)	안4, 겉1, 안8, (겉2, 안8, 겉1, 안8), 겉2, 안1
177단(겉면)	skpo, 안1, (k2tog 2회, yo, 겉1, yo, 겉2, 팝콘뜨기, 안1, 팝콘뜨기, 겉2, yo, 겉1, yo, skpo 2회, 안2),

k2tog 2회, yo, 겉1, yo, 겉3, 안1, 겉4

178단(안면) 안4, 겉1, 안8, 겉2, 안8, 겉1, 안10

179단(겉면) skpo, (k2tog, 겉2, yo, 겉4, 팝콘뜨기, 겉4, yo, 겉2, skpo, 안2), k2tog, 겉2, yo, 겉4, 안1, 겉4

180단(안면) 안4, 겉1, 안8, 겉2, 안8, 겉1, 안9

181단(겉면) skpo, k2tog, yo, 겉5, 안1, 겉5, yo, skpo, 겉1, 안2, 겉1, k2tog, yo, 겉5, 안1, 겉4

182단(안면) 안4, 겉1, 안8, 겉2, 안8, 겉1, 안8

183단(겉면) skpo, 겉3, k2tog, yo, 겉1, 안1, 겉1, yo, skpo, 겉5, 안2, 겉5, k2tog, yo, 겉1, 안1, 겉4

184단(안면) 안4, 겉1, 안8, 겉2, 안8, 겉1, 안7

185단(겉면) skpo, 겉3, k2tog, yo, 안1, yo, 겉1, yo, skpo 2회, 겉3, 안2, 겉3, k2tog 2회, yo, 겉1, yo, 안1, 겉4

186단(안면) 안4, 겉1, 안8, 겉2, 안8, 겉1, 안6

187단(겉면) skpo, 겉1, k2tog, yo, 겉1, 안1, 겉1, yo, 겉1, yo, skpo 2회, 겉2, 안2, 겉2, k2tog 2회, yo, 겉1, yo, 겉1, 안1, 겉4

188단(안면) 안4, 겉1, 안8, 겉2, 안8, 겉1, 안5

줄임이 끝난 후 **현재 바늘의 콧수: 29**

【왼쪽 앞판 | 경사뜨기】

참고 영상

경사뜨기

● 경사뜨기는 독일식 경사뜨기(German short row)를 사용합니다.
● Turn은 편물 돌려주기(겉면을 뜨고 있을 경우 안면으로, 안면을 뜨고 있을 경우 겉면으로).
● 편물을 돌린 후 실을 앞에 둔 상태(겉뜨기, 안뜨기 모두)에서 왼바늘의 첫 코를 안뜨기 방향으로 오른바늘로 걸러 줍니다(이하 걸러뜨기). 앞에 있는 진행 실을 바깥으로 당겨줍니다.
이때 코가 2코가 된 것처럼 보이며 이를 더블스티치라고 부릅니다(이하 약어 DS로 기재).
● 다음 단에서 DS를 만나면 1코로 생각하고 뜨며, 겉뜨기는 DS 정리(겉), 안뜨기는 DS 정리(안)으로 기재합니다.

S-size 　　　　● 226p [차트 2] 참고.

157단(겉면)	겉5, k2tog 2회, yo, 겉1, yo, 안1, yo, 겉1, yo, skpo 2회, 겉3, 안1, turn
158단(안면)	걸러뜨기, 실을 바깥으로 당겨 더블스티치(이하 DS)를 만듭니다. 안8, 겉1, 안10
159단(겉면)	겉4, k2tog 2회, yo, 겉1, yo, 겉1, 안1, 겉3, turn
160단(안면)	걸러뜨기, DS, 안2, 겉1, 안10
161단(겉면)	겉4, k2tog, yo, 겉2, turn
162단(안면)	걸러뜨기, DS, 안7
163단(겉면)	겉4, turn
164단(안면)	걸러뜨기, DS, 안3
165단(겉면)	겉3, DS 정리(겉), 겉3, DS 정리(겉), 겉2, 안1, 겉2, DS 정리(겉), 겉5, DS 정리(안), 안1, 겉4
166단(안면)	안4, 겉2, 안8, 겉1, 안10

(M-L)-size 　　● 227p [차트 3] 참고.

173단(겉면)	겉4, k2tog, yo, 겉1, 안1, 겉1, yo, 겉1, yo, skpo 2회, 겉2, 안2, 겉5, turn
174단(안면)	걸러뜨기, 실을 바깥으로 당겨 더블스티치(이하 DS)를 만듭니다. 안4, 겉2, 안8, 겉1, 안7
175단(겉면)	겉3, k2tog, yo, 겉2, 안1, 겉2, yo, 겉1, yo, skpo 2회, 겉1, 안2, 겉1, turn
176단(안면)	걸러뜨기, DS, 겉2, 안8, 겉1, 안7
177단(겉면)	겉2, k2tog, yo, 겉3, 안1, 겉7, turn
178단(안면)	걸러뜨기, DS, 안6, 겉1, 안7
179단(겉면)	겉7, 안1, 겉2, turn
180단(안면)	걸러뜨기, DS, 안1, 겉1, 안7
181단(겉면)	겉5, turn
182단(안면)	걸러뜨기, DS, 안4
183단(겉면)	겉4, DS 정리(겉), 겉2, 안1, 겉1, DS 정리(겉), 겉4, DS 정리(겉), 겉1, 안2, DS 정리(겉), 겉3, DS 정리(겉), 겉4
184단(안면)	안9, 겉2, 안8, 겉1, 안7

XL-size 　　　● 228p [차트 4] 참고.

189단(겉면)	겉5, 안1, 겉2, yo, 겉1, yo, skpo 2회, 겉1, 안2, 겉1, k2tog 2회, yo, 겉1, yo, 겉2, turn
190단(안면)	걸러뜨기, 실을 바깥으로 당겨 더블스티치(이하 DS)를 만듭니다. 안7, 겉2, 안8, 겉1, 안5
191단(겉면)	겉5, 안1, 겉3, yo, 겉1, yo, skpo 2회, 안2, 겉3, turn
192단(안면)	걸러뜨기, DS, 안2, 겉2, 안8, 겉1, 안5
193단(겉면)	겉5, 안1, 겉8, turn
194단(안면)	걸러뜨기, DS, 안7, 겉1, 안5
195단(겉면)	겉5, 안1, 겉3, turn

196단(안면)	걸러뜨기, DS, 안2, 겉1, 안5
197단(겉면)	겉4, turn
198단(안면)	걸러뜨기, DS, 안3
199단(겉면)	겉3, DS 정리(겉), 겉1, 안1, 겉2, DS 정리(겉), 겉4, DS 정리(겉), 안2, 겉2, DS 정리(겉), 겉4, DS 정리(겉), 안1, 겉4
200단(안면)	안4, 겉1, 안8, 겉2, 안8, 겉1, 안5

● **현재 바늘의 콧수:** 25(27)29

실을 끊고, 편물의 코를 쉬게 합니다.

【뒤판 | 암홀 줄임】

바늘에 남아있는 편물 중 뒤판 코를 작업합니다. 남은 편물은 바늘에 그대로 두면 됩니다.

S-size	95코 먼저 작업합니다. ● turn	편물을 뒤집어 주세요. ● 229p [차트 5] 참고.
99단(겉면)	5코 막음, 겉6, (안2, 겉5, k2tog, yo, 겉1, 안1, 겉1, yo, skpo, 겉5) * 4회 반복, 안2, 겉6, turn
100단(안면)	안6, (겉2, 안8, 겉1, 안8) * 4회 반복, 겉2, 안6
101단(겉면)	skpo, 겉4, (안2, 겉3, k2tog 2회, yo, 겉1, yo, 안1, yo, 겉1, yo, skpo 2회, 겉3) * 4회 반복, 안2, 겉4, k2tog
102단(안면)	안5, (겉2, 안8, 겉1, 안8) * 4회 반복, 겉2, 안5
103단(겉면)	skpo, 겉3, (안2, 겉2, k2tog 2회, yo, 겉1, yo, 겉1, 안1, 겉1, yo, 겉1, yo, skpo 2회, 겉2) * 4회 반복, 안2, 겉3, k2tog
104단(안면)	안4, (겉2, 안8, 겉1, 안8) * 4회 반복, 겉2, 안4
105단(겉면)	겉4, (안2, 겉1, k2tog 2회, yo, 겉1, yo, 겉2, 안1, 겉2, yo, 겉1, yo, skpo 2회, 겉1) * 4회 반복, 안2, 겉4
106단(안면)	안4, (겉2, 안8, 겉1, 안8) * 4회 반복, 겉2, 안4(이하 짝수 단은 106단과 동일하므로 생략)
107단(겉면)	겉4, (안2, k2tog 2회, yo, 겉1, yo, 겉2, 팝콘뜨기, 안1, 팝콘뜨기, 겉2, yo, 겉1, yo, skpo 2회) * 4회 반복, 안2, 겉4
109단(겉면)	겉4, (안2, k2tog, 겉2, yo, 겉4, 팝콘뜨기, 겉4, yo, 겉2, skpo) * 4회 반복, 안2, 겉4
111단(겉면)	겉4, (안2, 겉1, k2tog, yo, 겉5, 안1, 겉5, yo, skpo, 겉1) * 4회 반복, 안2, 겉4
113단(겉면)	겉4, (안2, 겉5, k2tog, yo, 겉1, 안1, 겉1, yo, skpo, 겉5) * 4회 반복, 안2, 겉4
115단(겉면)	겉4, (안2, 겉3, k2tog 2회, yo, 겉1, yo, 안1, yo, 겉1, yo, skpo 2회, 겉3) * 4회 반복, 안2, 겉4
117단(겉면)	겉4, (안2, 겉2, k2tog 2회, yo, 겉1, yo, 겉1, 안1, 겉1, yo, 겉1, yo, skpo 2회, 겉2) * 4회 반복, 안2, 겉4

* 105단부터 118단까지 반복해 156단(안면)까지 진행합니다. 무늬가 딱 맞아 떨어지지 않습니다.

줄임이 끝난 후 ❀ **현재 바늘의 콧수: 86**

(M-L)-size	114코 먼저 작업합니다.) ❀ turn	편물을 뒤집어 주세요. ❀ 230p [차트 6] 참고.
113단(겉면)	6코 막음, 겉6, 안1, 겉1, yo, skpo, 겉5, (안2, 겉5, k2tog, yo, 겉1, 안1, 겉1, yo, skpo, 겉5) * 4회 반복, 안2, 겉5, k2tog, yo, 겉1, 안1, 겉6, turn
114단(안면)	2코 막음, 안4, 겉1, 안8, (겉2, 안8, 겉1, 안8) * 4회 반복, 겉2, 안8, 겉1, 안6
115단(겉면)	2코 막음, 겉4, 안1, yo, 겉1, yo, skpo 2회, 겉3, (안2, 겉3, k2tog 2회, yo, 겉1, yo, 안1, yo, 겉1, yo, skpo 2회, 겉3) * 4회 반복, 안2, 겉3, k2tog 2회, yo, 겉1, yo, 안1, 겉4
116단(안면)	안4, 겉1, 안8, (겉2, 안8, 겉1, 안8) * 4회 반복, 겉2, 안8, 겉1, 안4
117단(겉면)	skpo, 겉2, 안1, 겉1, yo, 겉1, yo, skpo 2회, 겉2, (안2, 겉2, k2tog 2회, yo, 겉1, yo, 겉1, 안1, 겉1, yo, 겉1, yo, skpo 2회, 겉2) * 4회 반복, 안2, 겉2, k2tog 2회, yo, 겉1, yo, 겉1, 안1, 겉2, k2tog
118단(안면)	안3, 겉1, 안8, (겉2, 안8, 겉1, 안8) * 4회 반복, 겉2, 안8, 겉1, 안3
119단(겉면)	skpo, 겉1, 안1, 겉2, yo, 겉1, yo, skpo 2회, 겉1, (안2, 겉1, k2tog 2회, yo, 겉1, yo, 겉2, 안1, 겉2, yo, 겉1, yo, skpo 2회, 겉1) * 4회 반복, 안2, 겉1, k2tog 2회, yo, 겉1, yo, 겉2, 안1, 겉1, k2tog
120단(안면)	안2, 겉1, 안8, (겉2, 안8, 겉1, 안8) * 4회 반복, 겉2, 안8, 겉1, 안2
121단(겉면)	skpo, 안1, 겉3, yo, 겉1, yo, skpo 2회, (안2, k2tog 2회, yo, 겉1, yo, 겉2, 팝콘뜨기, 안1, 팝콘뜨기, 겉2, yo, 겉1, yo, skpo 2회) * 4회 반복, 안2, k2tog 2회, yo, 겉1, yo, 겉3, 안1, k2tog
122단(안면)	안10, (겉2, 안8, 겉1, 안8) * 4회 반복, 겉2, 안10
123단(겉면)	skpo, 겉4, yo, 겉2, skpo, (안2, k2tog, 겉2, yo, 겉4, 팝콘뜨기, 겉4, yo, 겉2, skpo) * 4회 반복, 안2, k2tog, 겉2, yo, 겉4, k2tog
124단(안면)	안9, (겉2, 안8, 겉1, 안8) * 4회 반복, 겉2, 안9(이하 짝수 단은 124단과 동일하므로 생략)
125단(겉면)	겉6, yo, skpo, 겉1, (안2, 겉1, k2tog, yo, 겉5, 안1, 겉5, yo, skpo, 겉1) * 4회 반복, 안2, 겉1, k2tog, yo, 겉6
127단(겉면)	겉2, yo, skpo, 겉5, (안2, 겉5, k2tog, yo, 겉1, 안1, 겉1, yo, skpo, 겉5) * 4회 반복, 안2, 겉5, k2tog, yo, 겉2
129단(겉면)	겉3, yo, skpo, 겉4, (안2, 겉3, k2tog 2회, yo, 겉1, yo, 안1, yo, 겉1, yo, skpo 2회, 겉3) * 4회 반복, 안2, 겉4, k2tog, yo, 겉3
131단(겉면)	겉4, yo, skpo, 겉3, (안2, 겉2, k2tog 2회, yo, 겉1, yo, 겉1, 안1, 겉1, yo, 겉1, yo, skpo 2회, 겉2) * 4회 반복, 안2, 겉3, k2tog, yo, 겉4
133단(겉면)	겉3, yo, 겉1, yo, skpo 2회, 겉1, (안2, 겉1, k2tog 2회, yo, 겉1, yo, 겉2, 안1, 겉2, yo, 겉1, yo, skpo 2회, 겉1) * 4회 반복, 안2, 겉1, k2tog 2회, yo, 겉1, yo, 겉3
135단(겉면)	겉4, yo, 겉1, yo, skpo 2회, (안2, k2tog 2회, yo, 겉1, yo, 겉2, 팝콘뜨기, 안1, 팝콘뜨기, 겉2, yo, 겉1, yo, skpo 2회) * 4회 반복, 안2, k2tog 2회, yo, 겉1, yo, 겉4
137단(겉면)	겉5, yo, 겉2, skpo, (안2, k2tog, 겉2, yo, 겉4, 팝콘뜨기, 겉4, yo, 겉2, skpo) * 4회 반복, 안2, k2tog, 겉2, yo, 겉5

* 125단부터 138단까지 반복해 172단(안면)까지 진행합니다. 무늬가 딱 맞아 떨어지지 않습니다.

줄임이 끝난 후 ● **현재 바늘의 콧수:** 96코

XL-size	133코 먼저 작업합니다. ● turn	편물을 뒤집어 주세요. ● 231p [차트 7] 참고.
127단(겉면)	9코 막음, 겉4, (안2, 겉5, k2tog, yo, 겉1, 안1, 겉1, yo, skpo, 겉5) * 6회 반복, 안2, 겉4, turn
128단(안면)	3코 막음, 안1, (겉2, 안8, 겉1, 안8) * 6회 반복, 겉2, 안4
129단(겉면)	3코 막음, 겉1, (안2, 겉3, k2tog 2회, yo, 겉1, yo, 안1, yo, 겉1, yo, skpo 2회, 겉3) * 6회 반복, 안2, 겉1
130단(안면)	2코 막음, 안9, 겉1, 안8, (겉2, 안8, 겉1, 안8) * 5회 반복, 겉2, 안1
131단(겉면)	2코 막음, 겉3, k2tog 2회, yo, 겉1, yo, 겉1, 안1, 겉1, yo, skpo 2회, 겉2, (안2, 겉2, k2tog 2회, yo, 겉1, yo, 겉1, 안1, 겉1, yo, 겉1, yo, skpo 2회, 겉2) * 4회 반복, 안2, 겉2, k2tog 2회, yo, 겉1, yo, 겉1, 안1, 겉1, yo, 겉1, yo, skpo 2회, 겉3
132단(안면)	안9, 겉1, 안8, (겉2, 안8, 겉1, 안8) * 4회 반복, 겉2, 안8, 겉1, 안9
133단(겉면)	skpo, 겉3, k2tog, yo, 겉2, 안1, 겉2, yo, 겉1, yo, skpo 2회, 겉1, (안2, 겉1, k2tog 2회, yo, 겉1, yo, 겉2, 안1, 겉2, yo, 겉1, yo, skpo 2회, 겉1) * 4회 반복, 안2, 겉1, k2tog 2회, yo, 겉1, yo, 겉2, 안1, 겉2, yo, skpo, 겉3, k2tog
134단(안면)	안8, 겉1, 안8, (겉2, 안8, 겉1, 안8) * 4회 반복, 겉2, 안8, 겉1, 안8
135단(겉면)	skpo, 겉6, 안1, 겉3, yo, 겉1, yo, skpo 2회, (안2, k2tog 2회, yo, 겉1, yo, 겉2, 팝콘뜨기, 안1, 팝콘뜨기, 겉2, yo, 겉1, yo, skpo 2회) * 4회 반복, 안2, k2tog 2회, yo, 겉1, yo, 겉3, 안1, 겉6, k2tog
136단(안면)	안7, 겉1, 안8, (겉2, 안8, 겉1, 안8) * 4회 반복, 겉2, 안8, 겉1, 안7
137단(겉면)	skpo, 겉5, 안1, 겉4, yo, 겉2, skpo, (안2, k2tog, 겉2, yo, 겉4, 팝콘뜨기, 겉4, yo, 겉2, skpo) * 4회 반복, 안2, k2tog, 겉2, yo, 겉4, 안1, 겉5, k2tog
138단(안면)	안6, 겉1, 안8, (겉2, 안8, 겉1, 안8) * 4회 반복, 겉2, 안8, 겉1, 안6
139단(겉면)	skpo, 겉4, 안1, 겉5, yo, skpo, 겉1, (안2, 겉1, k2tog, yo, 겉5, 안1, 겉5, yo, skpo, 겉1) * 4회 반복, 안2, 겉1, k2tog, yo, 겉5, 안1, 겉4, k2tog
140단(안면)	안5, 겉1, 안8, (겉2, 안8, 겉1, 안8) * 4회 반복, 겉2, 안8, 겉1, 안5
141단(겉면)	skpo, 겉3, 안1, 겉1, yo, skpo, 겉5, (안2, 겉5, k2tog, yo, 겉1, 안1, 겉1, yo, skpo, 겉5) * 4회 반복, 안2, 겉5, k2tog, yo, 겉1, 안1, 겉3, k2tog
142단(안면)	안4, 겉1, 안8, (겉2, 안8, 겉1, 안8) * 4회 반복, 겉2, 안8, 겉1, 안4(이하 짝수 단은 142단과 동일하므로 생략)
143단(겉면)	겉4, 안1, yo, 겉1, yo, skpo 2회, 겉3, (안2, 겉3, k2tog 2회, yo, 겉1, yo, 안1, yo, 겉1, yo, skpo 2회, 겉3) * 4회 반복, 안2, 겉3, k2tog 2회, yo, 겉1, yo, 안1, 겉4
145단(겉면)	겉4, 안1, 겉1, yo, 겉1, yo, skpo 2회, 겉2, (안2, 겉2, k2tog 2회, yo, 겉1, yo, 겉1, 안1, 겉1, yo, 겉1, yo, skpo 2회, 겉2) * 4회 반복, 안2, 겉2, k2tog 2회, yo, 겉1, yo, 겉1, 안1, 겉4
147단(겉면)	겉4, 안1, 겉2, yo, 겉1, yo, skpo 2회, 겉1, (안2, 겉1, k2tog 2회, yo, 겉1, yo, 겉2, 안1, 겉2, yo, 겉1, yo,

	skpo 2회, 겉1) * 4회 반복, 안2, 겉1, k2tog 2회, yo, 겉1, yo, 겉2, 안1, 겉4
149단(겉면)	겉4, 안1, 겉3, yo, 겉1, yo, skpo 2회, (안2, k2tog 2회, yo, 겉1, yo, 겉2, 팝콘뜨기, 안1, 팝콘뜨기, 겉2, yo, 겉1, yo, skpo 2회) * 4회 반복, 안2, k2tog 2회, yo, 겉1, yo, 겉3, 안1, 겉4
151단(겉면)	겉4, 안1, 겉4, yo, 겉2, skpo, (안2, k2tog 2회, yo, 겉4, 팝콘뜨기, 겉4, yo, 겉2, skpo) * 4회 반복, 안2, k2tog, 겉2, yo, 겉4, 안1, 겉4
153단(겉면)	겉4, 안1, 겉5, yo, skpo, 겉1, (안2, 겉1, k2tog, yo, 겉5, 안1, 겉5, yo, skpo, 겉1) * 4회 반복, 안2, 겉1, k2tog, yo, 겉5, 안1, 겉4
155단(겉면)	겉4, 안1, 겉1, yo, skpo, 겉5, (안2, 겉5, k2tog, yo, 겉1, 안1, 겉1, yo, skpo, 겉5) * 4회 반복, 안2, 겉5, k2tog, yo, 겉1, 안1, 겉4

* 143단부터 156단까지 반복해 188단(안면)까지 진행합니다. 무늬가 딱 맞아 떨어지지 않습니다.

줄임이 끝난 후 ● **현재 바늘의 콧수: 104**

【뒤판 | 경사뜨기】

● 독일식 경사뜨기(German short row)를 진행합니다(자세한 내용은 오른쪽 앞판 서술을 참고).

S-size	● 229p [차트 5] 참고.
157단(겉면)	겉4, (안2, 겉3, k2tog 2회, yo, 겉1, yo, 안1, yo, 겉1, yo, skpo 2회, 겉3) * 4회 반복, 안1, turn
158단(안면)	걸러뜨기, 실을 바깥으로 당겨 더블스티치(이하 DS)를 만듭니다. 안8, 겉1, 안8, (겉2, 안8, 겉1, 안8) * 3회 반복, 안1, turn
159단(겉면)	걸러뜨기, DS, 겉8, 안1, 겉1, yo, 겉1, yo, skpo 2회, 겉2, (안2, 겉2, k2tog 2회, yo, 겉1, yo, 겉1, 안1, 겉1, yo, 겉1, yo, skpo 2회, 겉2) * 2회 반복, 안2, 겉2, k2tog 2회, yo, 겉1, yo, 겉1, 안1, 겉3, turn
160단(안면)	걸러뜨기, DS, 안2, 겉1, 안8, (겉2, 안8, 겉1, 안8) * 2회 반복, 겉2, 안8, 겉1, 안3, turn
161단(겉면)	걸러뜨기, DS, 겉2, 안1, 겉4, yo, skpo, 겉2, (안2, 겉1, k2tog 2회, yo, 겉1, yo, 겉2, 안1, 겉2, yo, 겉1, yo, skpo 2회, 겉1) * 2회 반복, 안2, 겉2, k2tog, yo, 겉2, turn
162단(안면)	걸러뜨기, DS, 안5, (겉2, 안8, 겉1, 안8) * 2회 반복, 겉2, 안6, turn
163단(겉면)	걸러뜨기, DS, 겉5, (안2, k2tog 2회, yo, 겉1, yo, 겉3, 안1, 겉3, yo, 겉1, yo, skpo 2회) * 2회 반복, 안2, 겉2, turn
164단(안면)	걸러뜨기, DS, 안1, (겉2, 안8, 겉1, 안8) * 2회 반복, 겉2, 안2, turn
165단(겉면)	걸러뜨기, DS, 겉1, (안2, 겉8, 안1, 겉8) * 2회 반복, 안2, 겉1, DS 정리(겉), 겉3 DS 정리(겉), 겉2, 안1, 겉2, DS 정리(겉), 겉5, DS 정리(안), 안1, 겉4
166단(안면)	안4, (겉2, 안8, 겉1, 안8) * 3회 반복, 겉2, 안1, DS 정리(안), 안3, DS 정리(안), 안2, 겉1, 안2, DS 정리(안), 안5, DS 정리(겉), 겉1, 안4

(M-L)-size	● 230p [차트 6] 참고.
173단(겉면)	겉9, (안2, 겉2, k2tog 2회, yo, 겉1, yo, 겉1, 안1, 겉1, yo, 겉1, yo, skpo 2회, 겉2) * 4회 반복, 안2, 겉5, turn
174단(안면)	걸러뜨기, 실을 바깥으로 당겨 더블스티치(이하 DS)를 만듭니다. 안4, (겉2, 안8, 겉1, 안8) * 4회 반복, 겉2, 안5, turn
175단(겉면)	걸러뜨기, DS, 겉4, (안2, 겉1, k2tog 2회, yo, 겉1, yo, 겉2, 안1, 겉2, yo, 겉1, yo, skpo 2회, 겉1) * 4회 반복, 안2, 겉1, turn
176단(안면)	걸러뜨기, DS, (겉2, 안8, 겉1, 안8) * 4회 반복, 겉2, 안1, turn
177단(겉면)	걸러뜨기, DS, 안2, 겉8, 안1, 겉3, yo, 겉1, yo, skpo 2회, (안2, k2tog 2회, yo, 겉1, yo, 겉2, 팝콘뜨기, 안1, 팝콘뜨기, 겉2, yo, 겉1, yo, skpo 2회) * 2회 반복, 안2, k2tog 2회, yo, 겉1, yo, 겉3, 안1, 겉7, turn
178단(안면)	걸러뜨기, DS, 안6, 겉1, 안8, (겉2, 안8, 겉1, 안8) * 2회 반복, 겉2, 안8, 겉1, 안7, turn
179단(겉면)	걸러뜨기, DS, 겉6, 안1, 겉4, yo, 겉2, skpo, (안2, k2tog, 겉2, yo, 겉4, 팝콘뜨기, 겉4, yo, 겉2, skpo) * 2회 반복, 안2, k2tog, 겉2, yo, 겉4, 안1, 겉2, turn
180단(안면)	걸러뜨기, DS, 안1, 겉1, 안8, (겉2, 안8, 겉1, 안8) * 2회 반복, 겉2, 안8, 겉1, 안2, turn
181단(겉면)	걸러뜨기, DS, 겉1, 안1, 겉5, yo, skpo, 겉1, (안2, 겉1, k2tog, yo, 겉5, 안1, 겉5, yo, skpo) * 2회 반복, 안2, 겉1, k2tog, yo, 겉3, turn
182단(안면)	걸러뜨기, DS, 안5, (겉2, 안8, 겉1, 안8) * 2회 반복, 겉2, 안6, turn
183단(겉면)	걸러뜨기, DS, 겉5, (안2, 겉8, 안1, 겉8) * 2회 반복, 안2, 겉5, DS 정리(겉), 겉2, 안1, 겉1, DS 정리(겉), 겉4, DS 정리(겉), 겉1, 안2, DS 정리(겉), 겉3, DS 정리(겉), 겉4
184단(안면)	안9, (겉2, 안8, 겉1, 안8) * 3회 반복, 겉2, 안5, DS 정리(안), 안2, 겉1, 안1, DS 정리(안), 안4, DS 정리(안), 안1, 겉2, DS 정리(안), 안3, DS 정리(안), 안4

XL-size	● 231p [차트 7] 참고.
189단(겉면)	겉4, 안1, 겉2, yo, 겉1, yo, skpo 2회, 겉1, (안2, 겉1, k2tog 2회, yo, 겉1, yo, 겉2, 안1, 겉2, yo, 겉1, yo, skpo 2회, 겉1) * 4회 반복, 안2, 겉1, k2tog 2회, yo, 겉1, yo, 겉2, turn
190단(안면)	걸러뜨기, 실을 바깥으로 당겨 더블스티치(이하 DS)를 만듭니다. 안7, (겉2, 안8, 겉1, 안8) * 4회 반복, 겉2, 안8, turn
191단(겉면)	걸러뜨기, DS, 겉4, yo, skpo, 겉1, (안2, k2tog 2회, yo, 겉1, yo, 겉2, 팝콘뜨기, 안1, 팝콘뜨기, 겉2, yo, 겉1, yo, skpo 2회) * 4회 반복, 안2, 겉3, turn
192단(안면)	걸러뜨기, DS, 안2, (겉2, 안8, 겉1, 안8) * 4회 반복, 겉2, 안3, turn
193단(겉면)	걸러뜨기, DS, 겉2, (안2, k2tog, 겉2, yo, 겉4, 팝콘뜨기, 겉4, yo, 겉2, skpo) * 3회 반복, 안2, k2tog, 겉2, yo, 겉4, 팝콘뜨기, 겉4, yo, skpo, 겉2, turn
194단(안면)	걸러뜨기, DS, 안7, 겉1, 안8, (겉2, 안8, 겉1, 안8) * 3회 반복, turn
195단(겉면)	걸러뜨기, DS, 겉7, 안1, 겉5, yo, skpo, 겉1, (안2, 겉1, k2tog, yo, 겉5, 안1, 겉5, yo, skpo) * 2회 반복, 안2, 겉1, k2tog, yo, 겉5, 안1, 겉3, turn

196단(안면)	걸러뜨기, DS, 안2, 겉1, 안8, (겉2, 안8, 겉1, 안8) * 2회 반복, 겉2, 안8, 겉1, 안3, turn
197단(겉면)	걸러뜨기, DS, 겉2, 안1, 겉1, yo, skpo, 겉5, (안2, 겉5, k2tog, yo, 겉1, 안1, 겉1, yo, skpo, 겉5) * 2회 반복, 안2, 겉7, turn
198단(안면)	걸러뜨기, DS, 안6, (겉2, 안8, 겉1, 안8) * 2회 반복, 겉2, 안7, turn
199단(겉면)	걸러뜨기, DS, 겉6, (안2, 겉8, 안1, 겉8) * 2회 반복, 안2, 겉6, DS 정리(겉), 겉1, 안1, 겉2, DS 정리(겉), 겉4, DS 정리(겉), 안2, 겉2, DS 정리(겉), 겉4, DS 정리(겉), 안1, 겉4
200단(안면)	안4, 겉1, 안8, (겉2, 안8, 겉1, 안8) * 3회 반복, 겉2, 안6, DS 정리(안), 안1, 겉1, 안2, DS 정리(안), 안4, DS 정리(안), 겉2, DS 정리(안), 안4, DS 정리(안), 겉1, 안4

실을 끊고, 편물의 코를 쉬게 합니다.

【오른쪽 앞판 | 암홀 줄임】

바늘에 남아있는 코로 작업합니다.

S-size(51코)	232p [차트 8] 참고.
99단(겉면)	5코 막음, 겉6, (안2, 겉5, k2tog, yo, 겉1, 안1, 겉1, yo, skpo, 겉5) * 2회 반복, 안2
100단(안면)	(겉2, 안8, 겉1, 안8) * 2회 반복, 겉2, 안6
101단(겉면)	skpo, 겉4, (안2, 겉3, k2tog 2회, yo, 겉1, yo, 안1, 겉1, yo, skpo 2회, 겉3) * 2회 반복, 안2
102단(안면)	(겉2, 안8, 겉1, 안8) * 2회 반복, 겉2, 안5
103단(겉면)	skpo, 겉3, (안2, 겉2, k2tog 2회, yo, 겉1, yo, 겉1, 안1, 겉1, yo, 겉1, yo, skpo 2회, 겉2) * 2회 반복, 안2
104단(안면)	(겉2, 안8, 겉1, 안8) * 2회 반복, 겉2, 안4
105단(겉면)	겉4, (안2, 겉1, k2tog 2회, yo, 겉1, yo, 겉2, 안1, 겉2, yo, 겉1, yo, skpo 2회, 겉1) * 2회 반복, 안2
106단(안면)	(겉2, 안8, 겉1, 안8) * 2회 반복, 겉2, 안4 (이하 짝수 단은 106단과 동일하기에 생략)
107단(겉면)	겉4, (안2, k2tog 2회, yo, 겉1, yo, 겉2, 팝콘뜨기, 안1, 팝콘뜨기, 겉2, yo, 겉1, yo, skpo 2회) * 2회 반복, 안2
109단(겉면)	겉4, (안2, k2tog, 겉2, yo, 겉1, 팝콘뜨기, 겉4, yo, 겉2, skpo) * 2회 반복, 안2
111단(겉면)	겉4, (안2, 겉1, k2tog, yo, 겉5, 안1, 겉5, yo, skpo, 겉1) * 2회 반복, 안2
113단(겉면)	겉4, (안2, 겉5, k2tog, yo, 겉1, 안1, 겉1, yo, skpo, 겉5) * 2회 반복, 안2
115단(겉면)	겉4, (안2, 겉3, k2tog 2회, yo, 겉1, yo, 안1, yo, 겉1, yo, skpo 2회, 겉3) * 2회 반복, 안2
117단(겉면)	겉4, (안2, 겉2, k2tog 2회, yo, 겉1, yo, 겉1, 안1, 겉1, yo, 겉1, yo, skpo 2회, 겉2) * 2회 반복, 안2

* 105단부터 118단까지 반복해 138단(안면)까지 진행합니다. 무늬가 딱 맞아 떨어지지 않습니다.

줄임이 끝난 후 ◉ **현재 바늘의 콧수:** 44

(M-L)-size(61코) ◉ 233p [차트 9] 참고.

113단(겉면)	6코 막음, 겉6, 안1, 겉1, yo, skpo, 겉5, (안2, 겉5, k2tog, yo, 겉1, 안1, 겉1, yo, skpo, 겉5) * 2회 반복, 안2
114단(안면)	(겉2, 안8, 겉1, 안8) * 2회 반복, 겉2, 안8, 겉1, 안6
115단(겉면)	2코 막음, 겉4, 안1, yo, 겉1, yo, skpo 2회, 겉3, (안2, 겉3, k2tog 2회, yo, 겉1, yo, 안1, 겉1, yo, skpo 2회, 겉3) * 2회 반복, 안2
116단(안면)	(겉2, 안8, 겉1, 안8) * 2회 반복, 겉2, 안8, 겉1, 안4
117단(겉면)	skpo, 겉2, 안1, 겉1, yo, 겉1, yo, skpo 2회, 겉2, (안2, 겉2, k2tog 2회, yo, 겉1, yo, 안1, 겉1, yo, 겉1, yo, skpo 2회, 겉2) * 2회 반복, 안2
118단(안면)	(겉2, 안8, 겉1, 안8) * 2회 반복, 겉2, 안8, 겉1, 안3
119단(겉면)	skpo, 겉1, 안1, 겉2, yo, 겉1, yo, skpo 2회, 겉1, (안2, 겉1, k2tog 2회, yo, 겉1, yo, 겉2, 안1, 겉2, yo, 겉1, yo, skpo 2회, 겉1) * 2회 반복, 안2
120단(안면)	(겉2, 안8, 겉1, 안8) * 2회 반복, 겉2, 안8, 겉1, 안2
121단(겉면)	skpo, 안1, 겉3, yo, 겉1, yo, skpo 2회, (안2, k2tog 2회, yo, 겉1, yo, 겉2, 팝콘뜨기, 안1, 팝콘뜨기, 겉2, yo, 겉1, yo, skpo 2회) * 2회 반복, 안2
122단(안면)	(겉2, 안8, 겉1, 안8) * 2회 반복, 겉2, 안10
123단(겉면)	skpo, 겉4, yo, 겉2, skpo, (안2, k2tog, 겉2, yo, 겉4, 팝콘뜨기, 겉4, yo, 겉2, skpo) * 2회 반복, 안2
124단(안면)	(겉2, 안8, 겉1, 안8) * 2회 반복, 겉2, 안9(이하 짝수 단은 124단과 동일하므로 생략)
125단(겉면)	겉6, yo, skpo, 겉1, (안2, 겉1, k2tog, yo, 겉5, 안1, 겉5, yo, skpo, 겉1) * 2회 반복, 안2
127단(겉면)	겉2, yo, skpo, 겉5, (안2, 겉5, k2tog, yo, 겉1, 안1, 겉1, yo, skpo, 겉5) * 2회 반복, 안2
129단(겉면)	겉3, yo, skpo, 겉4, (안2, 겉3, k2tog 2회, yo, 겉1, yo, 안1, 겉1, yo, skpo 2회, 겉3) * 2회 반복, 안2
131단(겉면)	겉4, yo, skpo, 겉3, (안2, 겉2, k2tog 2회, yo, 겉1, yo, 겉1, 안1, 겉1, yo, 겉1, yo, skpo 2회, 겉2) * 2회 반복, 안2
133단(겉면)	겉3, yo, 겉1, yo, skpo 2회, 겉1, (안2, 겉1, k2tog 2회, yo, 겉1, 겉2, 안1, 겉2, yo, 겉1, yo, skpo 2회, 겉1) * 2회 반복, 안2
135단(겉면)	겉4, yo, 겉1, yo, skpo 2회, (안2, k2tog 2회, yo, 겉1, yo, 겉2, 팝콘뜨기, 안1, 팝콘뜨기, 겉2, yo, 겉1, yo, skpo 2회) * 2회 반복, 안2
137단(겉면)	겉5, yo, 겉2, skpo, (안2, k2tog, 겉2, yo, 겉4, 팝콘뜨기, 겉4, yo, 겉2, skpo) * 2회 반복, 안2

*125단부터 138단까지 반복하며 152단(안면)까지 진행합니다. 무늬가 딱 맞아 떨어지지 않습니다.

줄임이 끝난 후 ◉ **현재 바늘의 콧수:** 49

XL-size(72코) ◉ 234p [차트 10] 참고.

127단(겉면)	9코 막음, 겉4, (안2, 겉5, k2tog, yo, 겉1, 안1, 겉1, yo, skpo, 겉5) * 3회 반복, 안2

128단(안면)	(겉2, 안8, 겉1, 안8) * 3회 반복, 겉2, 안4
129단(겉면)	3코 막음, 겉1, (안2, 겉3, k2tog 2회, yo, 겉1, yo, 안1, yo, 겉1, yo, skpo 2회, 겉3) * 3회 반복, 안2
130단(안면)	(겉2, 안8, 겉1, 안8) * 3회 반복, 겉2, 안1
131단(겉면)	2코 막음, 겉3, k2tog 2회, yo, 겉1, yo, 안1, 겉1, yo, 겉1, yo, skpo 2회, 겉2, (안2, 겉2, k2tog 2회, yo, 겉1, yo, 겉1, 안1, 겉1, yo, 겉1, yo, skpo 2회, 겉2) * 2회 반복, 안2
132단(안면)	(겉2, 안8, 겉1, 안8) * 2회 반복, 겉2, 안8, 겉1, 안9
133단(겉면)	skpo, 겉3, k2tog, yo, 겉2, 안1, 겉2, yo, 겉1, yo, skpo 2회, 겉1, (안2, 겉1, k2tog 2회, yo, 겉1, yo, 겉2, 안1, 겉2, yo, 겉1, yo, skpo 2회, 겉1) * 2회 반복, 안2
134단(안면)	(겉2, 안8, 겉1, 안8) * 2회 반복, 겉2, 안8, 겉1, 안8
135단(겉면)	skpo, 겉6, 안1, 겉3, yo, 겉1, yo, skpo 2회, (안2, k2tog 2회, yo, 겉1, yo, 겉2, 팝콘뜨기, 안1, 팝콘뜨기, 겉2, yo, 겉1, yo, skpo 2회) * 2회 반복, 안2
136단(안면)	(겉2, 안8, 겉1, 안8) * 2회 반복, 겉2, 안8, 겉1, 안7
137단(겉면)	skpo, 겉5, 안1, 겉4, yo, 겉2, skpo, (안2, k2tog, 겉2, yo, 겉4, 팝콘뜨기, 겉4, yo, 겉2, skpo) * 2회 반복, 안2
138단(안면)	(겉2, 안8, 겉1, 안8) * 2회 반복, 겉2, 안8, 겉1, 안6
139단(겉면)	skpo, 겉4, 안1, 겉5, yo, skpo, 겉1, (안2, 겉1, k2tog, yo, 겉5, 안1, 겉5, yo, skpo, 겉1) * 2회 반복, 안2
140단(안면)	(겉2, 안8, 겉1, 안8) * 2회 반복, 겉2, 안8, 겉1, 안5
141단(겉면)	skpo, 겉3, 안1, 겉1, yo, skpo, 겉5, (안2, 겉5, k2tog, yo, 겉1, 안1, 겉1, yo, skpo, 겉5) * 2회 반복, 안2
142단(안면)	(겉2, 안8, 겉1, 안8) * 2회 반복, 겉2, 안8, 겉1, 안4(이하 짝수 단은 142단과 동일하므로 생략)
143단(겉면)	겉4, 안1, yo, 겉1, yo, skpo 2회, 겉3, (안2, 겉3, k2tog 2회, yo, 겉1, 안1, yo, 겉1, yo, skpo 2회, 겉3) * 2회 반복, 안2
145단(겉면)	겉4, 안1, 겉1, yo, 겉1, yo, skpo 2회, 겉2, (안2, 겉2, k2tog 2회, yo, 겉1, yo, 겉1, 안1, 겉1, yo, 겉1, yo, skpo 2회, 겉2) * 2회 반복, 안2
147단(겉면)	겉4, 안1, 겉2, yo, 겉1, yo, skpo 2회, 겉1, (안2, 겉1, k2tog 2회, yo, 겉1, yo, 겉2, 안1, 겉2, yo, 겉1, yo, skpo 2회, 겉1) * 2회 반복, 안2
149단(겉면)	겉4, 안1, 겉3, yo, 겉1, yo, skpo 2회, (안2, k2tog 2회, yo, 겉1, yo, 겉2, 팝콘뜨기, 안1, 팝콘뜨기, 겉2, yo, 겉1, yo, skpo 2회) * 2회 반복, 안2
151단(겉면)	겉4, 안1, 겉4, yo, 겉2, skpo, (안2, k2tog, 겉2, yo, 겉4, 팝콘뜨기, 겉4, yo, 겉2, skpo) * 2회 반복, 안2
153단(겉면)	겉4, 안1, 겉5, yo, skpo, 겉1, (안2, 겉1, k2tog, yo, 겉5, 안1, 겉5, yo, skpo, 겉1) * 2회 반복, 안2
155단(겉면)	겉4, 안1, 겉1, yo, skpo, 겉5, (안2, 겉5, k2tog, yo, 겉1, 안1, 겉1, yo, skpo, 겉5) * 2회 반복, 안2

*143단부터 156단까지 반복해 166단(안면)까지 진행합니다. 무늬가 딱 맞아 떨어지지 않습니다.

줄임이 끝난 후 **현재 바늘의 콧수: 53**

【오른쪽 앞판 | 앞목 줄임】

S-size ❀ 232p [차트 8] 참고.

139단(겉면)	겉4, 안2, (겉1, k2tog, yo, 겉5, 안1, 겉5, yo, skpo, 겉1, 안2) * 2회 반복
140단(안면)	7코 막음, 안3, 겉1, 안8, (겉2, 안8, 겉1, 안8), 겉2, 안4
141단(겉면)	겉4, 안2, (겉5, k2tog, yo, 겉1, 안1, 겉1, yo, skpo, 겉5, 안2), 겉8, 안1, 겉3
142단(안면)	4코 막음, 안8, (겉2, 안8, 겉1, 안8), 겉2, 안4
143단(겉면)	겉4, 안2, (겉3, k2tog 2회, yo, 겉1, yo, 안1, yo, 겉1, yo, skpo 2회, 겉3, 안2), 겉8
144단(안면)	2코 막음, 안6, (겉2, 안8, 겉1, 안8), 겉2, 안4
145단(겉면)	겉4, 안2, (겉2, k2tog 2회, yo, 겉1, yo, 겉1, 안1, 겉1, yo, 겉1, yo, skpo 2회, 겉2, 안2), 겉4, k2tog
146단(안면)	안5, (겉2, 안8, 겉1, 안8), 겉2, 안4
147단(겉면)	겉4, 안2, (겉1, k2tog 2회, yo, 겉1, yo, 겉2, 안1, 겉2, yo, 겉1, yo, skpo 2회, 겉1, 안2), 겉3, k2tog
148단(안면)	안4, (겉2, 안8, 겉1, 안8), 겉2, 안4
149단(겉면)	겉4, 안2, (k2tog 2회, yo, 겉1, yo, 겉2, 팝콘뜨기, 안1, 팝콘뜨기, 겉2, yo, 겉1, yo, skpo 2회, 안2), 겉2, k2tog
150단(안면)	안3, (겉2, 안8, 겉1, 안8), 겉2, 안4
151단(겉면)	겉4, 안2, (k2tog, 겉2, yo, 겉4, 팝콘뜨기, 겉4, yo, 겉2, skpo, 안2), 겉1, k2tog
152단(안면)	안2, (겉2, 안8, 겉1, 안8), 겉2, 안4
153단(겉면)	겉4, 안2, (겉1, k2tog, yo, 겉5, 안1, 겉5, yo, skpo, 겉1, 안2), k2tog
154단(안면)	안1, (겉2, 안8, 겉1, 안8), 겉2, 안4
155단(겉면)	겉4, 안2, 겉5, k2tog, yo, 겉1, 안1, 겉1, yo, skpo, 겉5, 안1, k2tog
156단(안면)	겉2, 안8, 겉1, 안8, 겉2 안4

줄임이 끝난 후 ❀ **현재 바늘의 콧수: 25**

(M-L)-size ❀ 233p [차트 9] 참고.

153단(겉면)	겉6, yo, skpo, 겉1, 안2, (겉1, k2tog, yo, 겉5, 안1, 겉5, yo, skpo, 겉1, 안2), 겉1, k2tog, yo, 겉5, 안1, 겉8, 안2
154단(안면)	9코 막음, 안1, 겉1, 안8, (겉2, 안8, 겉1, 안8), 겉2, 안9
155단(겉면)	겉2, yo, skpo, 겉5, 안2, (겉5, k2tog, yo, 겉1, 안1, 겉1, yo, skpo, 겉5, 안2), 겉8, 안1, 겉1
156단(안면)	4코 막음, 안6, (겉2, 안8, 겉1, 안8), 겉2, 안9
157단(겉면)	겉3, yo, skpo, 겉4, 안2, (겉3, k2tog 2회, yo, 겉1, yo, 안1, yo, 겉1, yo, skpo 2회, 겉3, 안2), 겉6
158단(안면)	2코 막음, 안4, (겉2, 안8, 겉1, 안8), 겉2, 안9
159단(겉면)	겉4, yo, skpo, 겉3, 안2, (겉2, k2tog 2회, yo, 겉1, yo, 겉1, 안1, 겉1, yo, 겉1, yo, skpo 2회, 겉2, 안2), 겉2, k2tog

160단(안면)	안3, (겉2, 안8, 겉1, 안8), 겉2, 안9
161단(겉면)	겉3, yo, 겉1, yo, skpo 2회, 겉1, 안2, (겉1, k2tog 2회, yo, 겉1, yo, 겉2, 안1, 겉2, yo, 겉1, yo, skpo 2회, 겉1, 안2), 겉1, k2tog
162단(안면)	안2, (겉2, 안8, 겉1, 안8), 겉2, 안9
163단(겉면)	겉4, yo, 겉1, yo, skpo 2회, 안2, (k2tog 2회, yo, 겉1, yo, 겉2, 팝콘뜨기, 안1, 팝콘뜨기, 겉2, yo, 겉1, yo, skpo 2회, 안2), k2tog
164단(안면)	안1, (겉2, 안8, 겉1, 안8), 겉2, 안9
165단(겉면)	겉5, yo, 겉2, skpo, (안2, k2tog 2회, 겉2, yo, 겉4, 팝콘뜨기, 겉4, yo, 겉2, skpo), 안1, k2tog
166단(안면)	안10, 겉1, 안8, 겉2, 안9
167단(겉면)	겉6, yo, skpo, 겉1, 안2, 겉1, k2tog, yo, 겉5, 안1, 겉5, yo, skpo, 겉1, k2tog
168단(안면)	안9, 겉1, 안8, 겉2, 안9
169단(겉면)	겉2, yo, skpo, 겉5, 안2, 겉5, k2tog, yo, 겉1, 안1, 겉1, yo, skpo, 겉4, k2tog
170단(안면)	안8, 겉1, 안8, 겉2, 안9
171단(겉면)	겉3, yo, skpo, 겉4, 안2, 겉3, k2tog 2회, yo, 겉1, yo, 안1, yo, skpo, 겉4, k2tog
172단(안면)	안7, 겉1, 안8, 겉2, 안9

줄임이 끝난 후　**현재 바늘의 콧수: 27**

XL-size　　234p [차트 10] 참고.

167단(겉면)	겉4, 안1, 겉5, yo, skpo, 겉1, 안2, (겉1, k2tog, yo, 겉5, 안1, 겉5, yo, skpo, 겉1, 안2), 겉1, k2tog, yo, 겉5, 안1, 겉8, 안2
168단(안면)	10코 막음, 겉1, 안8, (겉2, 안8, 겉1, 안8), 겉2, 안8, 겉1, 안4
169단(겉면)	겉4, 안1, 겉1, yo, skpo, 겉5, 안2, (겉5, k2tog, yo, 겉1, 안1, 겉1, yo, skpo, 겉5, 안2), 겉8, 안1
170단(안면)	4코 막음, 안5, (겉2, 안8, 겉1, 안8), 겉2, 안8, 겉1, 안4
171단(겉면)	겉4, 안1, yo, 겉1, yo, skpo 2회, 겉3, 안2, (겉3, k2tog 2회, yo, 겉1, yo, 안1, yo, 겉1, yo, skpo 2회, 겉3, 안2), 겉5
172단(안면)	2코 막음, 안3, (겉2, 안8, 겉1, 안8), 겉2, 안8, 겉1, 안4
173단(겉면)	겉4, 안1, 겉1, yo, 겉1, yo, skpo 2회, 겉2, 안2, (겉2, k2tog 2회, yo, 겉1, yo, 겉1, 안1, 겉1, yo, skpo 2회, 겉2, 안2), 겉1, k2tog
174단(안면)	안2, (겉2, 안8, 겉1, 안8), 겉2, 안8, 겉1, 안4
175단(겉면)	겉4, 안1, 겉2, yo, 겉1, yo, skpo 2회, 겉1, 안2, (겉1, k2tog 2회, yo, 겉1, yo, 겉2, 안1, 겉2, yo, 겉1, yo, skpo 2회, 겉1, 안2), k2tog
176단(안면)	안1, (겉2, 안8, 겉1, 안8), 겉2, 안8, 겉1, 안4
177단(겉면)	겉4, 안1, 겉3, yo, 겉1, yo, skpo 2회, (안2, k2tog 2회, yo, 겉1, yo, 겉2, 팝콘뜨기, 안1, 팝콘뜨기, 겉2, yo, 겉1, yo, skpo 2회), 안1, k2tog

178단(안면)	안10, 겉1, 안8, 겉2, 안8, 겉1, 안4
179단(겉면)	겉4, 안1, 겉4, yo, 겉2, skpo, 안2, k2tog, 겉2, yo, 겉4, 팝콘뜨기, 겉4, yo, skpo, 겉2, k2tog
180단(안면)	안9, 겉1, 안8, 겉2, 안8, 겉1, 안4
181단(겉면)	겉4, 안1, 겉5, yo, skpo, 겉1, 안2, 겉1, k2tog, yo, 겉5, 안1, 겉5, yo, skpo, k2tog
182단(안면)	안8, 겉1, 안8, 겉2, 안8, 겉1, 안4
183단(겉면)	겉4, 안1, 겉1, yo, skpo, 겉5, 안2, 겉5, k2tog, yo, 겉1, 안1, 겉1, yo, skpo, 겉3, k2tog
184단(안면)	안7, 겉1, 안8, 겉2, 안8, 겉1, 안4
185단(겉면)	겉4, 안1, yo, 겉1, yo, skpo 2회, 겉3, 안2, 겉3, k2tog 2회, yo, 겉1, yo, 안1, yo, skpo, 겉3, k2tog
186단(안면)	안6, 겉1, 안8, 겉2, 안8, 겉1, 안4
187단(겉면)	겉4, 안1, 겉1, yo, 겉1, yo, skpo 2회, 겉2, 안2, 겉2, k2tog 2회, yo, 겉1, yo, 겉1, 안1, 겉1, yo, skpo, 겉1, k2tog
188단(안면)	안5, 겉1, 안8, 겉2, 안8, 겉1, 안4

줄임이 끝난 후 **현재 바늘의 콧수: 29**

【오른쪽 앞판 | 경사뜨기】

독일식 경사뜨기(German short row)를 진행합니다(자세한 내용은 오른쪽 앞판 서술 참고).

S-size	232p [차트 8] 참고.
157단(겉면)	겉4, (안2, 겉3, k2tog 2회, yo, 겉1, yo, 안1, yo, 겉1, yo, skpo 2회, 겉3), 안2
158단(안면)	겉2, 안8, 겉1, 안8, 겉1, turn
159단(겉면)	걸러뜨기, 실을 바깥으로 당겨 더블스티치(이하 DS)를 만듭니다. 겉8, 안1, 겉1, yo, 겉1, yo, skpo 2회, 겉2, 안2
160단(안면)	겉2, 안8, 겉1, 안3, turn
161단(겉면)	걸러뜨기, DS, 겉2, 안1, 겉4, yo, skpo, 겉2, 안2
162단(안면)	겉2, 안6, turn
163단(겉면)	걸러뜨기, DS, 겉5, 안2
164단(안면)	겉2, 안2, turn
165단(겉면)	걸러뜨기, DS, 겉1, 안2
166단(안면)	겉2, 안1, DS 정리(안), 안3, DS 정리(안), 안2, 겉1, 안2, DS 정리(안), 안5, DS 정리(겉), 겉1, 안4

(M-L)-size   ❀ 233p [차트 9] 참고.

173단(겉면)   겉9, (안2, 겉2, k2tog 2회, yo, 겉1, yo, 겉1, 안1, 겉1, yo, skpo, 겉4
174단(안면)   안7, 겉1, 안8, 겉2, 안5, turn
175단(겉면)   걸러뜨기, 실을 바깥으로 당겨 더블스티치(이하 DS)를 만듭니다. 겉4, (안2, 겉1, k2tog 2회, yo, 겉1, yo, 겉2, 안1, 겉2, yo, skpo, 겉3
176단(안면)   안7, 겉1, 안8, 겉2, 안1, turn
177단(겉면)   걸러뜨기, DS, 안2, 겉8, 안1, 겉3, yo, skpo, 겉2
178단(안면)   안7, 겉1, 안7, turn
179단(겉면)   걸러뜨기, DS, 안6, 겉1, 안7
180단(안면)   안7, 겉1, 안2, turn
181단(겉면)   걸러뜨기, DS, 겉1, 안1, 겉7
182단(안면)   안5, turn
183단(겉면)   걸러뜨기, DS, 겉4
184단(안면)   안4, DS 정리(안), 안2, 겉1, 안1, DS 정리(안), 안4, DS 정리(안), 안1, 겉2, DS 정리(안), 안3, DS 정리(안), 안4

XL-size   ❀ 234p [차트 10] 참고.

189단(겉면)   겉4, 안1, 겉2, yo, 겉1, yo, skpo 2회, 겉1, 안2, 겉1, k2tog 2회, yo, 겉1, yo, 겉2, 안1, 겉5
190단(안면)   안5, 겉1, 안8, 겉2, 안8, turn
191단(겉면)   걸러뜨기, 실을 바깥으로 당겨 더블스티치(이하 DS)를 만듭니다. 겉7, 안2, k2tog 2회, yo, 겉1, yo, 겉3, 안1, 겉5
192단(안면)   안5, 겉1, 안8, 겉2, 안3, turn
193단(겉면)   걸러뜨기, DS, 겉2, 안2, k2tog, 겉2, yo, 겉4, 안1, 겉5
194단(안면)   안5, 겉1, 안8, turn
195단(겉면)   걸러뜨기, DS, 겉7, 안1, 겉5
196단(안면)   안5, 겉1, 안3, turn
197단(겉면)   걸러뜨기, DS, 겉2, 안1, 겉5
198단(안면)   안4, turn
199단(겉면)   걸러뜨기, DS, 겉3
200단(안면)   안3, DS 정리(안), 안1, 겉1, 안2, DS 정리(안), 안4, DS 정리(안), 겉2, 안2, DS 정리(안), 안4, DS 정리(안), 겉1, 안4

실을 끊고, 편물의 코를 쉬게 합니다.

【어깨 연결】

참고 영상
어깨 잇기

겉면끼리 마주보게 뒤집어 어깨를 맞닿게 한 다음, 안면을 보며 3개의 바늘로 덮어씌워 코막음합니다.
양쪽 어깨, 뒷목 코막음합니다.

【소매 뜨기】

참고 영상

감아코에서 코 줍기   단에서 코 줍기   SSP

● 시작 마커는 mm(main marker), 마커 넘기기는 smm(slip main marker)로 표기.

5mm 대바늘을 이용해 겉면을 보며 겨드랑이 감아코 중심에서 시작해 64(68)72코를 주워 줍니다.
감아코에서 4(4)6, 앞판과 뒤판에서 각각 30(32)33를 주워 주세요.
감아코 중간에서 시작 마커를 걸어 준 후 2코 2단 멍석뜨기를 원통으로 진행합니다.

1단	(겉2, 안2) * 시작 마커까지 반복, smm
2단	1단과 동일
3단	(안2, 겉2) * 시작 마커까지 반복, smm
4단	3단과 동일
5~16단	1~4단 반복
17단	k2tog, (안2, 겉2) * 시작 마커 2코 전까지 반복, SSP, smm
18단	겉1, (안2, 겉2) * 시작 마커 1코 전까지 반복, 안1, smm
19단	안1, (겉2, 안2) * 시작 마커 1코 전까지 반복, 겉1, smm
20단	19단과 동일

21단	18단과 동일
22단	18단과 동일
23단	19단과 동일
24단	19단과 동일
25~32단	21~24단 반복
33단	k2tog, 겉1, (안2, 겉2) * 시작 마커 3코 전까지 반복, 안1, SSP, smm
34단	(겉2, 안2) * 시작 마커까지 반복, smm
35단	(안2, 겉2) * 시작 마커까지 반복, smm
36단	35단과 동일
37~48단	1~4단 반복

* 17단부터 48단까지 반복해 112(112)128단까지 반복합니다. [총 6(6)7회 줄임, -12(-12)-14코]

S-size만 진행

113~116단	1~4단과 동일

M-size만 진행

113~124단	17~28단과 동일

L-size만 진행

129~132단	21~24단과 동일

116(124)132단까지 진행합니다. 소매 길이는 뜨면서 조절할 수 있습니다.

줄임을 마친 후 **현재 바늘의 콧수**: 52(54)58

【소매 고무단 뜨기】

참고 영상

돗바늘 마무리

4.5mm 대바늘로 변경해 1코 고무뜨기를 12단까지 진행 후 돗바늘 마무리합니다.

1코 고무뜨기   (겉1, 안1) * 시작 마커까지 반복, smm

【목 고무단 뜨기】

참고 영상

코에서 코 줍기   대각선에서 코 줍기   몽글 엣징

4mm 대바늘을 이용해 겉면을 보며 다음과 같이 코를 주워 줍니다.

앞목 감아코에서 7(9)10, 앞목 대각선에서 25(27)(29), 뒷목에서 35(41)45, 앞목 대각선에서 25(27)(29), 앞목 감아코에서 7(9)10

🌸 **현재 바늘의 콧수: 99(113)123**

코를 주운 단을 1단(겉면)으로 생각합니다.

2단(안면)   겉1, (겉1, 안1) * 끝에서 2코 전까지 반복, 겉2
3단(겉면)   안1, (안1, 겉1) * 끝에서 2코 전까지 반복, 안2

* 2단과 3단을 반복해 6단까지 진행한 후 겉면을 보며 몽글엣징으로 마무리합니다.

🌸 **8코 몽글 엣징(덮어씌워 코막음)**

6(5)6코 막음, 4단 아래 코를 떠서 코 막음, (7코 막음, 4단 아래 코를 떠서 코 막음)
* 5(4)5코 남을 때까지 반복, 6(4)6코 막음

【버튼밴드 뜨기】

참고 영상

왼코 중심
2코 모아 안뜨기

왼쪽 버튼밴드

4mm 대바늘을 이용해 겉면, 위에서 아래로 147(163)179를 주워 줍니다.

코를 주운 단을 1단(겉면)으로 생각합니다.

2단(안면)	(안1, 겉1) * 끝에서 1코 전까지 반복, 안1
3단(겉면)	(겉1, 안1) * 끝에서 1코 전까지 반복, 겉1

* 2단과 3단을 반복해 8단까지 진행한 후 겉면을 보며 몽글엣징으로 마무리합니다.

🌸 8코 몽글엣징(덮어씌워 코막음 사용)

6코 막음, 4단 아래 코를 떠서 1코 막음, (7코 막음, 4단 아래 코를 떠서 코 막음) * 괄호를 5코 남을 때까지 반복, 5코 막음

오른쪽 버튼밴드(단춧구멍 만들기)

4mm 대바늘을 이용해 겉면, 아래에서 위로 147(163)179를 주워 줍니다.

코를 주운 단을 1단(겉면)으로 생각합니다.

2단(안면)	(안1, 겉1) * 끝에서 1코 전까지 반복, 안1
3단(겉면)	(겉1, 안1) * 끝에서 1코 전까지 반복, 겉1
4단(안면)	2단과 동일
5단(겉면)	(겉1, 안) * 3회 반복, (바늘 비우기, 왼코 중심 2코 모아 안뜨기, [(겉1, 안1) * 반복하며 32(36)40코 뜨기, (바늘 비우기, 왼코 중심 2코 모아 안뜨기]* 대괄호 4회 반복, 보이는 대로 끝까지 뜨기
6~8단	2~3단과 동일

8단까지 진행한 후 겉면을 보며 몽글엣징으로 마무리합니다.

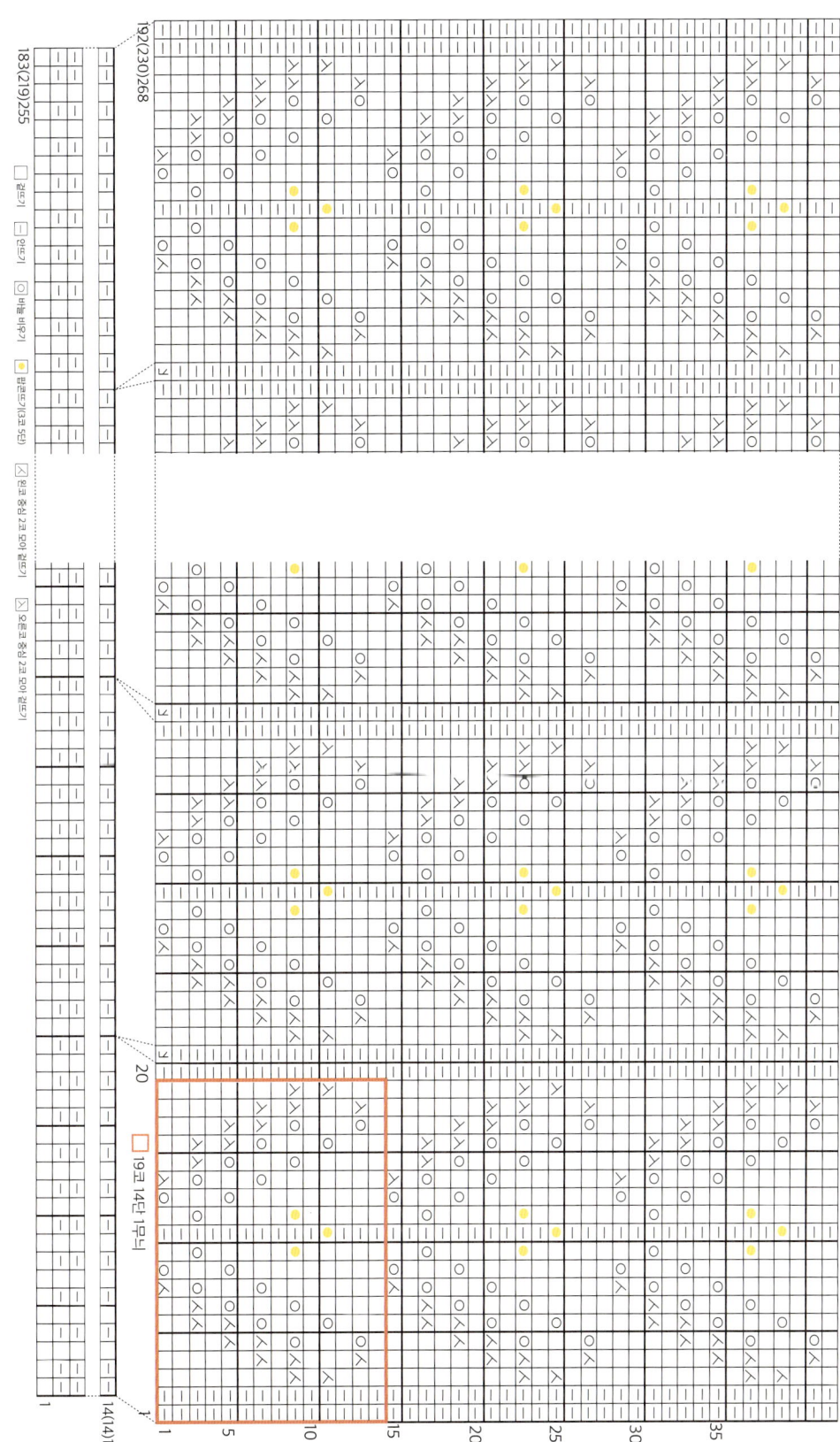

【 차트 2 】 왼쪽 앞판(S-size)

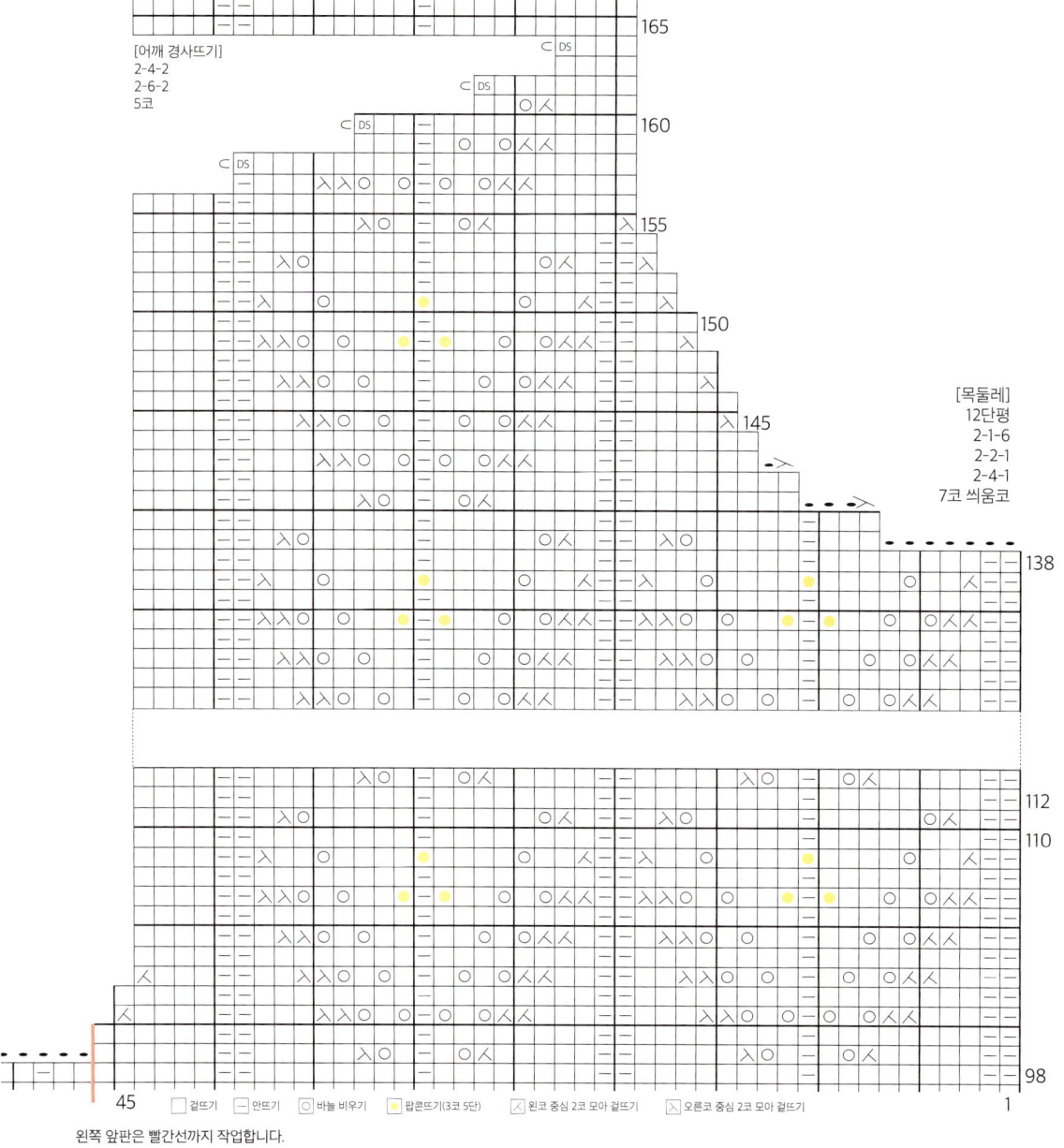

【 차트 3 】 왼쪽 앞판(M-L-size)

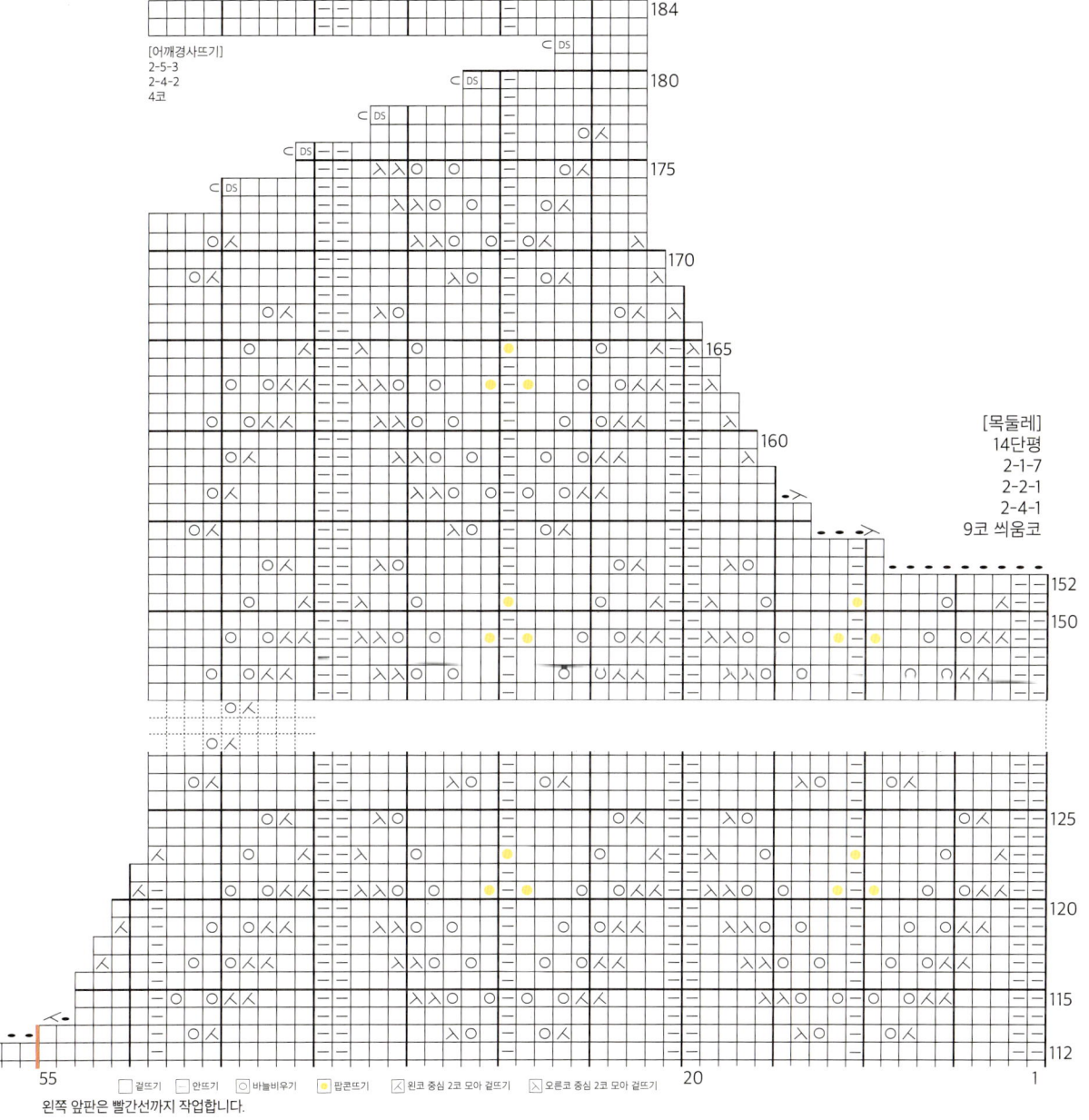

[차트 4] 왼쪽 앞판(XL-size)

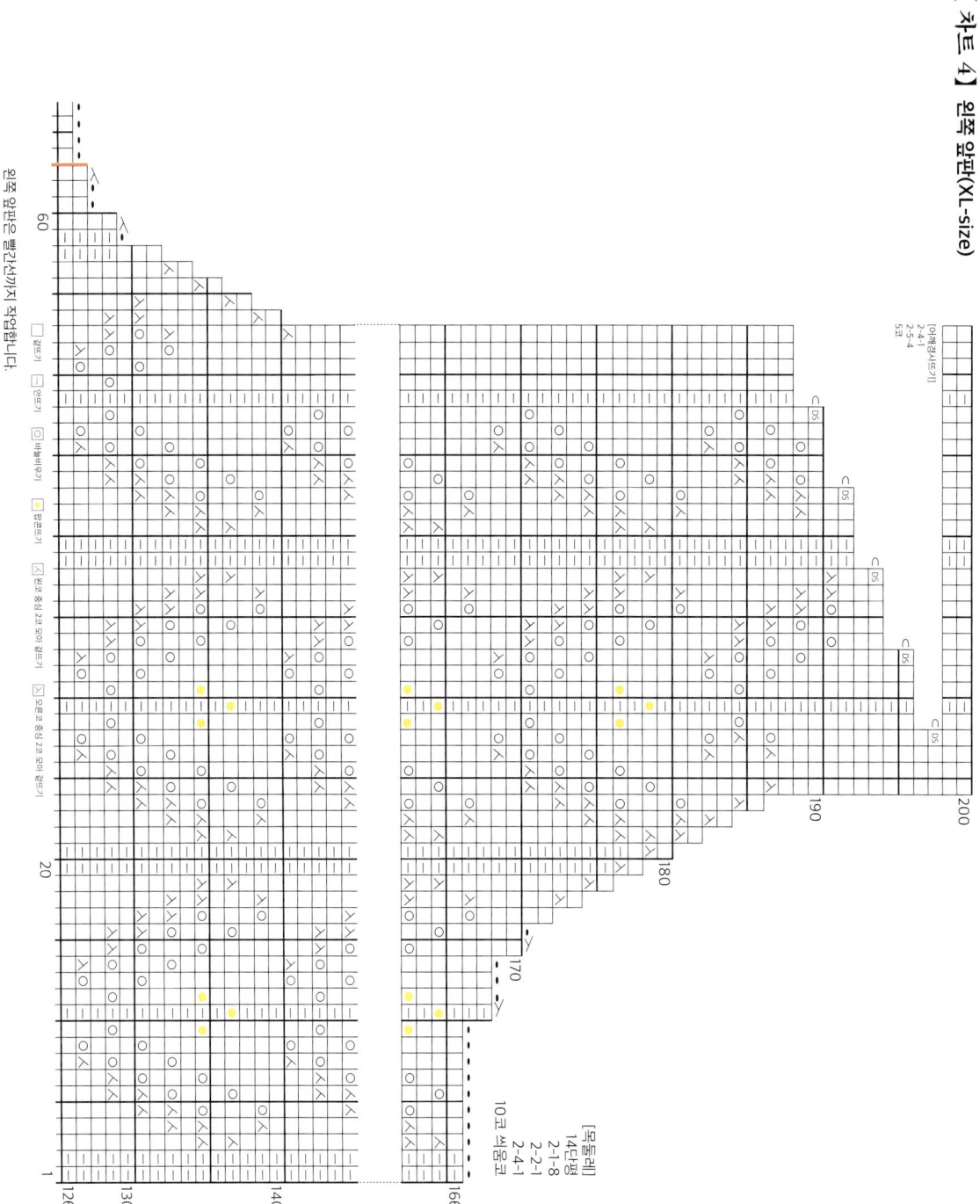

[차트 5] 뒤판(S-size)

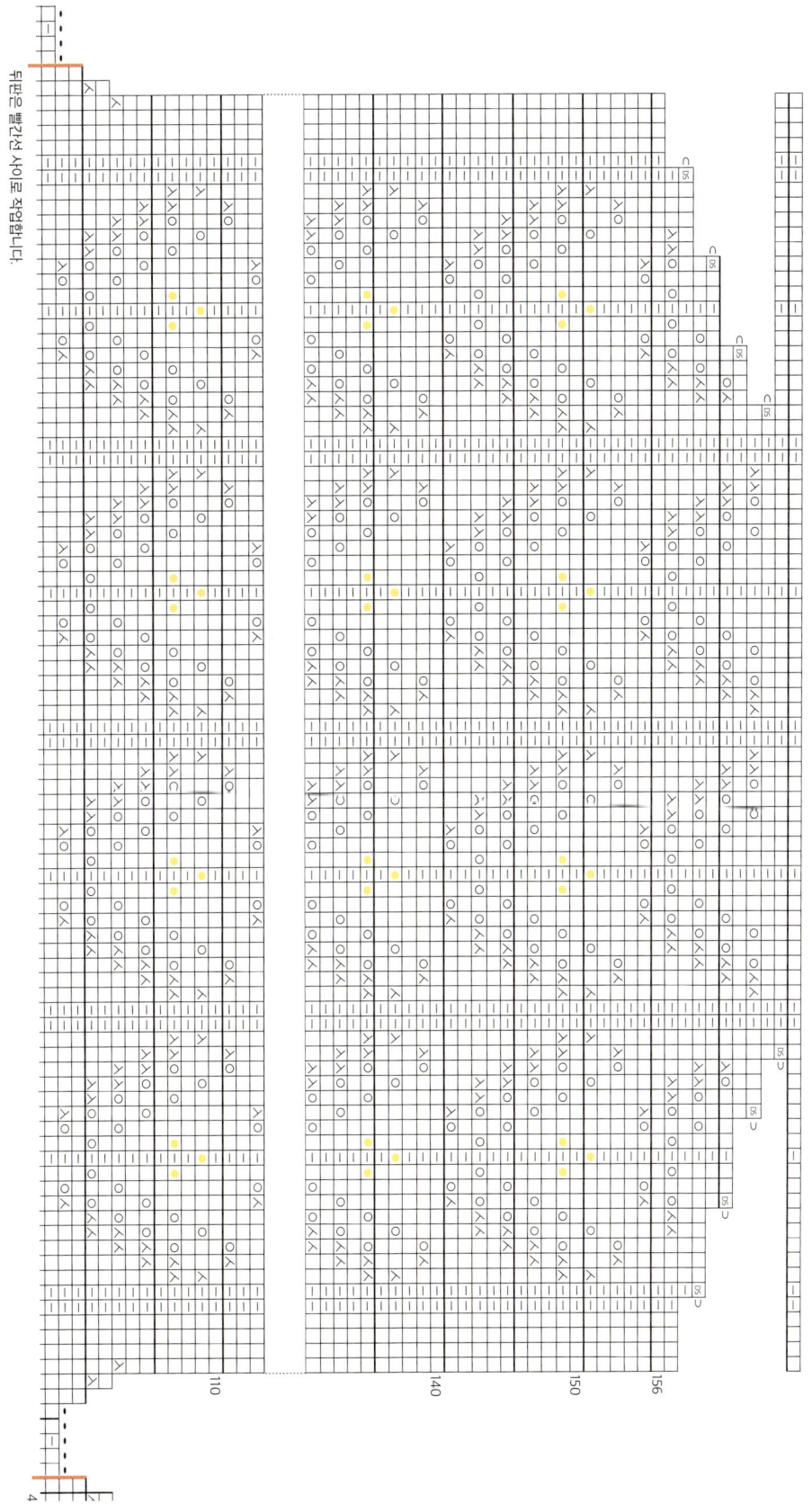

[차트 6] 뒤판(M-L-size)

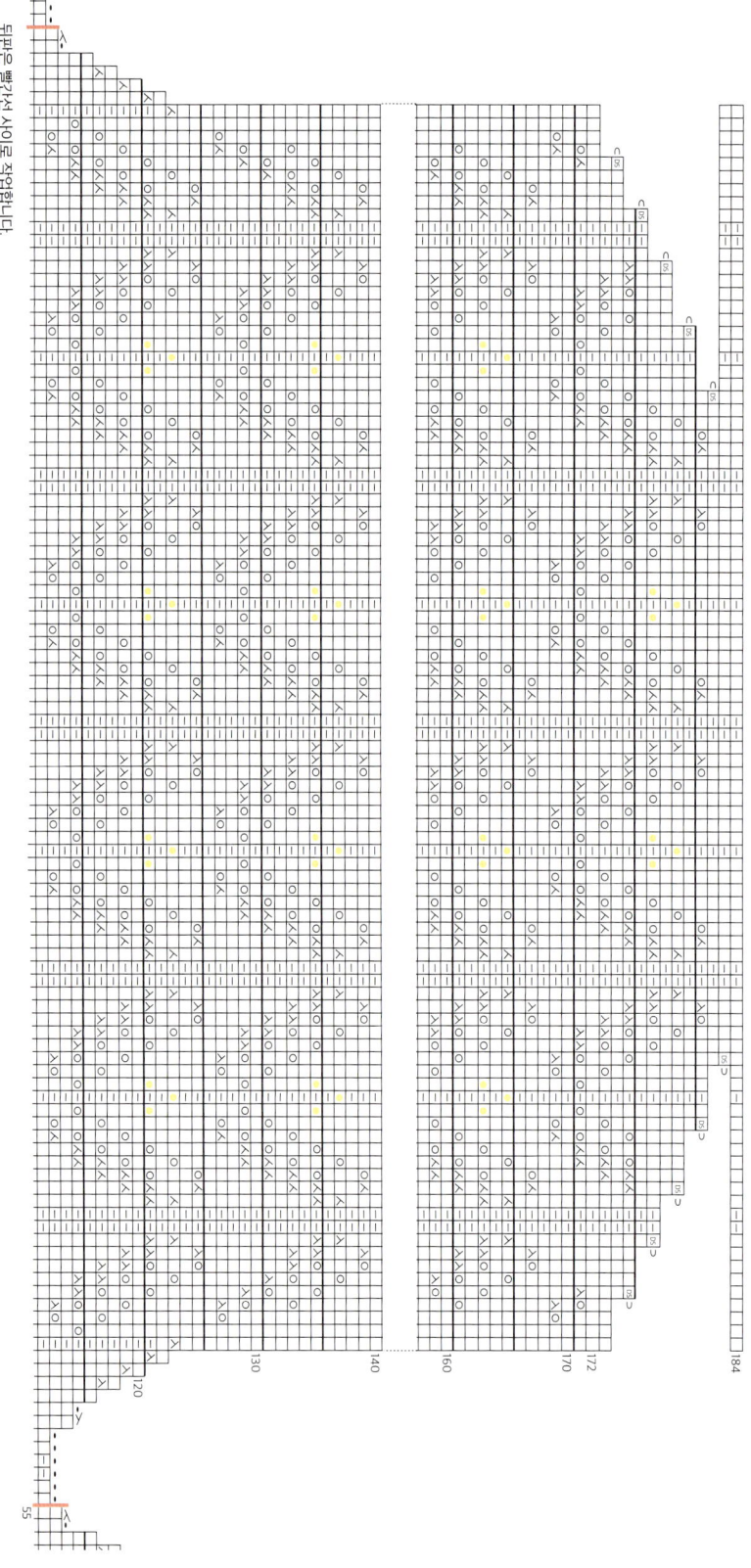

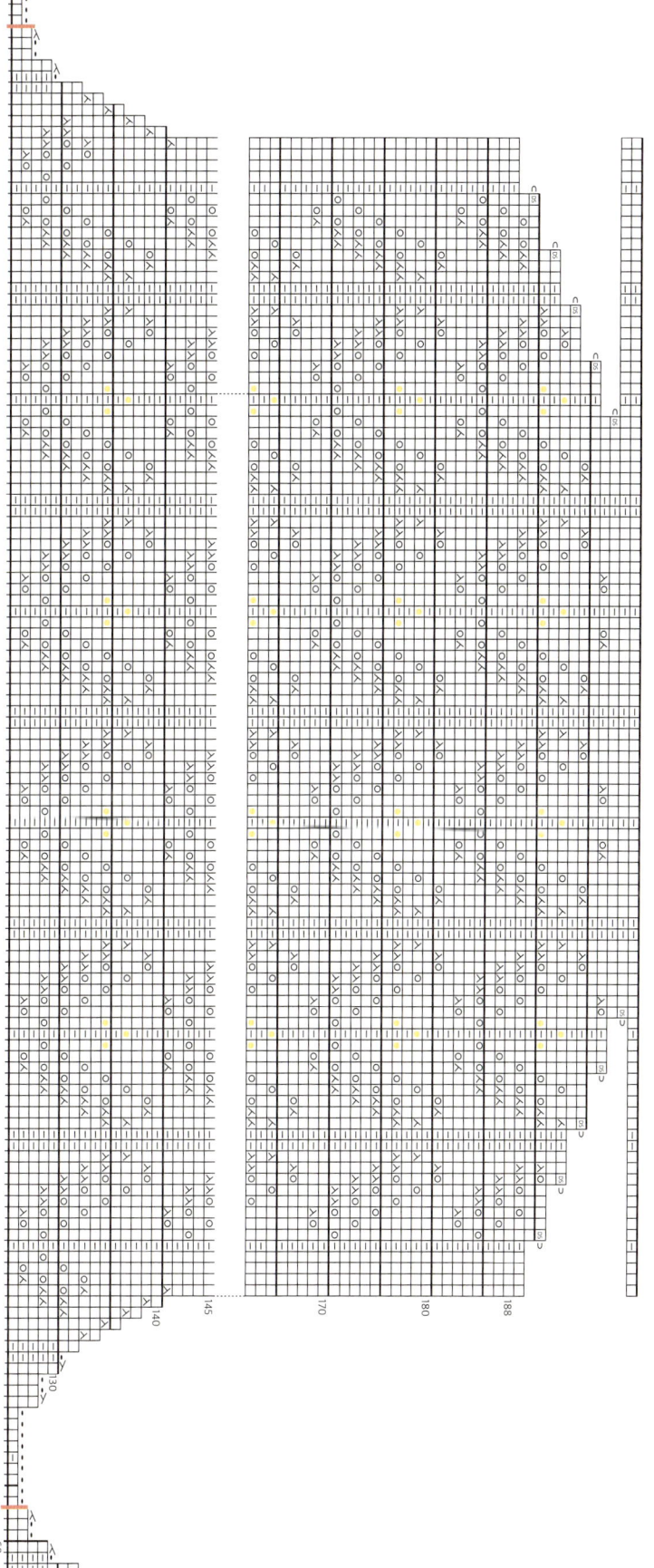

【 차트 8 】 오른쪽 앞판(S-size)

오른쪽 앞판은 빨간 선부터 작업합니다.

【 차트 9 】 오른쪽 앞판(M-L-size)

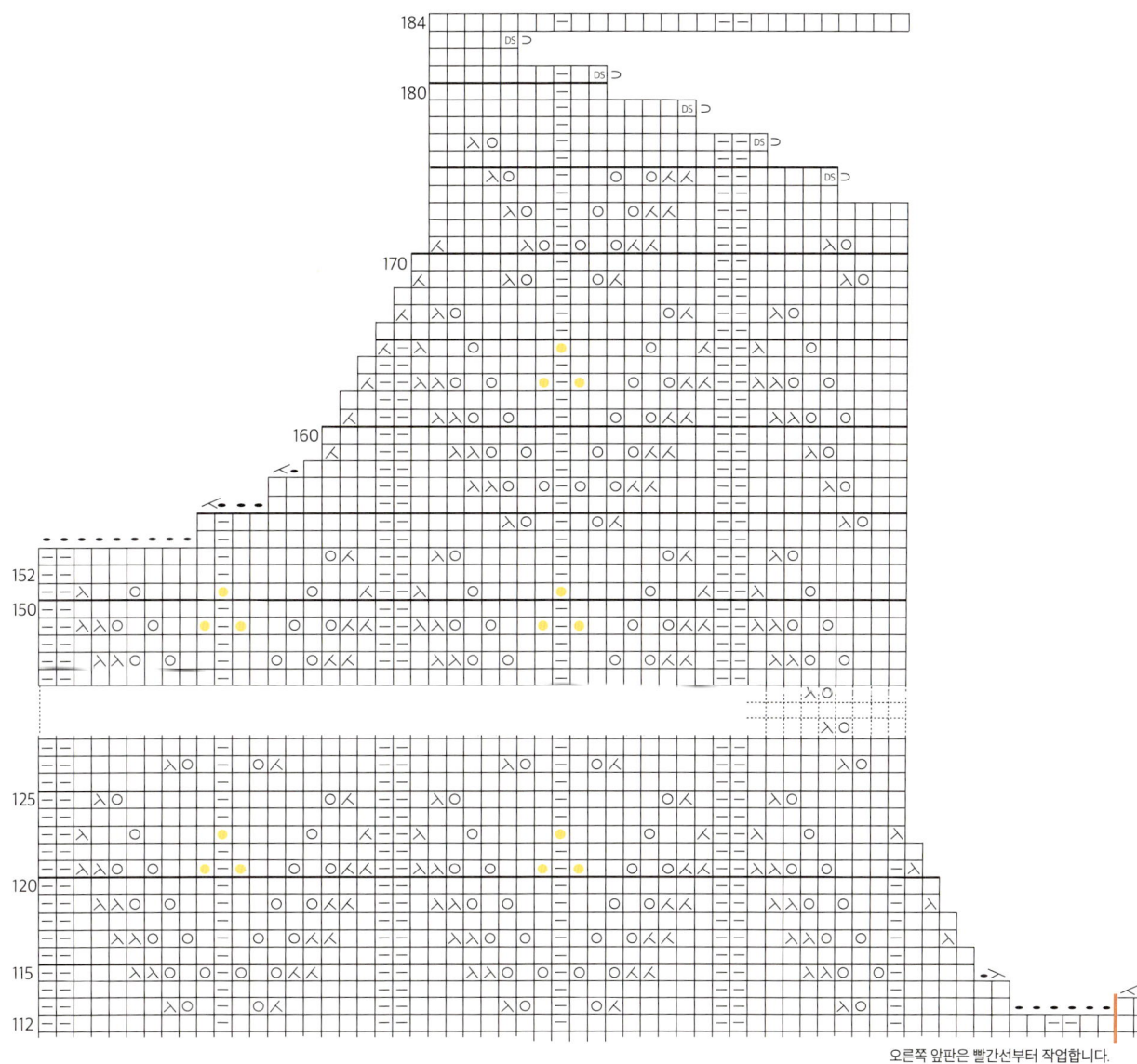

오른쪽 앞판은 빨간선부터 작업합니다.

[차트 10] 오른쪽 앞판(XL-size)

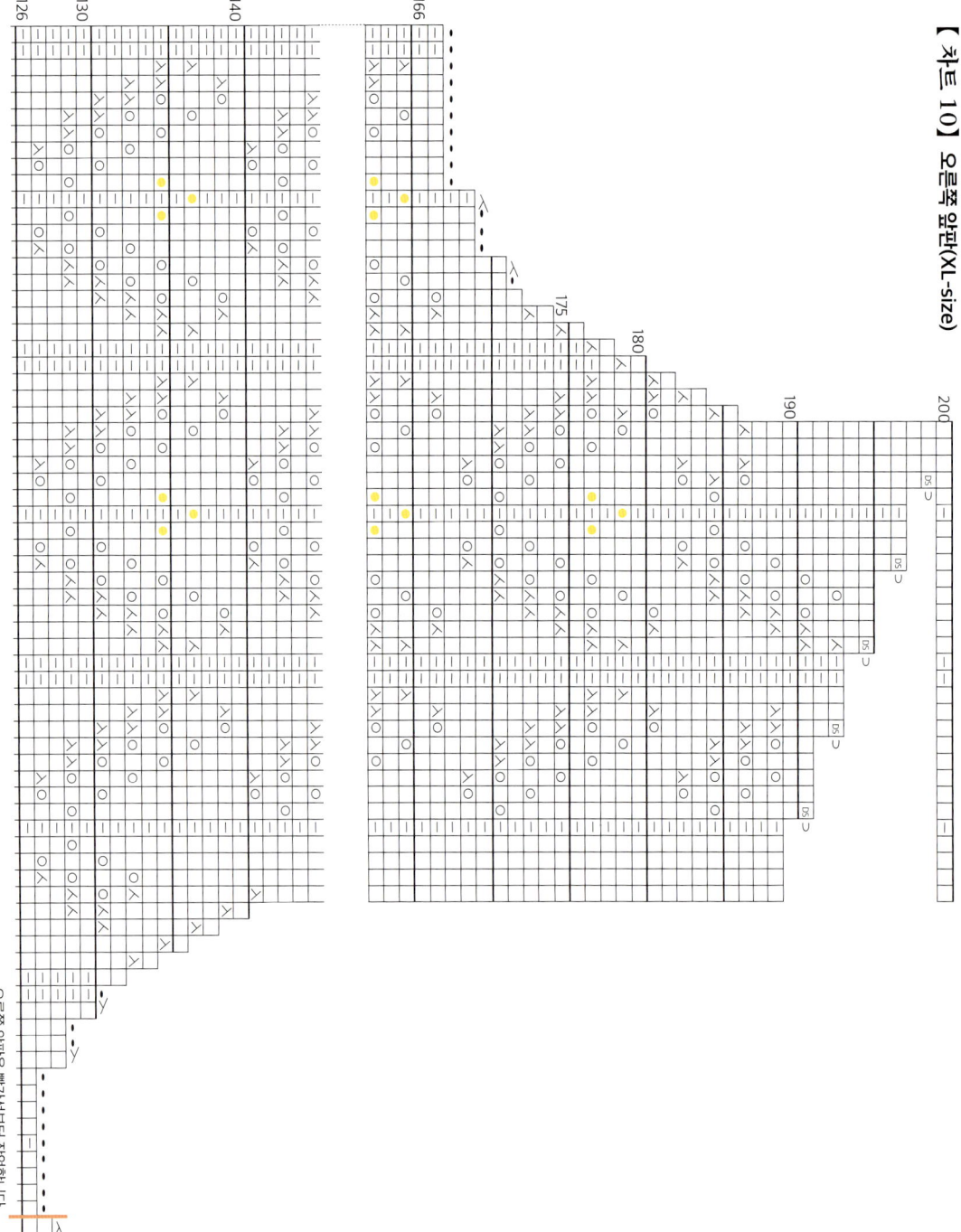

Summer T-shirts
섬머 티셔츠

섬머 티셔츠는 탑다운 기법 중 새들 숄더 늘림 기법을 활용해 제작되었습니다. 새들 숄더 늘림은 래글런 늘림과 다르게 늘림 구간을 나누어 진행합니다. 먼저 겉면과 안면의 코를 모두 늘리며 어깨를 만들어 갑니다. 어깨가 완성되면 몸판의 코는 늘림 없이 뜨고, 소매 코만 늘림하며 일정 구간 진행합니다. 그 후 소매와 몸판의 코를 모두 늘리는 래글런 늘림을 진행합니다. 늘림의 구간이 나뉘어 있음을 체크합니다. 나머지 뜨는 방식은 기본 래글런 디자인과 동일합니다.

섬머 티셔츠

사이즈	S(M)L(XL) │ 샘플 사이즈 S
가슴단면	46(49.5)53(56.5)cm
총 기장	46(54.5)58.5(64)cm
소매 길이	28(31.5)33.5(37)cm(목부터 소매 끝까지)
게이지	대바늘 4.5mm 메리야스 무늬 10cm×10cm 23.5코 28단
	브로큰립 무늬 10cm×10cm 23코 29단
바늘	대바늘 4.5mm, 3.5mm(각 케이블 80cm, 40cm)
실	낙양모사, 아사태사(70g, 약 200m), 약 3(4)5(6)볼
그 외	마커 4개, 돗바늘, 가위

포인트 레슨

섬머 티셔츠의 포인트는 '퍼프 소매'입니다. 새들 숄더 늘림 중 소매만 늘리는 구간에서 처음 1~2단을 뜨는 동안 과도하게 코를 늘려 퍼프 소매를 만듭니다. 짧은 소매에 퍼프 디자인은 로맨틱한 느낌을 전달합니다.

【코 만들기&뒷목 단차】

참고 영상

코 만들기

KFB

M1R

M1L

M1PR

M1PL

감아코

● 사이즈 표기 S(M)L(XL), 사이즈 표기 없을 경우 모든 사이즈 동일.
● 겉뜨기는 '겉', 안뜨기는 '안', 마커는 m(marker), 마커 걸기는 pm(place marker), 마커 넘기기는 sm(slip marker)로 표기.

4.5mm 대바늘을 이용해 마커를 걸며 일반 코를 만들어 줍니다.
코 만드는 단을 1단(겉면)으로 생각합니다.

1단(겉면)	1-앞판, pm, 9(11)11(13)-소매, pm, 41(41)45(45)-뒤판, pm, 9(11)11(13)-소매, pm, 1-앞판 [총 61(65)69(73)]
2단(안면)	모두 안뜨기(마커를 만나면 넘겨주세요)
3단(겉면)	KFB, M1R, [sm, 겉 9(11)11(13), sm, M1L, (안1, 겉1) * 마커 1코 전까지 반복, 안1, M1R, sm, 겉 9(11)11(13), sm], M1L, KFB [총 6코 늘어남, 67(71)75(79)]
4단(안면)	마커 전까지 안, M1PR, sm, 안 9(11)11(13), sm, M1PL, 마커 전까지 안, M1PR, sm, 안 9(11)11(13), sm, M1PL, 끝까지 안 [총 4코 늘어남, 71(75)79(83)] (M1PR, M1PL을 완료하면 꼬이게 작업됩니다)
5단(겉면)	KFB, 안1, 겉1, 안1, M1R, [3단 괄호와 동일], M1L, 안1, 겉1, 안1, KFB
6단(안면)	4단과 동일(앞으로 언급 없는 짝수 단은 4단과 동일)
7단(겉면)	KFB, (겉1, 안1) * 마커 전까지 반복, M1R, [3단 괄호와 동일], M1L, (안1, 겉1) * 끝에서 1코 전까지 반복, KFB
9단(겉면)	KFB, (안1, 겉1) * 마커 1코 전까지 반복, 안1, M1R, [3단 괄호와 동일], M1L, (안1, 겉1) * 끝에서 2코 전까지 반복, 안1, KFB
11단(겉면)	7단과 동일
13단(겉면)	9단과 동일 ⋯→ S-size는 여기까지
15단(겉면)	7단과 동일 ⋯→ M-size는 여기까지
17단(겉면)	9단과 동일 ⋯→ L-size는 여기까지
19단(겉면)	7단과 동일 ⋯→ XL-size는 여기까지

S-size/L-size만 진행

14단/18단(안면)	4단과 동일, 감아코2
15단/19단(겉면)	겉2(이전 단의 감아코), (안1, 겉1) * 마커 1코 전까지 반복, 안1, M1R, [3단 괄호와 동일], M1L, (안1, 겉1) * 끝에서 1코 전까지 반복, 안1, 감아코2
16단/20단(안면)	4단과 동일, 감아코4
17단/21단(겉면)	겉4(이전 단의 감아코), (안1, 겉1) * 마커 1코 전까지 반복, 안1, M1R, [3단 괄호와 동일], M1L, (안1, 겉1) * 끝에서 1코 전까지 반복, 안1, 감아코4
18단/22단(안면)	4단과 동일

M-size/XL-size만 진행

16단/20단(안면) 4단과 동일, 감아코2

17단/21단(겉면) 겉2, (겉1, 안1) * 마커 전까지 반복, M1R, [3단 괄호와 동일], M1L, (안1, 겉1) * 끝까지 반복, 감아코2

18단/22단(안면) 4단과 동일, 감아코4

19단/23단(겉면) 겉4, (겉1, 안1) * 마커 전까지 반복, M1R, [3단 괄호와 동일], M1L, (안1, 겉1) * 끝까지 반복, 감아코4

20단/24단(안면) 4단과 동일

여기까지 뒷목 단차입니다.

- 현재 바늘의 콧수: 29(32)35(38), m, 9(11)11(13), m, 73(77)85(89), m, 9(11)11(13), m, 29(32)35(38)

실을 끊어 줍니다.

【원통 연결】

참고 영상

원통뜨기   여분의 실로 옮김

겉면을 뜨며 앞판을 연결합니다.

S-size/L-size

1단(겉면) 앞판(우) 29코/35코를 여분의 실로 옮김, 마커 잠시 제거. 새 실을 연결해 겉9/겉11, sm, M1L, (안1, 겉1) * 마커 1코 전까지 반복, 안1, M1R, sm, 겉9/겉11, sm, M1L, (안1, 겉1) * 끝에서 1코 전까지 반복, 안1, 감아코 15, 여분의 실로 옮겨 둔 코를 다시 왼바늘로 옮겨 이어 뜨기, (안1, 겉1) * 끝에서 1코 전까지 반복, 안1, M1R, pm(시작 마커가 됩니다)

M-size/XL-size

1단(겉면) 앞판(우) 32코/38코를 여분의 실로 옮김, 마커 잠시 제거. 새 실을 연결해 겉11/겉13, sm, M1L, (안1, 겉1) * 마커 1코 전까지 반복, 안1, M1R, sm, 겉11/겉13, sm, M1L, (안1, 겉1) * 끝까지 반복, 감아코 13, 여분의 실로 옮겨 둔 코를 다시 왼바늘로 옮겨 이어 뜨기, (겉1, 안1) * 끝까지 반복, M1R, pm(시작 마커가 됩니다)

● 현재 바늘의 콧수: 앞판=뒤판 75(79)87(91), 소매 9(11)11(13)

이제부터 시작 마커를 기준으로 원통뜨기합니다. 단의 시작은 시작 마커를 넘긴 시점부터입니다.
● 시작 마커는 mm(main marker), 시작 마커 넘기기는 smm(slip main marker)로 표기.

원통 2단   마커 전까지 겉(소매), sm, M1L, 마커 전까지 겉(뒤판), M1R. sm, 마커 전까지 겉(소매), sm, M1L, 마커 전까지 겉(앞판), M1R, smm

【소매 늘림】

● 몸판은 늘리지 않고, 소매만 늘림 합니다.

1단   (KFB, M1R) * 마커 1코 전까지 반복, KFB(소매), sm, (안1, 겉1) * 마커 1코 전까지 반복, 안1(뒤판), sm, (KFB, M1R) * 마커 1코 전까지 반복, KFB(소매), sm, (안1, 겉1) * 마커 1코 전까지 반복, 안1(앞판), smm [소매 콧수: 26(32)32(38)]

2단   M1L, 마커 전까지 겉, M1R, sm, 마커 전까지 겉, sm, M1L, 마커 전까지 겉, M1R, sm, 마커 전까지 겉, smm [소매 콧수: 28(34)34(40)]

3단   겉2, (M1R, 겉2) * 끝까지 반복, sm, (안1, 겉1) * 마커 1코 전까지 반복, 안1, sm, 겉2, (M1R, 겉2) * 끝까지 반복, sm, (안1, 겉1) * 마커 1코 전까지 반복, 안1, smm [소매 콧수: 41(50)50(59)]

4단   2단과 동일 [소매 콧수: 43(52)52(61)]

5단   마커 전까지 겉, sm, (안1, 겉1) * 마커 1코 전까지 반복, 안1, sm, 마커 전까지 겉, sm, (안1, 겉1) * 마커 1코 전까지 반복, 안1, smm

* 4단(늘림 하는 단)과 5단을 반복해 17(21)25(29)단까지 진행합니다. [소매 콧수: 55(68)72(85)]

【래글런 늘림】

◎ 소매와 몸판을 동시에 늘림 합니다.

1단	M1L, 마커 전까지 겉, M1R, sm, 겉1, M1L, 마커 1코 전까지 겉, M1R, 겉1, sm, M1L, 마커 전까지 겉, M1R, sm, 겉1, M1L, 마커 1코 전까지 겉, M1R, 겉1, smm
2단	마커 전까지 겉, sm, 겉1, (안1, 겉1) * 끝까지 반복, sm, 마커 전까지 겉, sm, 겉1, (안1, 겉1) * 시작 마커까지 반복, smm
3단	1단과 동일
4단	마커 전까지 겉, sm, 겉1, (겉1, 안1) * 마커 2코 전까지 반복, 겉2, sm, 마커 전까지 겉, sm, 겉1, (겉1, 안1) * 마커 2코 전까지 반복, 겉2, smm

* 1단부터 4단까지 반복해 24(28)28(32)단까지 진행합니다.

◎ **현재 바늘의 콧수:** 앞판=뒤판 101(109)117(125), 소매 79(96)100(117)

【소매 분리】

참고 영상

소매 분리

◎ 바늘의 콧수는 소매, m, 뒤판, m, 소매, m, 앞판으로 구성되어 있으며, 이중 소매코를 여분의 실 또는 여분의 케이블, 엔드캡 등에 이동하는 것을 소매 분리라고 합니다.

◎ 소매 분리가 완료된 편물은 앞판, 뒤판 코만 남게 되고, 앞판과 뒤판 사이 감아코를 진행하며 원통으로 연결합니다.

◎ 진행하다 마커를 만나면 모두 제거합니다. rm(remove marker)로 표기.

1단	시작 마커 잠시 제거, 소매 79(96)100(117)를 여분의 실로 옮김, rm, 감아코 5, 뒤판 101(109)117(125) 겉, rm, 소매 79(96)100(117)를 여분의 실로 옮김, rm, 감아코 5, 앞판 101(109)117(125) 겉, 시작 마커 걸기

◎ **현재 바늘의 콧수:** 212(228)244(260)

【몸통 뜨기&몸통 마무리】

참고 영상

왼코 중심
2코 모아 겉뜨기

덮어씌워
코막음

돗바늘 마무리

1단	(겉1, 안1) * 시작 마커까지 반복, smm
2단	시작 마커까지 겉, smm

* 1단과 2단을 반복해 암홀 갈아코 지점부터 28(30)32(34)cm가 될 때까지 진행합니다(길이는 원하는 대로 조절 가능).

몸통 마무리합니다.

1단	(겉10, K2tog) * 시작 마커에서 8(0)4(8)코 전까지 반복, 8(0)4(8)코 겉, smm

줄임을 마친 후 ● **현재 바늘의 콧수:** 195(209)224(239)

2단	시작 마커까지 겉, smm

2단을 반복해 4단끼지 진행한 후 덮어씌워 코막음합니다. 돗바늘 마무리도 좋습니다.

【소매 뜨기】

참고 영상

암홀 구멍
줄이기

감아코에서
코 줍기

여분의 실로 옮겨 둔 소매 코 79(96)100(117)를 4.5mm 대바늘로 옮겨주세요.

감아코 5에서 5(6)6(5)를 주워 주세요.

- **소매 총 콧수:** 84(102)106(122)
- 감아코 중간에 시작 마커를 걸고 원통으로 메리야스뜨기를 합니다.

원통 2단
시작 마커까지 겉, smm

*원통 2단을 반복해 원통 9단까지 진행합니다.

3.5mm 대바늘로 변경해

1코 고무뜨기
(겉1, 안1) * 시작 마커까지 반복, smm

*1코 고무뜨기를 반복해 10단까지 진행한 후 덮어씌워 코막음합니다. 돗바늘 마무리도 좋습니다.

【목 고무단 뜨기】

참고 영상

코에서 코 줍기

대각선에서 코 줍기

4.5mm 대바늘을 이용해 겉면을 보며 다음과 같이 코를 주워 줍니다.

뒷목에서 41(41)45(45), 소매에서 9(11)11(13), 앞목 대각선에서 16(18)19(21), 앞목 감아코에서 15(13)15(13), 앞목 대각선에서 16(18)19(21), 소매에서 9(11)11(13)

※ **현재 바늘의 콧수:** 106(112)120126

코 줍기를 1단으로 생각하며 시작 마커를 걸어 준 후 원통뜨기 진행합니다.

원통 2단 시작 마커까지 겉, smm
원통 3단 시작 마커까지 겉, smm
원통 4단 (겉12, M1R)*반복, 마커까지 남은 코 겉, smm(돌돌 말리게 하기 위해 마지막 단 늘림 해 줍니다.)
덮어씌워 코막음합니다. 돗바늘 마무리도 좋습니다.

Lazyfall sweater
레이지폴 스웨터

레이지폴 스웨터는 탑다운 기법 중 요크 늘림 기법을 활용해 제작되었습니다. 요크 부분의 아름다운 무늬가 매력적입니다. 쌀쌀해지는 가을에 아주 부드럽고 편안하게 입을 수 있는 느낌을 상상하였습니다.

레이지폴 스웨터

사이즈	1(2)3(4)5(6) | 샘플 사이즈 2
가슴단면	48.5(51)53(55)57(59.5)cm
총기장	51(55)59(63)67(71)cm
팔길이	67(69)71(74)76(79)cm
게이지	대바늘 4.5mm 메리야스 무늬 10cm×10cm 18.5코 27단
바늘	대바늘 4.5mm, 4mm(각 케이블 80cm, 40cm)
실	낙양모사, 블리스(50g, 약 160m), 약 7(8)9(10)11(12)볼
그 외	마커 4개, 시작 마커 1개, 돗바늘, 가위

포인트 레슨
레이지폴 스웨터의 포인트는 '요크 무늬'입니다. 여러 가지 비침 무늬로 구성되어 있지만 원리적으로는 간단한 무늬가 반복되므로 다양한 비침 무늬를 쉽고 재미있게 진행할 수 있습니다.

【코 만들기&뒤판 뜨기】

참고 영상

코 만들기

원통뜨기

- 사이즈 표기 1(2)3(4)5(6), 사이즈 표기 없을 경우 모든 사이즈 동일.
- 겉뜨기는 '겉', 안뜨기는 '안'으로 표기.
- 시작 마커는 mm(main marker), 시작 마커 넘기기를 smm(slip main marker)으로 표기.

4mm 대바늘을 이용해 일반 코 114(120)126(132)138(144)를 만들어 줍니다. 좁은 목둘레를 원한다면 3.5mm 대바늘을 이용합니다.

시작 마커를 걸고 원통뜨기합니다. 코를 만든 단을 원통1단으로 생각합니다.

원통 2단 (겉1, 안1) * 시작 마커까지 반복, smm

* 원통 2단을 반복해 1, 2, 3-size는 8단, 4, 5, 6-size는 7단까지 진행합니다.

【1차 경사뜨기】

참고 영상

경사뜨기

- 경사뜨기를 진행합니다.
- 경사뜨기는 독일식 경사뜨기(German short row)를 사용합니다.
- Turn은 편물 돌려주기(겉면을 뜨고 있을 경우 안면으로, 안면을 뜨고 있을 경우 겉면으로).
- 편물을 돌린 후 실을 앞에 둔 상태(겉뜨기, 안뜨기 모두)에서 왼바늘의 첫 코를 안뜨기 방향으로 오른바늘로 길리 줍니다(이하 걸러뜨기). 앞에 있는 진행 실을 바깥으로 당겨줍니다.
이때 코가 2코가 된 것처럼 보이며 이를 더블스티치라고 부릅니다(이하 약어 DS로 기재).
- 다음 단에서 DS를 만나면 1코로 생각하고 뜨며, 겉뜨기는 DS 정리(겉), 안뜨기는 DS 정리(안)으로 기재합니다.

9단/8단(겉면) (겉1, 안1) * 반복하며 38(40)42(44)46(48), Turn

10단/9단(안면) 걸러뜨기, DS, (안1, 겉1) * 반복하며 37(39)41(43)45(47), smm, (겉1, 안1) * 반복하며 38(40)42(44)46(48), Turn

11단/10단(겉면) 걸러뜨기, DS, (안1, 겉1) * 반복하며 37(39)41(43)45(47), smm, (겉1, 안1) * 반복하며 37(39)41(43)45(47), DS 정리(안), 겉1, 안1, 겉1, Turn

12단/11단(안면) 걸러뜨기, DS, (겉1, 안1) * 반복하며 40(42)44(46)48(50), smm, (겉1, 안1) * 반복하며 37(39)41(43)45(47), DS 정리(안), 겉1, 안1, 겉1, Turn

1, 2, 3-siz만 진행

13단(겉면) 걸러뜨기, DS, (겉1, 안1) * DS까지 반복, DS 정리(겉), (안1, 겉1) * DS까지 반복, DS 정리(안), (겉1, 안1) * 시작 마커까지 반복, smm

4, 5, 6-size만 진행

12단(겉면) 걸러뜨기, DS, (겉1, 안1) * 반복하며 (46)48(50), smm, (겉1, 안1) * 반복하며 (46)48(50), DS 정리(겉), 안1, 겉1, 안1, Turn

13단(안면) 걸러뜨기, DS, (안1, 겉1) * 반복하며 (49)51(53), smm, (겉1, 안1) * 반복하며 (46)48(50), DS 정리(겉), 안1, 겉1, 안1, Turn

14단(겉면) 걸러뜨기, DS, (안1, 겉1) * DS까지 반복, DS 정리(안), (겉1, 안1) * DS까지 반복, DS 정리(겉), (안1, 겉1) * 시작 마커까지 반복, smm

【요크 1차 무늬】

참고 영상

오른코 위 교차뜨기

왼코 위 교차뜨기

왼코 속 노트뜨기

바늘 비우기

● **차트를 볼 경우 체크사항** ① 아래에서 위로 진행(단)
② 오른쪽에서 왼쪽으로 진행(코)
③ 빈칸은 겉뜨기

4.5mm 대바늘로 변경해 1차 무늬를 진행합니다.

1단 (오른코 위 1코 교차뜨기, 겉1, 왼코 위 1코 교차뜨기, 안1) * 시작 마커까지 반복, smm

2단 안1, (겉3, 안3) * 시작 마커 5코 전까지 반복, 겉3, 안2, smm

3단 안1, (왼코 속 3코 노트뜨기, 안3) * 시작 마커 5코 전까지 반복, 왼코 속 3코 노트뜨기, 안2, smm

4단 안1, (겉3, 안3) * 시작 마커 5코 전까지 반복, 겉3,

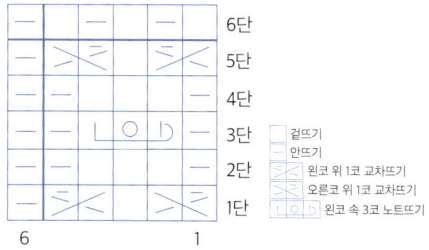

[요크 1차 무늬 1~6단]

안2, smm

5단　(왼코 위 1코 교차뜨기, 겉1, 오른코 위 1코 교차뜨기, 안1) * 시작 마커까지 반복, smm

6단　(겉1, 안1) * 시작 마커까지 반복, smm

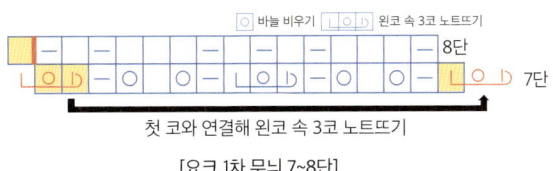

[요크 1차 무늬 7~8단]

7단　겉1, (안1, 바늘 비우기, 겉1, 바늘 비우기, 안1, 왼코 속 3코 노트뜨기) * 시작 마커 5코 전까지 반복, 안1, 바늘 비우기, 겉1, 바늘 비우기, 안1, 남은 2코를 잠시 오른바늘로 옮긴 후 시작 마커 잠시 제거, 오른바늘에 옮겨 두었던 2코를 다시 왼바늘에 옮겨 왼코 속 3코 노트뜨기, 시작 마커 걸기

38(40)42(44)46(48) 늘어　● **현재 바늘의 콧수:** 152(160)168(176)184(192)

8단　안1, (겉3, 안1, 겉1, 안1) * 시작 마커 7코 전까지 반복, 겉3, 안1, 겉1, 안1, 남은 1코를 잠시 오른바늘로 옮긴 후 시작 마커 제거

9단　1코를 다시 왼바늘에 옮긴 후 시작 마커 걸기(오른코 위 1코 교차뜨기, 겉3, 왼코 위 1코 교차뜨기, 안1) * 시작 마커까지 반복, smm

10단　안1, (겉5, 안3) * 시작 마커 7코 전까지 반복, 겉5, 안2, smm

11단　안1, (왼코 속 5코 노트뜨기 안3) * 시작 마커 7코 전까지 반복, 왼코 속 5코 노트뜨기, 안2, smm

12~16단　10단과 동일

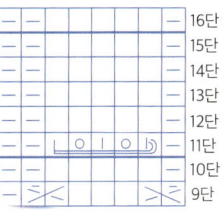

[요크 1차 무늬 9~16단]

[요크 1차 무늬 17~20단]

17단　안1, (바늘 비우기, 왼코 속 5코 노트뜨기, 바늘 비우기, 안3) * 시작 마커 7코 전까지 반복, 바늘 비우기, 왼코 속 5코 노트뜨기, 바늘 비우기, 안2, smm

38(40)42(44)46(48) 늘어　● **현재 바늘의 콧수:** 190(200)210(220)230(240)

18단　안2, (겉5, 안5) * 시작 마커 8코 전까지 반복, 겉5, 안3, smm

19단　안1, (왼코 위 1코 교차뜨기, 겉3, 오른코 위 1코 교차뜨기, 안3) * 시작 마커 9코 전까지 반복, 왼코 위 1코 교차뜨기, 겉3, 오른코 위 1코 교차뜨기, 안2, smm

| 20단 | 안1, (겉1, 안1, 겉3, 안1, 겉1, 안3) * 시작 마커 9코 전까지 반복, 겉1, 안1, 겉3, 안1, 겉1, 안2, smm |

[요크 1차 무늬 21~22단]

21단	안1, 겉1, (안1, 겉3, 안1, 왼코 속 5코 노트뜨기) * 시작 마커 8코 전까지 반복, 안1, 겉3, 안1, 남은 3코는 잠시 오른바늘로 옮긴 후 시작 마커 잠시 제거, 오른바늘에 옮겨 두었던 3코를 다시 왼바늘에 옮겨 왼코 속 5코 노트뜨기, 시작 마커 걸기
22단	안1, (겉3, 안1, 겉5, 안1) * 시작 마커 9코 전까지 반복, 겉3, 안1, 겉4, 남은 1코는 잠시 오른바늘로 옮긴 후 시작 마커 잠시 제거, 다시 1코를 왼바늘로 옮긴 후 시작 마커 걸기
23단	(왼코 속 3코 노트뜨기, 겉1, 왼코 속 3코 노트뜨기, 겉3) * 시작 마커까지 반복, smm
24단	시작 마커까지 겉, smm
25단	겉2, (왼코 속 3코 노트뜨기, 겉7) * 시작 마커 8코 전까지 반복, 왼코 속 3코 노트뜨기, 겉5, smm
26단	24단과 동일

1차 무늬가 끝난 후 ● **현재 바늘의 총 콧수**: 190(200)210(220)230(240)

【2차 경사뜨기 및 늘림】

● 독일식 경사뜨기(German short row)를 진행합니다(자세한 내용은 1차 경사뜨기 서술 참고).

1단(겉면)	겉 63(67)71(73)77(81), Turn
2단(안면)	걸러뜨기, DS, 안 62(66)70(72)76(80), smm, 안 63(67)71(73)77(81), Turn
3단(겉면)	걸러뜨기, DS, 시작 마커까지 겉, smm

1, 2, 3-size는 여기까지

아래는 4, 5, 6-size만 진행

| 3단(겉면) | 이전 3단에 이어서, 겉(72)76(80), DS 정리(겉), 겉3, Turn |
| 4단(안면) | 걸러뜨기, DS, 안(75)79(83), smm, 안(75)79(83), DS 정리(안), 안3, Turn |

5단(겉면)	걸러뜨기, DS, 시작 마커까지 겉, smm

3단/5단	1, 2, 3-size/4, 5, 6-size 모두 겉면을 본 상태 1, 2, 3-size는 이전 3단에 이어서, 4, 5, 6-size는 이전 5단에 이어서, 시작 마커까지 겉뜨기하며 균일하게 22(20)20(18)18(16)를 늘려주세요(늘림을 진행하며 DS 2개를 만나며 이를 DS 정리(겉)), smm

늘림이 끝난 후 **현재 바늘의 콧수**: 212(220)230(238)248(256)

4단/6단	시작 마커까지 겉, smm
5단/7단	시작 마커까지 겉, smm

【요크 2차 무늬-1】

참고 영상

왼코 중심
2코 모아 겉뜨기

● 왼코 중심 2코 모아 겉뜨기는 k2tog(knit 2 stitches together)로 표기.

1단	(바늘 비우기, K2tog) * 시작 마커까지 반복, smm
2단	시작 마커까지 겉, smm
3단	시작 마커까지 겉, smm

[요크 2차 무늬-1]

【3차 경사뜨기 및 늘림】

● 독일식 경사뜨기(German short row)를 진행합니다(자세한 내용은 1차 경사뜨기 249p 서술 참고).

1단(겉면)	겉 71(73)77(79)83(85), Turn
2단(안면)	걸러뜨기, DS, 안70(72)76(78)82(84), smm, 안 71(73)77(79)83(85), Turn

3단(겉면)	걸러뜨기, DS, 겉뜨기로 시작 마커까지 뜨며 균일하게 20(20)18(18)16(16)를 늘림(늘림을 진행하다 보면 DS 2개를 만나며 이를 DS 정리(겉)), smm
4단	시작 마커까지 걸, smm

늘림이 끝난 후 ✿ **현재 바늘의 총 콧수:** 232(240)248(256)264(272)

【요크 2차 무늬-2】

참고 영상

오른코 중심
2코 모아 겉뜨기

중심 3코
모아뜨기

✿ 오른코 중심 2코 모아 겉뜨기는 skpo(slip knit pass over), 왼코 중심 2코 모아 겉뜨기는 k2tog(knit 2 stitches together)로 표기.

1단	(겉1, 바늘 비우기, skpo, 겉3, k2tog, 바늘 비우기) * 시작 마커까지 반복, smm
2단	시작 마커까지 걸, smm
3단	겉2, (바늘 비우기, skpo, 겉1, k2tog, 바늘 비우기, 겉3) * 시작 마커 6코 전까지 반복, 바늘 비우기, skpo, 겉1, k2tog, 바늘 비우기, 겉1, smm
4단	시작 마커까지 걸, smm
5단	겉3, (바늘 비우기, 중심 3코 모아뜨기, 바늘 비우기, 겉5) * 시작 마커 5코 전까지 반복, 바늘 비우기, 중심 3코 모아뜨기, 바늘 비우기, 겉2, smm
6단	시작 마커까지 걸, smm

[요크 2차 무늬-2]

【래글런 늘림】

참고 영상

M1R

M1L

- 시작 마커를 제외하고 마커 4개 더 필요.
- 마커 걸기는 pm(place marker), 마커 넘기기는 sm(slip marker), 시작 마커는 mm(main marker), 시작 마커 넘기기는 smm(slip main marker)로 표기.

1단 겉 35(36)37(38)39(40)[뒤판 1/2], 래글런 마커 걸기(pm), 겉 46(48)50(52)54(56)[소매], pm, 겉 70(72)74(76)78(80)[앞판], pm, 겉 46(48)50(52)54(56)[소매], pm, 겉 35(36)37(38)39(40)[뒤판 1/2], smm

2단 래글런 마커 1코 전까지 겉, M1R, 겉1, sm, M1L, 다음 래글런 마커 전까지 겉, M1R, sm, 겉1, M1L, 다음 래글런 마커 1코 전까지 겉, M1R, 겉1, sm, M1L, 다음 래글런 마커 전까지 겉, M1R, sm, 겉1, M1L, 시작 마커까지 겉, smm

3단 시작 마커까지 겉(마커를 만나면 그냥 넘겨주세요)

*2단과 3단을 반복해 7(8)9(10)11(12)회 진행합니다.

래글런 늘림이 끝난 후 **현재 바늘의 총 콧수:** 288(304)320(336)352(368)

【소매 분리】

참고 영상

감아코

소매 분리

1단 래글런 마커 전까지 겉, 소매에 해당하는 코를 여분의 실로 옮기기, 감아코 6
래글런 마커 전까지 겉, 소매에 해당하는 코를 여분의 실로 옮기기, 감아코 6
시작 마커까지 겉, 시작 마커 잠시 제거

　🌰 **몸통 총 콧수:** 180(188)196(204)212(220)

2단 감아코 전까지 겉, 감아코 6코 중 3코 겉, 시작 마커 걸기, 남은 3코 겉, 시작 마커까지 겉, smm
3단 시작 마커까지 겉

＊ 3단을 반복해 23(27)31(34)38(41)cm가 될 때까지 진행합니다(길이는 원하는 대로 조절 가능).

【몸통 마무리】

참고 영상

돗바늘 마무리

4mm 대바늘로 변경해 1코 고무뜨기를 14단까지 진행한 후 돗바늘 마무리합니다.

1코 고무뜨기 (겉1, 안1) ＊ 시작 마커까지 반복, smm

【소매 뜨기】

참고 영상

암홀 구멍
줄이기

감아코에서
코 줍기

소매 줄임
(K2tog, SKPO)

● **소매 총 콧수:** 66(70)74(78)82(86)
● 감아코 중간에 마커를 걸고 원통으로 메리야스뜨기를 합니다.

여분의 실로 옮겨 둔 소매 코 60(64)68(72)76(80)를 4.5mm 대바늘로 옮겨주세요.
감아코 6에서 6를 주워 주세요.

원통 2단   시작 마커까지 겉, smm

* 원통 2단을 반복하며 아래 줄임을 적용해, 소매 감아코 지점에서 총 86(93)98(103)108(113)단 진행합니다.

1-size	16단에 2코씩 5회 줄임(-10코), 추가 6단 [총 86단]
2-size	13단에 2코씩 7회 줄임(-14코), 추가 2단 [총 93단]
3-size	18단에 2코씩 5회 줄임(-10코), 추가 8단 [총 98단]
4-size	14단에 2코씩 7회 줄임(-14코), 추가 5단 [총 103단]
5-size	20단에 2코씩 5회 줄임(-10코), 추가 8단 [총 108단]
6-size	15단에 2코씩 7회 줄임(-14코), 추가 8단 [총 113단]

줄임단   K2tog, 시작 마커 2코 전까지 겉, SKPO, smm
소매 길이는 뜨면서 조절할 수 있습니다.

* 소매 줄임 예시 서술은 라운드넥 스웨터 도안 045p를 참고합니다.

모든 줄임을 마친 후 ● **현재 바늘의 콧수:** 56(56)64(64)72(72)

【소매 비침무늬 뜨기】

🌸 오른코 중심 2코 모아 겉뜨기는 skpo(slip knit pass over), 왼코 중심 2코 모아 겉뜨기는 k2tog(knit 2 stitches together)로 표기.

1단	(겉1, 바늘 비우기, skpo, 겉3, K2tog, 바늘 비우기) * 시작 마커까지 반복, smm
2단	시작 마커까지 겉, smm
3단	겉2, (바늘 비우기, skpo, 겉1, K2tog, 바늘 비우기, 겉3) * 시작 마커 6코 전까지 반복, 바늘 비우기, skpo, 겉1, K2tog, 바늘 비우기, 겉1, smm
4단	시작 마커까지 겉, smm
5단	겉3, (바늘 비우기, 중심 3코 모아뜨기, 바늘 비우기, 겉5) * 시작 마커 5코 전까지 반복, 바늘 비우기, 중심 3코 모아뜨기, 바늘 비우기, 겉2, smm
6단	시작 마커까지 겉, smm
7~12단	1~6단까지 반복합니다.

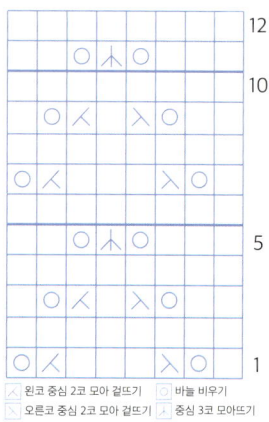

[소매 비침 무늬]

【소매 고무단 뜨기】

4mm 대바늘로 변경해 1코 고무뜨기 반복해 10단까지 진행한 후 돗바늘 마무리합니다.

1코 고무뜨기	(겉1, 안1) * 시작 마커까지 반복, smm

레이지폴 스웨터

아란 베스트
Aran vest

아란 베스트는 아래에서 위로 떠 올라가는 바텀업 형태로 진행됩니다. 단순한 무늬를 가지고 있는 뒤판을 먼저 뜹니다. 앞판은 좌우 나누어 진행되며 재밌는 꽈배기 무늬 세트를 가지고 있습니다. 옆선이 연결되어 있지 않고 단추로 여미는 형식이기에 색다른 연출을 할 수 있습니다. 무늬 뜨기는 차트형과 서술형을 교차 확인하여 작업합니다.

아란 베스트

사이즈	S(M)L	샘플 사이즈 M
가슴단면	52(56)60cm
총기장	47(53)61cm(조절 가능)
어깨길이	20(23)26cm
게이지	대바늘 5.5mm 브로큰립 무늬 10cm×10cm 20.5코 27단 아란 무늬 12.5×6cm 36코 16단
바늘	대바늘 5.5mm, 5mm, 4.5mm(각 케이블 80cm)
실	낙양모사, 아임울4(80g, 약 145m), 약 5(6)7볼
그 외	꽈배기바늘, 단추(앞면 5개, 옆면 6개), 시작 마커 1개, 돗바늘, 가위

포인트 레슨
아란 베스트의 포인트는 '앞판 무늬 뜨기'입니다. 아란 베스트에 사용된 무늬 뜨기는, '교차뜨기'로만 구성되어 있습니다. 교차뜨기는 콧수와 방향을 달리하면 다양한 무늬를 만들어 낼 수 있습니다. 도안을 확인할 때에는 교차뜨기 콧수와 방향에 유의하길 바랍니다.

【코 만들기&뒤판 뜨기】

참고 영상

코 만들기

덮어씌워
코막음

- 사이즈 표기 S(M)L, 사이즈 표기 없을 경우 모든 사이즈 동일.
- 겉뜨기는 '겉', 안뜨기는 '안'으로 표기.
- 276p [차트 1] 참고.

5mm 대바늘을 이용해 일반 코 93(101)109를 만들어 줍니다.

코 만드는 단을 1단(겉면)으로 생각합니다.

2단(안면) 안1, (안1, 겉1) * 끝에서 2코 전까지 반복, 안2

3단(겉면) 겉1, (겉1, 안1) * 끝에서 2코 전까지 반복, 겉2

* 2단과 3단을 반복해 12(12)14단까지 진행합니다.

5.5mm 대바늘로 변경해 브로큰립 무늬를 진행합니다.

1단(겉면) 모두 겉뜨기

2단(안면) 안1, (안1, 겉1) * 끝에서 2코 전까지 반복, 안2

* 1단과 2단을 반복해 102(118)134단까지 진행한 후 덮어씌워 코막음합니다.

길이를 조절하고 싶다면 16단(6cm)을 한 세트 추가하거나 줄일 수 있습니다.

【오른쪽 앞판 | 몸통 뜨기】

참고 영상

M1PR   오른코 위 교차뜨기   왼코 위 교차뜨기

5mm 대바늘을 이용해 일반 코 51(59)67를 만들어 줍니다.

코 만드는 단을 1단(겉면)으로 생각합니다.

2단(안면) 안1, (안1, 겉1) * 끝에서 2코 전까지 반복, 안2

3단(겉면) 겉1, (겉1, 안1) * 끝에서 2코 전까지 반복, 겉2

* 2단과 3단을 반복해 12(12)14단까지 진행합니다.

5.5mm 대바늘로 변경해 앞판 무늬를 진행합니다.

- 메인 무늬: 20코로 구성, 메인 무늬는 차트와 함께 확인하며 진행.
- 교차 무늬: 안2, 오른 2코 위 2코 교차뜨기(4코), 안2 총 8코로 구성, 오른 2코 위 2코 교차뜨기를 '2코 교차'로 표기.
- 브로큰립 무늬 | 겉면→모두 겉뜨기, 안면→(안1, 겉1) 반복
- 1단을 뜨며 1코 늘려 총 52(60)68코로 진행.
- 276p [차트 2] 참고.

1단(겉면)	겉 14(22)30, 안1, M1PR, 겉4, 안2, [겉3, 안4, 겉6, 안4, 겉3], 안2, 겉4, 안2, 겉2
2단(안면)	안2, 겉2, 안4, 겉2, [안3, 겉4, 안6, 겉4, 안3], 겉2, 안4, 겉2, (안1, 겉1) * 끝에서 2코 전까지 반복, 안2
	▩ 브로큰립 안면 [(안1, 겉1) * 끝에서 2코 전까지 반복, 안2]은 동일하기에 '브로큰립 안면'으로 표기
3단(겉면)	겉 14(22)30, 안2, 2코 교차, 안2, [오른 3코 위 1코 교차, 안2, 왼 3코 위 1코 교차, 오른 3코 위 1코 교차, 안2, 왼 3코 위 1코 교차], 안2, 2코 교차, 안2, 겉2
4단(안면)	안2, 겉2, 안4, 겉2, [겉1, (안3, 겉2) * 3회 반복, 안3, 겉1], 겉2, 안4, 겉2, 브로큰립 안면
5단(겉면)	겉 14(22)30, 안2, 겉4, 안2, [안1, 오른 3코 위 1코 교차, 왼 3코 위 1코 교차, 안2, 오른 3코 위 1코 교차, 왼 3코 위 1코 교차, 안1], 안2, 겉4, 안2, 겉2
6단(안면)	안2, 겉2, 안4, 겉2, [겉2, 안6, 겉4, 안6, 겉2], 겉2, 안4, 겉2, 브로큰립 안면
7단(겉면)	겉 14(22)30, 안2, 2코 교차, 안2, [안2, 왼 3코 위 3코 교차, 안4, 오른 3코 위 3코 교차, 안2], 안2, 2코 교차, 안2, 겉2
8단(안면)	6단과 동일
9단(겉면)	겉 14(22)30, 안2, 겉4, 안2, [안1, 왼 3코 위 1코 교차, 오른 3코 위 1코 교차, 안2, 왼 3코 위 1코 교차, 오른 3코 위 1코 교차, 안1], 안2, 겉4, 안2, 겉2
10단(안면)	4단과 동일
11단(겉면)	겉 14(22)30, 안2, 2코 교차, 안2, [왼 3코 위 1코 교차, 안2, 오른 3코 위 1코 교차, 왼 3코 위 1코 교차, 안2, 오른 3코 위 1코 교차], 안2, 2코 교차, 안2, 겉2
12단(안면)	안2, 겉2, 안4, 겉2, [안3, 겉4, 안6, 겉4, 안3], 겉2, 안4, 겉2, 브로큰립 안면
13단(겉면)	겉 14(22)30, 안2, 겉4, 안2, [겉3, 안4, 오른 3코 위 3코 교차, 안4, 겉3], 안2, 겉4, 안2, 겉2
14단(안면)	12단과 동일
15단(겉면)	겉 14(22)30, 안2, 2코 교차, 안2, [겉3, 안4, 겉6, 안4, 겉3], 안2, 2코 교차, 안2, 겉2
16단(안면)	12단과 동일
17단(겉면)	13단과 동일
18단(안면)	12단과 동일

* 3단(겉면)~18단(안면)까지 반복해 84(100)116단까지 진행합니다. 무늬가 딱 맞아 떨어지지 않습니다.

* 길이를 조절하고 싶다면 16단(6cm)을 한 세트 추가하거나 줄일 수 있습니다.

【오른쪽 앞판 | 앞목 줄임】

참고 영상

왼코 중심 2코 모아
겉뜨기(k2tog)

● 오른쪽 앞판은 안면에서 줄이며 2코 이상은 코막음(덮어씌워 코막음), 1코는 k2tog 사용
● 277p [차트 3], 278p [차트 4], 279p [차트 5] 사이즈별 참고.

S-size(M-size)L-size단

85(101)117단(겉면): 겉 14(22)30, 안2, 겉4, 안2, [안1, 오른 3코 위 1코 교차, 왼 3코 위 1코 교차, 안2, 오른 3코 위 1코 교차, 왼 3코 위 1코 교차, 안1], 안2, 겉4, 안2, 겉2

86(102)118단(안면): 코막음 6, 안1, 겉2, [겉2, 안6, 겉4, 안6, 겉2], 겉2, 안4, 겉2, 브로큰립 안면

87(103)119단(겉면): 겉 14(22)30, 안2, 2코 교차, 안2, [안2, 왼 3코 위 3코 교차, 안4, 오른 3코 위 3코 교차, 안2], 안2, 겉2

88(104)120단(안면): 코막음 4, [겉2, 안6, 겉4, 안6, 겉2], 겉2, 안4, 겉2, 브로큰립 안면

89(105)121단(겉면): 겉 14(22)30, 안2, 겉4, 안2, [안1, 왼 3코 위 1코 교차, 오른 3코 위 1코 교차, 안2, 왼 3코 위 1코 교차, 겉3, 안2]

90(106)122단(안면): 코막음 3, [안2, 겉1, 안3, 겉2, 안3, 겉2, 안3, 겉1], 겉2, 안4, 겉2, 브로큰립 안면

91(107)123단(겉면): 겉 14(22)30, 안2, 2코 교차, 안2, [왼 3코 위 1코 교차, 안2, 오른 3코 위 1코 교차, 왼 3코 위 1코 교차, 안1, 겉2]

92(108)124단(안면): 코막음 2, [겉2, 안6, 겉4, 안3], 겉2, 안4, 겉2, 브로큰립 안면

93(109)125단(겉면): 겉 14(22)30, 안2, 겉4, 안2, [겉3, 안4, 오른 3코 위 3코 교차, 안2]

94(110)126단(안면): 코막음 2, [안6, 겉4, 안3], 겉2, 안4, 겉2, 브로큰립 안면

S-size

● 277p [차트 3] 참고.

95단(겉면): 겉14, 안2, 2코 교차, 안2, [겉3, 안4, 겉6]

96단(안면): [안6, 겉4, 안3], 겉2, 안4, 겉2, 브로큰립 안면

97단(겉면): 겉14, 안2, 겉4, 안2, [겉3, 안4, 겉4, k2tog]

98단(안면): [안5, 겉4, 안3], 겉2, 안4, 겉2, 브로큰립 안면

99단(겉면): 겉14, 안2, 2코 교차, 안2, [겉3, 안4, 겉3, k2tog]

100단(안면): [안4, 겉4, 안3], 겉2, 안4, 겉2, 브로큰립 안면

101단(겉면): 겉14, 안2, 겉4, 안2, [겉3, 안4, 겉2, k2tog]

M-size 278p [차트 4] 참고.

111단(겉면)	겉22, 안2, 2코 교차, 안2, [겉3, 안4, 겉6]
112단(안면)	코막음 2, [안3, 겉4, 안3], 겉2, 안4, 겉2, 브로큰립 안면
113단(겉면)	겉22, 안2, 겉4, 안2, [겉3, 안4, 겉4]
114단(안면)	[안4, 겉4, 안3], 겉2, 안4, 겉2, 브로큰립 안면
115단(겉면)	겉22, 안2, 2코 교차, 안2, [겉3, 안4, 겉2, k2tog]
116단(안면)	[안3, 겉4, 안3], 겉2, 안4, 겉2, 브로큰립 안면
117단(겉면)	겉22, 안2, 겉4, 안2, [겉3, 안4, 겉1, k2tog]
118단(안면)	[안2, 겉4, 안3], 겉2, 안4, 겉2, 브로큰립 안면
119단(겉면)	겉22, 안2, 2코 교차, 안2, [겉3, 안4, k2tog]

L-size 279p [차트 5] 참고.

127단(겉면)	겉30, 안2, 2코 교차, 안2, [겉3, 안4, 겉6]
128단(안면)	코막음 2, [안3, 겉4, 안3], 겉2, 안4, 겉2, 브로큰립 안면
129단(겉면)	겉30, 안2, 겉4, 안2, [겉3, 안4, 겉4]
130단(안면)	[안4, 겉4, 안3], 겉2, 안4, 겉2, 브로큰립 안면
131단(겉면)	겉30, 안2, 2코 교차, 안2, [겉3, 안4, 겉2, k2tog]
132단(안면)	[안3, 겉4, 안3], 겉2, 안4, 겉2, 브로큰립 안면
133단(겉면)	겉30, 안2, 겉4, 안2, [겉3, 안4, 겉1, k2tog]
134단(안면)	[안2, 겉4, 안3], 겉2, 안4, 겉2, 브로큰립 안면
135단(겉면)	겉30, 안2, 2코 교차, 안2, [겉3, 안4, k2tog]

【오른쪽 앞판 | 경사뜨기】

참고 영상

경사뜨기

어깨 잇기

- 경사뜨기는 독일식 경사뜨기(German short row)를 사용합니다.
- Turn은 편물 돌려주기(겉면을 뜨고 있을 경우 안면으로, 안면을 뜨고 있을 경우 겉면으로).
- 편물을 돌린 후 실을 앞에 둔 상태(겉뜨기, 안뜨기 모두)에서 왼바늘의 첫 코를 안뜨기 방향으

로 오른바늘로 걸러 줍니다(이하 걸러뜨기). 앞에 있는 진행 실을 바깥으로 당겨줍니다.
이때 코가 2코가 된 것처럼 보이며 이를 더블스티치라고 부릅니다(이하 약어 DS로 기재).
◉ 다음 단에서 DS를 만나면 1코로 생각하고 뜨며, 겉뜨기는 DS 정리(겉), 안뜨기는 DS 정리(안)
으로 기재합니다.

S-size   ◉ 277p [차트 3] 참고.

경사뜨기 1단(안면)	[안3, 겉4, 안3], 겉2, 안4, 겉2, (안1, 겉1) * 4코 남을 때까지 반복, Turn
경사뜨기 2단(겉면)	걸러뜨기(DS), 겉9, 안2, 2코 교차, 안2, [겉3, 안4, 겉3]
경사뜨기 3단(안면)	[안3, 겉4, 안3], 겉2, 안4, 겉2, (안1, 겉1) * DS포함 4코 남을 때까지 반복, Turn
경사뜨기 4단(겉면)	걸러뜨기(DS), 겉5, 안2, 겉4, 안2, [겉3, 안4, 겉3]
경사뜨기 5단(안면)	[안3, 겉4, 안3], 겉2, 안4, 겉2, 안1, 겉1, Turn
경사뜨기 6단(겉면)	걸러뜨기(DS), 겉1, 안2, 겉4, 안2, [겉3, 안4, 겉3]
경사뜨기 7단(안면)	[안3, 겉4, 안3], 겉2, 안4, Turn
경사뜨기 8단(겉면)	걸러뜨기(DS), 겉3, 안2, [겉3, 안4, 겉3]
경사뜨기 9단(안면)	[안3, 겉4, 안3], 겉2, Turn
경사뜨기 10단(겉면)	걸러뜨기(DS), 안1, [겉3, 안4, 겉3]
경사뜨기 11단(안면)	[안3, 겉4, 안1], Turn
경사뜨기 12단(겉면)	걸러뜨기(DS), [안4, 겉3]
경사뜨기 13단(안면)	[안3, 겉1], Turn
경사뜨기 14단(겉면)	걸러뜨기(DS), [겉3]
102단(안면)	(겉3, DS 정리(겉)) * 7회 반복, 겉4 [총 32코]

M-size   ◉ 278p [차트 4] 참고.

경사뜨기 1단(안면)	[안1, 겉4, 안3], 겉2, 안4, 겉2, (안1, 겉1) * 5코 남을 때까지 반복, Turn
경사뜨기 2단(겉면)	걸러뜨기(DS), 겉16, 안2, 겉4, 안2, [겉3, 안4, 겉1]
경사뜨기 3단(안면)	[안1, 겉4, 안3], 겉2, 안4, 겉2, (안1, 겉1) * DS 포함 5코 남을 때까지 반복, Turn
경사뜨기 4단(겉면)	걸러뜨기(DS), 겉11, 안2, 2코 교차, 안2, [겉3, 안4, 겉1]
경사뜨기 5단(안면)	[안1, 겉4, 안3], 겉2, 안4, 겉2, (안1, 겉1) * DS 포함 4코 남을 때까지 반복, Turn
경사뜨기 6단(겉면)	걸러뜨기(DS), 겉7, 안2, 겉4, 안2, [겉3, 안4, 겉1]
경사뜨기 7단(안면)	[안1, 겉4, 안3], 겉2, 안4, 겉2, (안1, 겉1, 안1, 겉1), Turn
경사뜨기 8단(겉면)	걸러뜨기(DS), 겉3, 안2, 2코 교차, 안2, [겉3, 안4, 겉1]
경사뜨기 9단(안면)	[안1, 겉4, 안3], 겉2, 안4, 겉2, Turn
경사뜨기 10단(겉면)	걸러뜨기(DS), 안1, 겉4, 안2, [겉3, 안4, 겉1]
경사뜨기 11단(안면)	[안1, 겉4, 안3], 겉2, 안2, Turn
경사뜨기 12단(겉면)	걸러뜨기(DS), 겉1, 안2, [겉3, 안4, 겉1]

경사뜨기 13단(안면)	[안1, 겉4, 안3], Turn
경사뜨기 14단(겉면)	걸러뜨기(DS), [겉2, 안4, 겉1]
경사뜨기 15단(안면)	[안1, 겉3], Turn
경사뜨기 16단(겉면)	걸러뜨기(DS), [안2, 겉1]
120단(안면)	(겉3, DS 정리(겉)) * 7회 반복, 겉4, DS 정리(겉), 겉5 [총 38코]

L-size 🌀 279p [차트 5] 참고.

경사뜨기 1단(안면)	[안1, 겉4, 안3], 겉2, 안4, 겉2, (안1, 겉1) * 5코 남을 때까지 반복, Turn
경사뜨기 2단(겉면)	걸러뜨기(DS), 겉24, 안2, 겉4, 안2, [겉3, 안4, 겉1]
경사뜨기 3단(안면)	[안1, 겉4, 안3], 겉2, 안4, 겉2, (안1, 겉1) * DS 포함 5코 남을 때까지 반복, Turn
경사뜨기 4단(겉면)	걸러뜨기(DS), 겉19, 안2, 2코 교차, 안2, [겉3, 안4, 겉1]
경사뜨기 5단(안면)	[안1, 겉4, 안3], 겉2, 안4, 겉2, (안1, 겉1) * DS 포함 5코 남을 때까지 반복, Turn
경사뜨기 6단(겉면)	걸러뜨기(DS), 겉14, 안2, 겉4, 안2, [겉3, 안4, 겉1]
경사뜨기 7단(안면)	[안1, 겉4, 안3], 겉2, 안4, 겉2, (안1, 겉1) * DS 포함 5코 남을 때까지 반복, Turn
경사뜨기 8단(겉면)	걸러뜨기(DS), 겉9, 안2, 2코 교차, 안2, [겉3, 안4, 겉1]
경사뜨기 9단(안면)	[안1, 겉4, 안3], 겉2, 안4, 겉2, 안1, 겉1, 안1, 겉1, 안1, Turn
경사뜨기 10단(겉면)	걸러뜨기(DS), 겉4, 안2, 겉4, 안2, [겉3, 안4, 겉1]
경사뜨기 11단(안면)	[안1, 겉4, 안3], 겉2, 안4, 겉2, Turn
경사뜨기 12단(겉면)	걸러뜨기(DS), 안1, 겉4, 안2, [겉3, 안4, 겉1]
경사뜨기 13단(안면)	[안1, 겉4, 안3], 겉2, 안2, Turn
경사뜨기 14단(겉면)	걸러뜨기(DS), 겉1, 안2, [겉3, 안4, 겉1]
경사뜨기 15단(안면)	[안1, 겉4, 안3], Turn
경사뜨기 16단(겉면)	걸러뜨기(DS), [겉2, 안4, 겉1]
경사뜨기 17단(안면)	[안1, 겉3], Turn
경사뜨기 18단(겉면)	걸러뜨기(DS), [안2, 겉1]
136단(안면)	(겉3, DS 정리(겉)) * 4회 반복, (겉4, DS 정리(겉)) * 5회 반복, 겉5 [총 46코]

* 겉면을 보며 덮어씌워 코막음 한 후 뒤판의 어깨 부분과 안면끼리 맞대어 메리야스 잇기 합니다.

【왼쪽 앞판 | 몸판 뜨기】

5mm 대바늘을 이용해 일반 코를 이용해 51(59)67를 만들어 줍니다.
코 만드는 단을 1단(겉면)으로 생각합니다.

2단(안면)	안1, (안1, 겉1) * 끝에서 2코 전까지 반복, 안2
3단(겉면)	겉1, (겉1, 안1) * 끝에서 2코 전까지 반복, 겉2

* 2단과 3단을 반복해 12(12)14단까지 진행합니다.

5.5mm 대바늘로 변경해 앞판 무늬를 진행합니다.
- 메인 무늬: 20코로 구성, 메인 무늬는 차트와 함께 확인하며 진행
- 교차 무늬: 안2, 오른 2코 위 2코 교차뜨기(4코), 안2 총 8코로 구성, 오른 2코 위 2코 교차뜨기를 '2코 교차'로 표기
- 브로큰립 무늬 | 겉면→모두 겉뜨기, 안면→(안1, 겉1) 반복
- 1단을 뜨며 1코 늘림하여 총 52(60)68코로 진행
- 280p [차트 6] 참고.

1단(겉면)	겉2, 안2, 겉4, 안2, [겉3, 안4, 겉6, 안4, 겉3], 안2, 겉4, 안1, M1PR, 겉 14(22)30
2단(안면)	안1, (안1, 겉1) * 6(10)14회 반복, 안1, 겉2, 안4, 겉2, [안3, 겉4, 안6, 겉4, 안3], 겉2, 안4, 겉2, 안2
	● 브로큰립 안면 [안1, (안1, 겉1) *6(10)14회 반복, 안1]은 동일하기에 '브로큰립 안면'으로 표기
3단(겉면)	겉2, 안2, 2코 교차, 안2, [오른 3코 위 1코 교차, 안2, 왼3코 위 1코 교차, 오른 3코 위 1코 교차, 안2, 왼 3코 위 1코 교차], 안2, 2코 교차, 안2, 겉 14(22)30
4단(안면)	브로큰립 안면, 겉2, 안4, 겉2, [겉1, (안3, 겉2) * 3회 반복, 안3, 겉1], 겉2, 안4, 겉2, 안2
5단(겉면)	겉2, 안2, 겉4, 안2, [안1, 오른 3코 위 1코 교차, 왼 3코 위 1코 교차, 안2, 오른 3코 위 1코 교차, 왼 3코 위 1코 교차, 안1], 안2, 겉4, 안2, 겉 14(22)30
6단(안면)	브로큰립 안면, 겉2, 안4, 겉2, [겉2, 안6, 겉4, 안6, 겉2], 겉2, 안4, 겉2, 안2
7단(겉면)	겉2, 안2, 2코 교차, 안2, [안2, 왼 3코 위 3코 교차, 안4, 오른 3코 위 3코 교차, 안2], 안2, 2코 교차, 안2, 겉 14(22)30
8단(안면)	6단과 동일
9단(겉면)	겉2, 안2, 겉4, 안2, [안1, 왼 3코 위 1코 교차, 오른 3코 위 1코 교차, 안2, 왼 3코 위 1코 교차, 오른 3코 위 1코 교차, 안1], 안2, 겉4, 안2, 겉 14(22)30
10단(안면)	4단과 동일
11단(겉면)	겉2, 안2, 2코 교차, 안2, [왼 3코 위 1코 교차, 안2, 오른 3코 위 1코 교차, 왼 3코 위 1코 교차, 안2, 오른 3코 위 1코 교차], 안2, 2코 교차, 안2, 겉 14(22)30
12단(안면)	브로큰립 안면, 겉2, 안4, 겉2, [안3, 겉4, 안6, 겉4, 안3], 겉2, 안4, 겉2, 안2
13단(겉면)	겉2, 안2, 겉4, 안2, [겉3, 안4, 오른 3코 위 3코 교차, 안4, 겉3], 안2, 겉4, 안2, 겉 14(22)30

14단(안면)	12단과 동일
15단(겉면)	겉2, 안2, 2코 교차, 안2, [겉3, 안4, 겉6, 안4, 겉3], 안2, 2코 교차, 안2, 겉 14(22)30
16단(안면)	12단과 동일
17단(겉면)	겉2, 안2, 겉4, 안2, [겉3, 안4, 오른 3코 위 3코 교차, 안4, 겉3], 안2, 겉4, 안2, 겉 14(22)30
18단(안면)	12단과 동일

* 3단(겉면)~18단(안면)까지 반복해 86(102)118단까지 진행합니다. 무늬가 딱 맞아 떨어지지 않습니다.

* 길이를 조절하고 싶다면 16단(6cm)을 한 세트 추가하거나 줄일 수 있습니다.

【왼쪽 앞판 | 앞목 줄임】

참고 영상

오른코 중심 2코
모아 겉뜨기 skpo

※ 왼쪽 앞판은 겉면에서 줄이며 2코 이상은 코막음(덮어씌워 코막음), 1코는 skpo 사용
※ 281p [차트 7], 282p [차트 8], 283p [차트 9] 사이즈별 참고.

S-size(M-size)L-size

87(103)119단(겉면)	코막음 6, 겉1, 안2, [안2, 왼 3코 위 3코 교차, 안4, 오른 3코 위 3코 교차, 안2], 안2, 2코 교차, 안2, 겉 14(22)30
88(104)120단(안면)	브로큰립 안면, 겉2, 안4, 겉2, [겉2, 안6, 겉2, 안6, 겉2], 겉2, 안2
89(105)121단(겉면)	코막음 4, [안1, 겉3, 오른 3코 위 1코 교차, 안2, 왼 3코 위 1코 교차, 오른 3코 위 1코 교차, 안1], 안2, 겉4, 안2, 겉 14(22)30
90(106)122단(안면)	브로큰립 안면, 겉2, 안4, 겉2, [겉1, 안3, 겉2, 안3, 겉2, 안3, 겉1, 안3, 겉2]
91(107)123단(겉면)	코막음 3, [겉1, 안1, 오른 3코 위 1코 교차, 왼 3코 위 1코 교차, 안2, 오른 3코 위 1코 교차], 안2, 2코 교차, 안2, 겉 14(22)30
92(108) 124단(안면)	브로큰립 안면, 겉2, 안4, 겉2, [안3, 겉4, 안6, 겉2, 안2]
93(109)125단(겉면)	코막음 2, [안1, 오른 3코 위 3코 교차, 안4, 겉3], 안2, 겉4, 안2, 겉 14(22)30
94(110)126단(안면)	브로큰립 안면, 겉2, 안4, 겉2, [안3, 겉4, 안6, 겉2]
95(111)127단(겉면)	코막음 2, [겉5, 안4, 겉3], 안2, 2코 교차, 안2, 겉 14(22)30

96(112)128단(안면)	브로큰립 안면, 겉2, 안4, 겉2, [안3, 겉4, 안6]

S-size　　　　🔖 281p [차트 7] 참고.

97단(겉면)	[skpo, 겉4, 안4, 겉3], 안2, 겉4, 안2, 겉14
98단(안면)	브로큰립 안면, 겉2, 안4, 겉2, [안3, 겉4, 안5]
99단(겉면)	[skpo, 겉3, 안4, 겉3], 안2, 2코 교차, 안2, 겉14
100단(안면)	브로큰립 안면, 겉2, 안4, 겉2, [안3, 겉4, 안4]
101단(겉면)	[skpo, 겉2, 안4, 겉3], 안2, 겉4, 안2, 겉14
102단(안면)	브로큰립 안면, 겉2, 안4, 겉2, [안3, 겉4, 안3]

M-size　　　　🔖 282p [차트 8] 참고.

113단(겉면)	코막음 2, [겉3, 안4, 겉3], 안2, 겉4, 안2, 겉22
114단(안면)	브로큰립 안면, 겉2, 안4, 겉2, [안3, 겉4, 안4]
115단(겉면)	[skpo, 겉2, 안4, 겉3], 안2, 2코 교차, 안2, 겉22
116단(안면)	브로큰립 안면, 겉2, 안4, 겉2, [안3, 겉4, 안3]
117단(겉면)	[skpo, 겉1, 안4, 겉3], 안2, 겉4, 안2, 겉22
118단(안면)	브로큰립 안면, 겉2, 안4, 겉2, [안3, 겉4, 안2]
119단(겉면)	[skpo, 안4, 겉3], 안2, 2코 교차, 안2, 겉22
120단(안면)	브로큰립 안면, 겉2, 안4, 겉2, [안3, 겉4, 안1]

L-size　　　　🔖 283p [차트 9] 참고.

129단(겉면)	코막음 2, [겉3, 안4, 겉3], 안2, 겉4, 안2, 겉30
130단(안면)	브로큰립 안면, 겉2, 안4, 겉2, [안3, 겉4, 안4]
131단(겉면)	[skpo, 겉2, 안4, 겉3], 안2, 2코 교차, 안2, 겉30
132단(안면)	브로큰립 안면, 겉2, 안4, 겉2, [안3, 겉4, 안3]
133단(겉면)	[skpo, 겉1, 안4, 겉3], 안2, 겉4, 안2, 겉30
134단(안면)	브로큰립 안면, 겉2, 안4, 겉2, [안3, 겉4, 안2]
135단(겉면)	[skpo, 안4, 겉3], 안2, 2코 교차, 안2, 겉30
136단(안면)	브로큰립 안면, 겉2, 안4, 겉2, [안3, 겉4, 안1]

【왼쪽 앞판 | 경사뜨기】

- 경사뜨기는 독일식 경사뜨기(German short row)를 사용합니다.
- Turn은 편물 돌려주기(겉면을 뜨고 있을 경우 안면으로, 안면을 뜨고 있을 경우 겉면으로).
- 편물을 돌린 후 실을 앞에 둔 상태(겉뜨기, 안뜨기 모두)에서 왼바늘의 첫 코를 안뜨기 방향으로 오른바늘로 걸러 줍니다(이하 걸러뜨기). 앞에 있는 진행 실을 바깥으로 당겨줍니다. 이때 코가 2코가 된 것처럼 보이며 이를 더블스티치라고 부릅니다(이하 약어 DS로 기재).
- 다음 단에서 DS를 만나면 1코로 생각하고 뜨며, 겉뜨기는 DS 정리(겉), 안뜨기는 DS 정리(안)으로 기재합니다.

S-size · 281p [차트 7] 참고.

경사뜨기 1단(겉면) [겉3, 안4, 겉3], 안2, 2코 교차, 안2, 겉10, Turn
경사뜨기 2단(안면) 걸러뜨기(DS), (안1, 겉1) * 4회 반복, 안1, 겉2, 안4, 겉2, [안3, 겉4, 안3]
경사뜨기 3단(겉면) [겉3, 안4, 겉3], 안2, 겉4, 안2, 겉6, Turn
경사뜨기 4단(안면) 걸러뜨기(DS), 안1, 겉1, 안1, 겉1, 안2, 겉4, 안2, [안3, 겉4, 안3]
경사뜨기 5단(겉면) [겉3, 안4, 겉3], 안2, 2코 교차, 안2, 겉2, Turn
경사뜨기 6단(안면) 걸러뜨기(DS), 안1, 겉2, 안4, 겉2, [안3, 겉4, 안3]
경사뜨기 7단(겉면) [겉3, 안4, 겉3], 안2, 겉4, Turn
경사뜨기 8단(안면) 걸러뜨기(DS), 안3, 겉2, [안3, 겉4, 안3]
경사뜨기 9단(겉면) [겉3, 안4, 겉3], 안2, Turn
경사뜨기 10단(안면) 걸러뜨기(DS), 겉1, [안3, 겉4, 안3]
경사뜨기 11단(겉면) [겉3, 안4, 겉1], Turn
경사뜨기 12단(안면) 걸러뜨기(DS), [겉4, 안3]
경사뜨기 13단(겉면) [겉3, 안1], Turn
경사뜨기 14단(안면) 걸러뜨기(DS), [안3]
103단(겉면) (겉3, DS 정리(겉)) * 7회 반복, 겉4 [총 32코]

M-size · 282p [차트 8] 참고.

경사뜨기 1단(겉면) [겉1, 안4, 겉3], 안2, 겉4, 안2, 겉17, Turn
경사뜨기 2단(안면) 걸러뜨기(DS), (겉1, 안1) * 8회 반복, 겉2, 안4, 겉2, [안3, 겉4, 안1]
경사뜨기 3단(겉면) [겉1, 안4, 겉3], 안2, 2코 교차, 안2, 겉12, Turn
경사뜨기 4단(안면) 걸러뜨기(DS), (안1, 겉1) * 5회 반복, 안1, 겉2, 안4, 겉2, [안3, 겉4, 안1]
경사뜨기 5단(겉면) [겉1, 안4, 겉3], 안2, 겉4, 안2, 겉8, Turn
경사뜨기 6단(안면) 걸러뜨기(DS), (안1, 겉1) * 3회 반복, 안1, 겉2, 안4, 겉2, [안3, 겉4, 안1]
경사뜨기 7단(겉면) [겉1, 안4, 겉3], 안2, 2코 교차, 안2, 겉4, Turn

경사뜨기 8단(안면)	걸러뜨기(DS), 안1, 겉1, 안1, 겉2, 안4, 겉2, [안3, 겉4, 안1]
경사뜨기 9단(겉면)	[겉1, 안4, 겉3], 안2, 겉4, 안2, Turn
경사뜨기 10단(안면)	걸러뜨기(DS), 겉1, 안4, 겉2, [안3, 겉4, 안1]
경사뜨기 11단(겉면)	[겉1, 안4, 겉3], 안2, 겉2, Turn
경사뜨기 12단(안면)	걸러뜨기(DS), 안1, 겉2, [안3, 겉4, 안1]
경사뜨기 13단(겉면)	[겉1, 안4, 겉3], Turn
경사뜨기 14단(안면)	걸러뜨기(DS), [안2, 겉4, 안1]
경사뜨기 15단(겉면)	[겉1, 안3], Turn
경사뜨기 16단(안면)	걸러뜨기(DS), [겉2, 안1]
121단(겉면)	(겉3, DS 정리(겉)) * 7회 반복, 겉4, DS 정리(겉), 겉5 [총 38코]

L-size ✽ 283p [차트 9] 참고.

경사뜨기 1단(겉면)	[겉1, 안4, 겉3], 안2, 겉4, 안2, 겉25, Turn
경사뜨기 2단(안면)	걸러뜨기(DS), (겉1, 안1) * 12회 반복, 겉2, 안4, 겉2, [안3, 겉4, 안1]
경사뜨기 3단(겉면)	[겉1, 안4, 겉3], 안2, 2코 교차, 안2, 겉20, Turn
경사뜨기 4단(안면)	걸러뜨기(DS), (안1, 겉1) * 9회 반복, 안1, 겉2, 안4, 겉2, [안3, 겉4, 안1]
경사뜨기 5단(겉면)	[겉1, 안4, 겉3], 안2, 겉4, 안2, 겉15, Turn
경사뜨기 6단(안면)	걸러뜨기(DS), (겉1, 안1) * 7회 반복, 겉2, 안4, 겉2, [안3, 겉4, 안1]
경사뜨기 7단(겉면)	[겉1, 안4, 겉3], 안2, 2코 교차, 안2, 겉10, Turn
경사뜨기 8단(안면)	걸러뜨기(DS), (안1, 겉1) * 4회 반복, 안1, 겉2, 안4, 겉2, [안3, 겉4, 안1]
경사뜨기 9단(겉면)	[겉1, 안4, 겉3], 안2, 겉4, 안2, 겉5, Turn
경사뜨기 10단(안면)	걸러뜨기(DS), 겉1, 안1, 겉1, 안2, 겉4, 안2, [안3, 겉4, 안1]
경사뜨기 11단(겉면)	[겉1, 안4, 겉3], 안2, 겉4, 안2, Turn
경사뜨기 12단(안면)	걸러뜨기(DS), 겉1, 안4, 겉2, [안3, 겉4, 안1]
경사뜨기 13단(겉면)	[겉1, 안4, 겉3] , 안2, 겉2, Turn
경사뜨기 14단(안면)	걸러뜨기(DS), 안1, 겉2, [안3, 겉4, 안1]
경사뜨기 15단(겉면)	[겉1, 안4, 겉3], Turn
경사뜨기 16단(안면)	걸러뜨기(DS), [안2, 겉4, 안1]
경사뜨기 17단(겉면)	[겉1, 안3], Turn
경사뜨기 18단(안면)	걸러뜨기(DS), [겉2, 안1]
137단(겉면)	(겉3, DS 정리(겉)) * 4회 반복, (겉4, DS 정리(겉)) * 5회 반복, 겉5 [총 46코]

겉면을 보며 덮어씌워 코막음 한 후 뒤판의 어깨 부분과 안면끼리 맞대어 메리야스 잇기 합니다.

【목 고무단 뜨기】

참고 영상

코에서 코 줍기

대각선에서 코 줍기

돗바늘 마무리

4.5mm 대바늘을 이용해 겉면을 보며 103(107)109코를 주워 줍니다.
코를 주운 단을 1단(겉면)으로 생각합니다.

2단(안면)　안1, (안1, 겉1) * 끝에서 2코 전까지 반복, 안2
3단(겉면)　겉1, (겉1, 안1) * 끝에서 2코 전까지 반복, 겉2

* 2단과 3단을 반복해 6단까지 진행한 후 덮어씌워 코막음합니다. 돗바늘 마무리도 좋습니다.

【앞판 버튼밴드 뜨기】

참고 영상

단에서 코 줍기

바늘 비우기

왼코 중심
2코 모아 안뜨기

왼쪽 버튼밴드

4.5mm 대바늘을 이용해 겉면, 위에서 아래로 99(115)131코를 주워 줍니다.
코를 주운 단을 1단(겉면)으로 생각합니다.

2단(안면)　(안1, 겉1) * 끝에서 1코 전까지 반복, 안1
3단(겉면)　(겉1, 안1) * 끝에서 1코 전까지 반복, 겉1

* 2단과 3단을 반복해 8단까지 진행한 후 덮어씌워 코막음합니다. 돗바늘 마무리도 좋습니다.

오른쪽 버튼밴드(단춧구멍 만들기)

4.5mm 대바늘을 이용해 겉면, 아래에서 위로 99(115)131코를 주워 줍니다.
코를 주운 단을 1단(겉면)으로 생각합니다.

2단(안면)　(안1, 겉1) * 끝에서 1코 전까지 반복, 안1

3단(겉면)	(겉1, 안1) * 끝에서 1코 전까지 반복, 겉1
4단(안면)	2단과 동일
5단(겉면)	(겉1, 안1) * 3회 반복, (바늘 비우기, 왼코 중심 2코 모아 안뜨기, [(겉1, 안1) 반복하며 20(22)24(26)코 뜨기, (바늘 비우기, 왼코 중심 2코 모아 안뜨기]* 대괄호 4회 반복, (겉1, 안1) * 끝까지 반복
6~8단	2~4단과 동일
	* 8단까지 진행한 후 덮어씌워 코막음합니다. 돗바늘 마무리도 좋습니다.

【어깨 라인 뜨기】

왼쪽 버튼밴드

4mm 대바늘을 이용해 겉면, 위에서 아래로 209(241)277코를 주워 줍니다.

코를 주운 단을 1단(겉면)으로 생각합니다.

2단(안면)	(안1, 겉1) * 끝에서 1코 전까지 반복, 안1
3단(겉면)	(겉1, 안1) * 3회 반복, [(바늘 비우기, 왼코 중심 2코 모아 안뜨기), (겉1, 안1) * 6회 반복] * 대괄호 3회 반복, (겉1, 안1) * 끝에서 1코 전까지 반복, 겉1
4단(안면)	2단과 동일
5단(겉면)	(겉1, 안1) * 끝에서 1코 전까지 반복, 겉1
6단(안면)	2단과 동일
	* 6단까지 진행 후 덮어씌워 코막음합니다. 돗바늘 마무리도 좋습니다.

오른쪽 버튼밴드

4mm 대바늘을 이용해 겉면, 아래에서 위로 209(241)277코를 주워 줍니다.

코를 주운 단을 1단(겉면)으로 생각합니다.

2단(안면)	(안1, 겉1) * 끝에서 1코 전까지 반복, 안1
3단(겉면)	(겉1, 안1) * 끝에서 49코 전까지 반복, [(바늘 비우기, 왼코 중심 2코 모아 안뜨기), (겉1, 안1) * 6회 반복]* 대괄호 3회 반복, (겉1, 안1) * 끝에서 1코 전까지 반복, 겉1
4단(안면)	2단과 동일
5단(겉면)	(겉1, 안1) * 끝에서 1코 전까지 반복, 겉1
6단(안면)	2단과 동일
	* 6단까지 진행한 후 덮어씌워 코막음합니다. 돗바늘 마무리도 좋습니다.

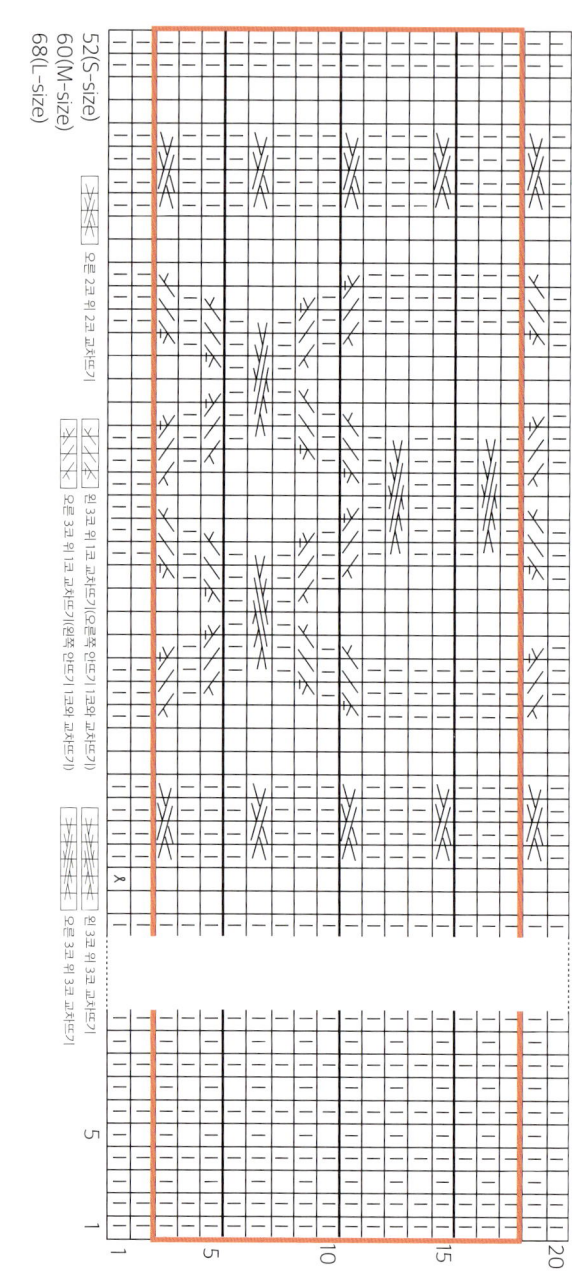

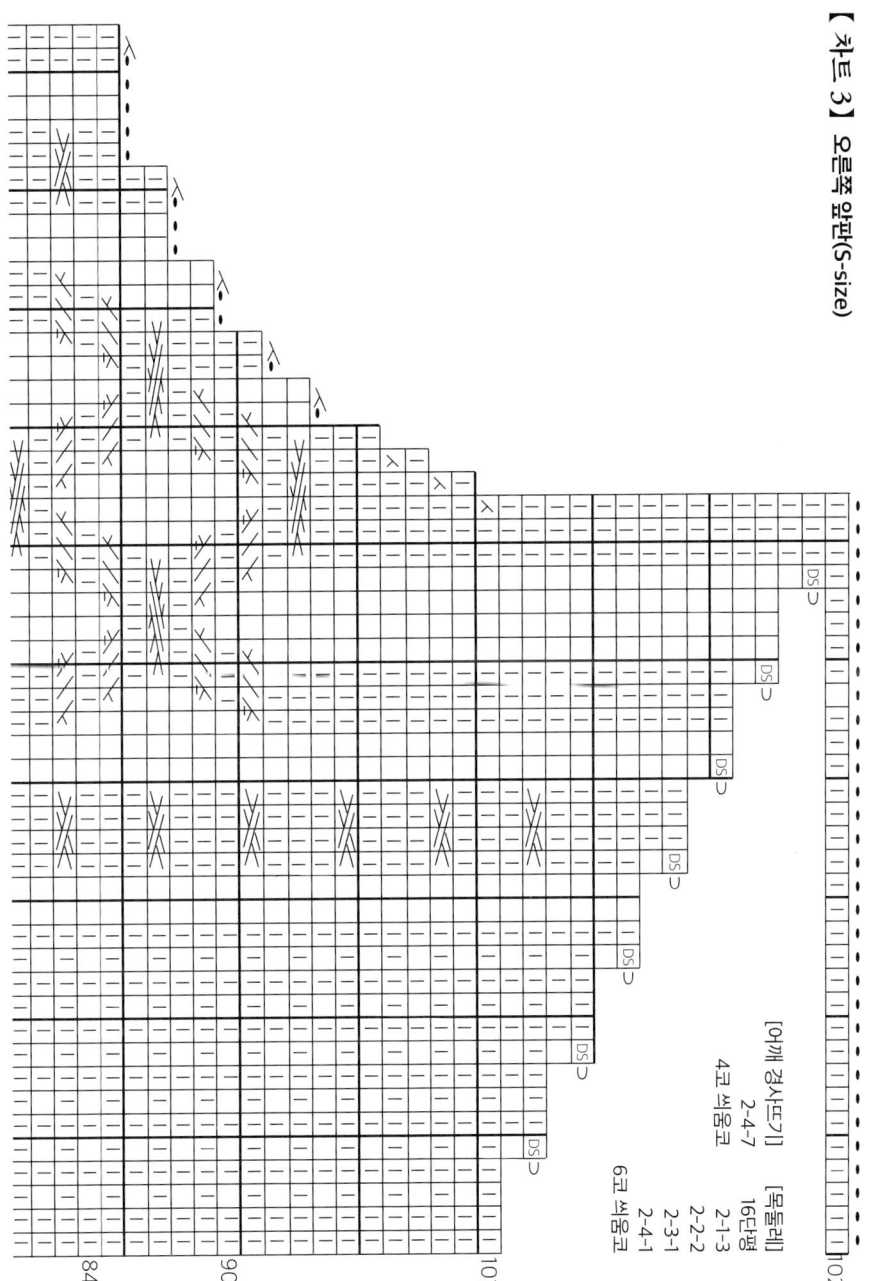

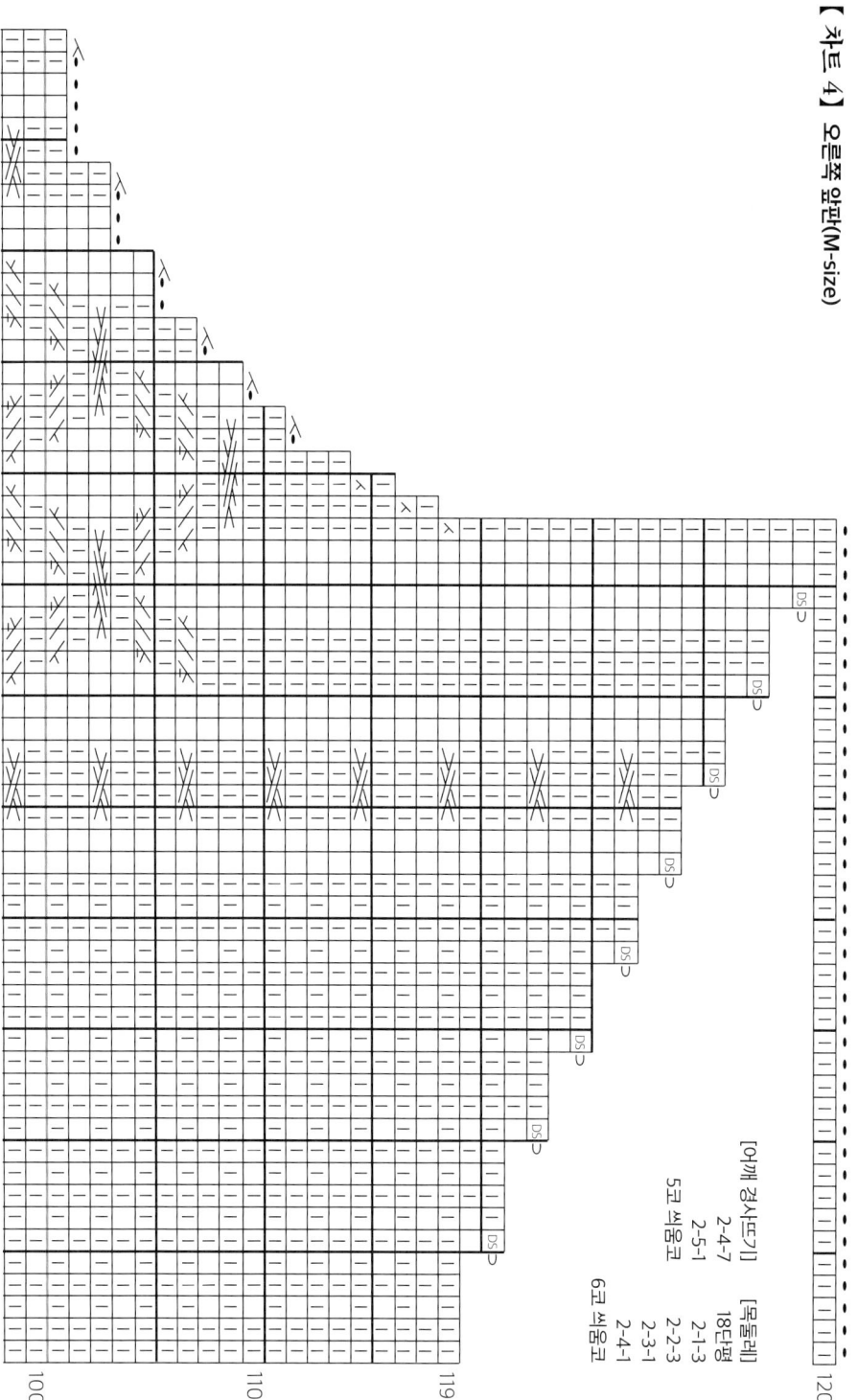

[차트 4] 오른쪽 앞판(M-size)

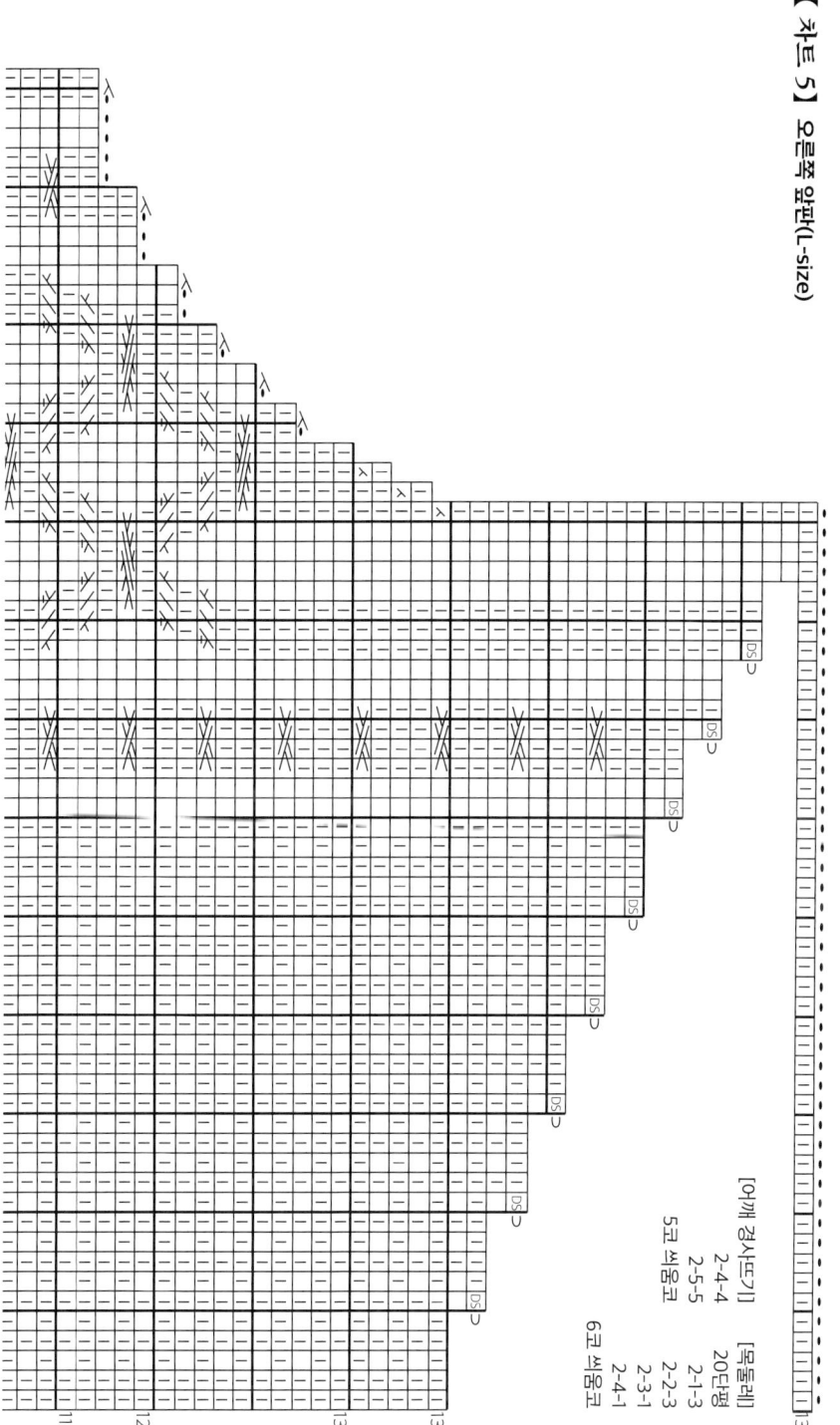

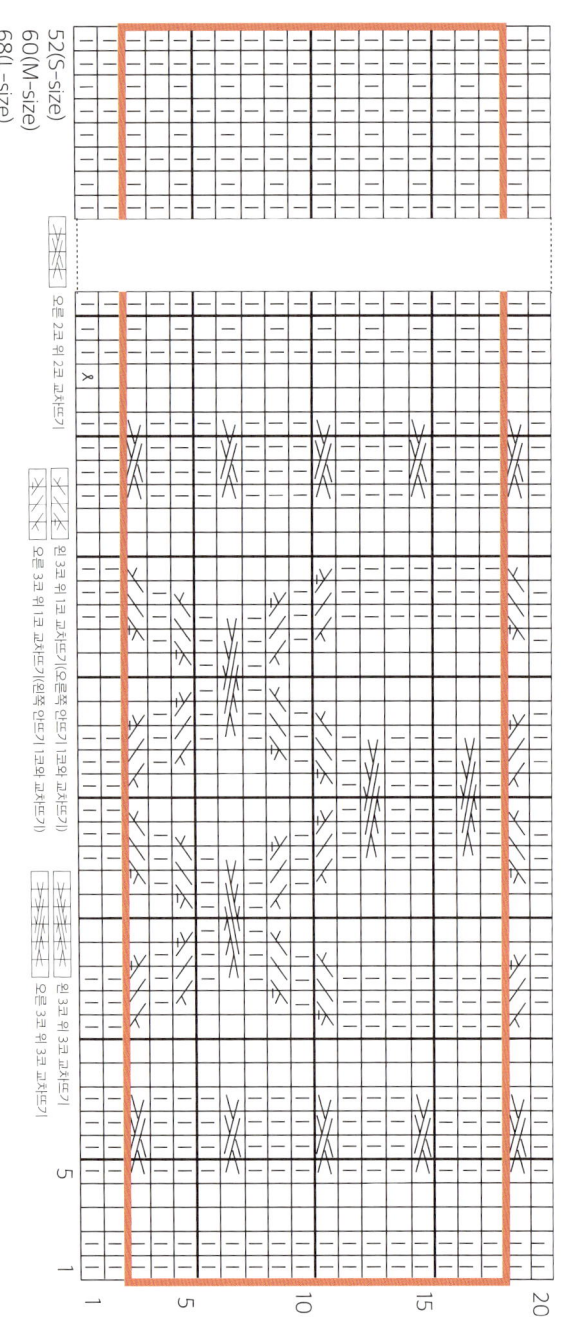

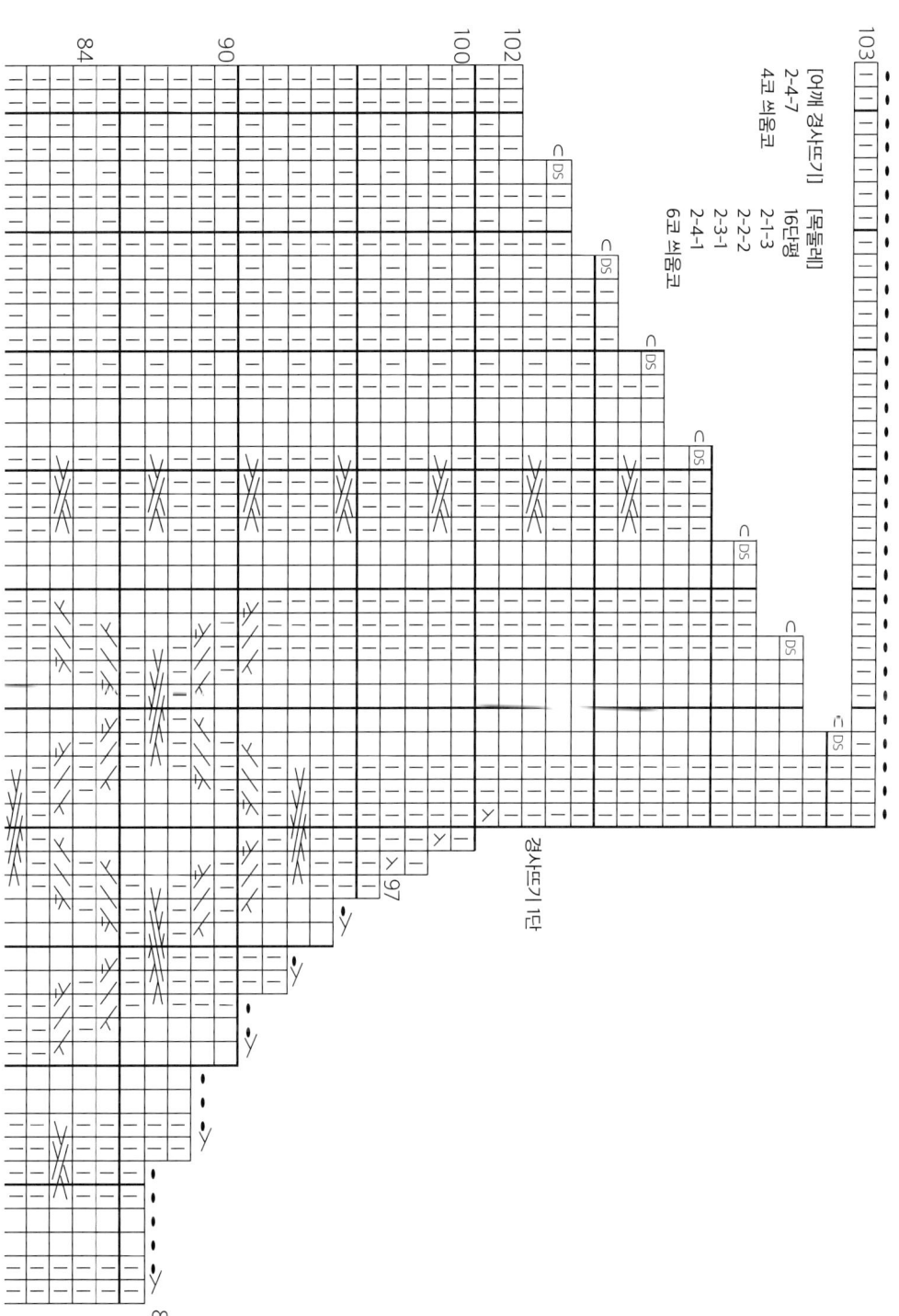

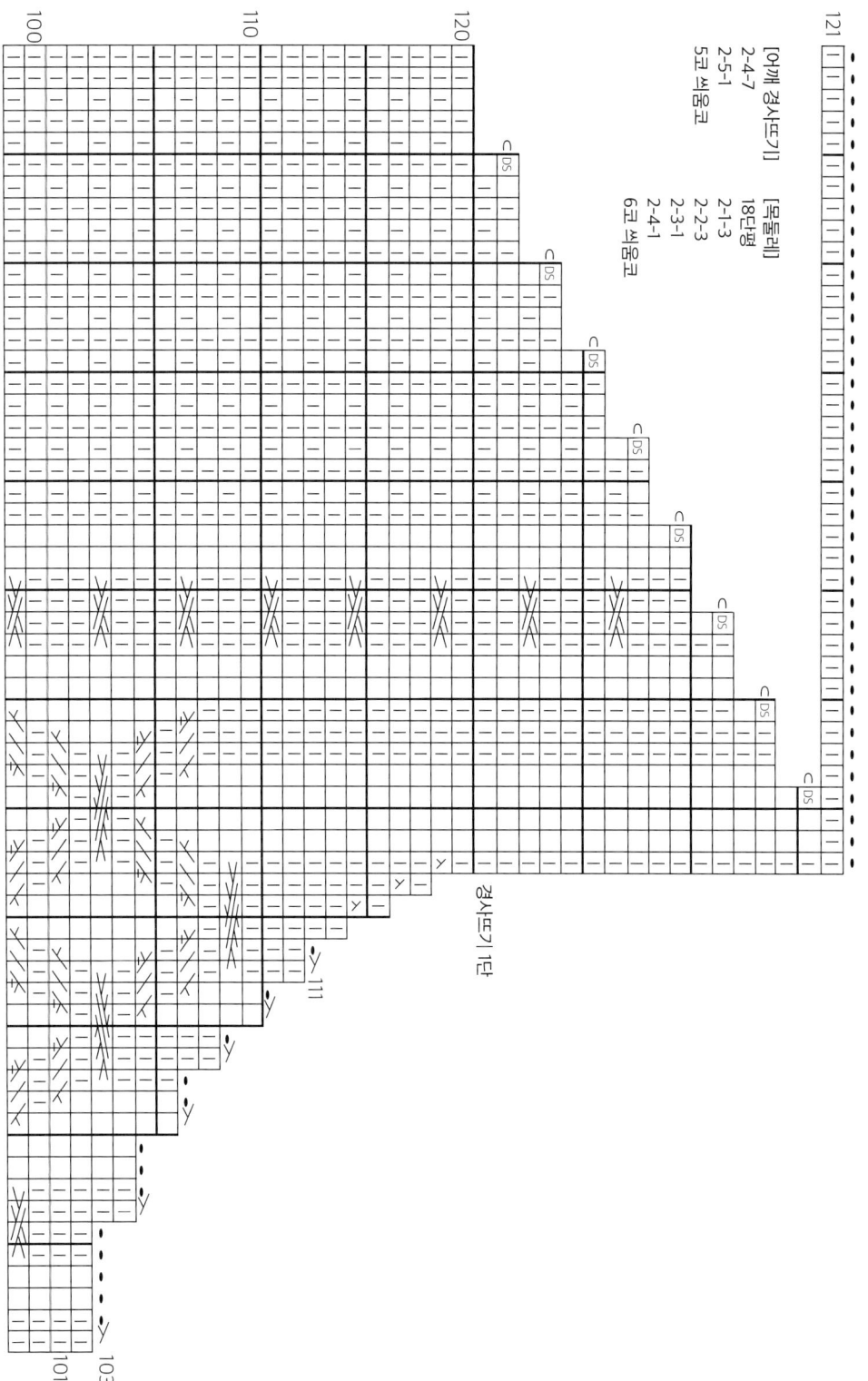

[차트 9] 왼쪽 앞판(L-size)

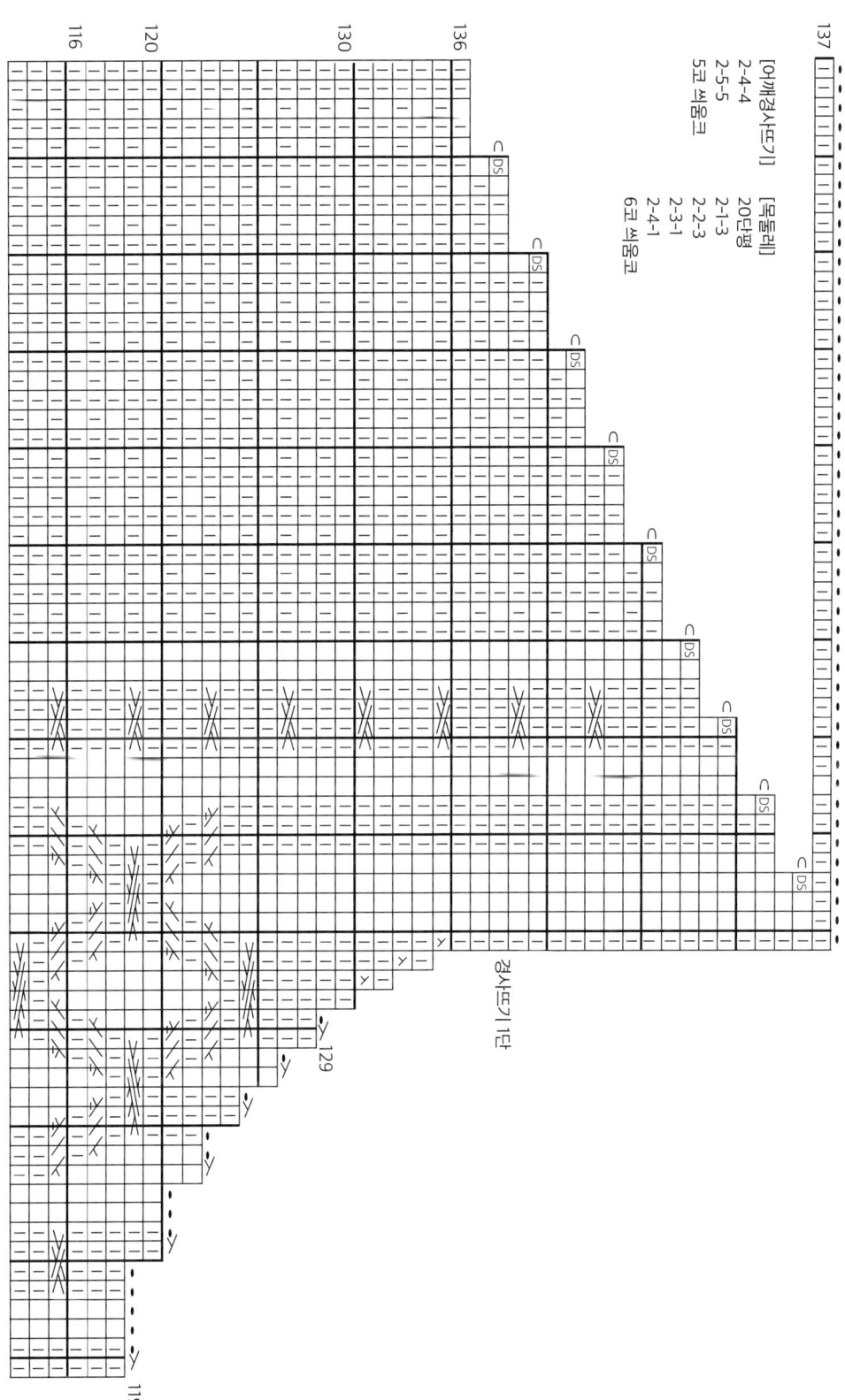

**Collect
24**

옷뜨는 김뜨개의
쉬운 니트 레시피

1판 1쇄 발행 2023년 11월 8일
1판 4쇄 발행 2025년 11월 14일

지은이 김정아
발행인 김태웅
기획편집 정보영, 김유진
디자인 정윤경
사진 김하영
마케팅 총괄 김철영
마케팅 서재욱, 오승수
온라인 마케팅 양희지
인터넷 관리 김상규
제작 현대순
총무 윤선미, 안서현
관리 김훈희, 이국희, 김승훈, 최국호

발행처 ㈜동양북스
등록 제2014-000055호
주소 서울시 마포구 동교로22길 14(04030)
구입 문의 전화 (02)337-1737 팩스 (02)334-6624
내용 문의 전화 (02)337-1734 이메일 dymg98@naver.com

ISBN 979-11-5768-978-1 13630

- 이 책은 저작권법에 의해 보호받는 저작물이므로 무단 전재와 무단 복제를 금합니다.
- 잘못된 책은 구입처에서 교환해드립니다.
- ㈜동양북스에서는 소중한 원고, 새로운 기획을 기다리고 있습니다.
- http://www.dongyangbooks.com